RAINER BUCHER

… wenn nichts bleibt, wie es war

Zur prekären Zukunft der katholischen Kirche

echter

Bibliografische Information der Deutschen Nationalbibliothek
Die Deutsche Nationalbibliothek verzeichnet diese Publikation in der
Deutschen Nationalbibliografie; detaillierte bibliografische Daten sind
im Internet über <http://dnb.d-nb.de> abrufbar.

© 2012 Echter Verlag GmbH, Würzburg
www.echter-verlag.de
Umschlag: wunderlichundweigand.de
(Foto: © owik2/photocase.com)
Druck und Bindung: CPI – Clausen & Bosse, Leck
ISBN
978-3-429-03475-7 (Print)
978-3-429-04629-3 (PDF)
978-3-429-06038-1 (ePub)

Inhalt

Kehren

Einleitung

1.

Die Skepsis des Papstes gegenüber der konkreten Verfasstheit der deutschen katholischen Kirche war bei seinem Deutschlandbesuch im Herbst 2011 mit Händen zu greifen. Und dennoch spricht vieles dafür, dass jene staatskirchenrechtlichen Regelungen noch eine gute Weile halten werden, die es der deutschen und auch der österreichischen katholischen Kirche erlauben, ein weltkirchlich fast einmalig gut ausgebautes, flächendeckendes und sehr professionelles System kirchlicher Präsenz zu etablieren und zu finanzieren. Der Rettungsschirm staatlicher Protektion hält noch und er wird aller Voraussicht nach auch noch einige Zeit halten, trotz offenkundig schwindender Anteile der christlichen Kirchen am religiösen Markt.

Unter spätmodernen Marktbedingungen wird Religion keine Privatsache, sondern bleibt eine öffentliche Angelegenheit. Die christlichen Kirchen besetzen weiterhin den öffentlichen Raum mit ihren Zeichen und Symbolen, wenn sie ihn auch nicht mehr beherrschen und die Interpretation ihrer eigenen Zeichen nicht mehr steuern können. Gleichzeitig beginnen aufsteigende Immigrantenreligionen ihre Existenz in der Öffentlichkeit durch demonstrativ hochreligiöse Privatpersonen zu markieren und religiöse Bauten außerhalb der Hinterhöfe zu errichten.

Es spricht vorerst wenig dafür, dass es sich die staatlichen Autoritäten politisch erlauben können, das Christentum und seine Kirchen rechtlich massiv zu deprivilegieren. Wohl ist mit der Aufnahme neuer Religionsgemeinschaften in den Kreis der Bevorzugten zu rechnen, schließlich unterstützen auch die christlichen Kirchen aus guten theologischen Gründen die rechtliche und institutionelle Gleichstellung etwa des Islam; es sind eher rechtspopulistische Politiker, die den Kirchen vorwerfen, interreligiös zu nachgiebig zu sein. Weder in Deutschland noch in Österreich droht aber der staatliche Schutzschirm über den christlichen Kirchen einzuklappen.

Es ist daher erst einmal damit zu rechnen, dass jene Charakteristika, welche für die deutsche und modifiziert auch österreichische Kirche[1] typisch sind, noch einige Zeit gelten werden: ein starker und relativ eigenständiger Laienkatholizismus, ein hoher Professionalitätsgrad und eine gesellschaftlich tief verflochtene kirchliche Handlungsstruktur. Und dennoch ist das Gespür des Papstes schon richtig und die Zukunft der deutschen und österreichischen katholischen Kirche tatsächlich prekär, also gefährdet und in unsicherer Abhängigkeit.

Denn jene Sozialform der katholischen Kirche, wie sie sich nach dem Konzil von Trient (1545–1563) in Reaktion auf den beginnenden Reichweitenverlust kirchlicher Pastoralmacht gebildet hatte, zerfließt in den Kontexten einer spätmodernen Gesellschaft. In ihr wird Religion zunehmend nicht mehr nach den Mustern von exklusiver Mitgliedschaft, lebenslanger Gefolgschaft und umfassender religiöser Biografiemacht organisiert, wie es für »Kirchen« typisch war, sondern, wie vieles andere auch, tendenziell marktförmig. Und das bedeutet: Wir erleben den Beginn einer »liquid church« (P. Ward).

2.

Die hier vorgelegten Analysen gehen davon aus, dass die Zukunft der katholischen Kirche in unseren Breiten unter diesen Bedingungen nicht primär von der Verfügbarkeit diverser Ressourcen abhängt,[2] auch nicht von ihrer konkreten Organisationsform vor Ort, sondern von der Gestaltung zentraler, für die katholische Kirche typischer Kontraste. Ihre herkömmliche, aus früheren Phasen der Kirchengeschichte stammende Formatierung wird zunehmend problematisch für die Plausibilisierung des Glaubens.

Vier solcher Kontraste scheinen mir signifikant und sind daher Thema dieses Buches: jener von Priestern und Laien, der katholisch herkömmlich in Über- und Unterordnungskategorien formatiert ist; jener von Hauptamtlichen und »Ehrenamtlichen«, der gewöhnlich auf der Achse Kompetenz – Unterstützung praxiswirksam wird; der Kontrast von gelegentlichen Kirchennutzern (früher: »Fernstehende«, heute: »Kasualienfromme«) oder gar Ausgetretenen zu regelmäßigen Kirchgängern, der klassisch als Kontrast zwischen »wir« und »jenen«, wenn nicht sogar »drinnen« und »draußen« gefasst wird; und der Kontrast von Männern und Frauen, der in der katholischen Kirche nach wie vor asymmetrisch angelegt ist. Die Hauptverantwortung für die Gestaltung dieser Kontraste liegt dabei natürlich bei den jeweils Gestaltungsmächtigeren, also den Priestern, den Hauptamtlichen, bei jenen, die im institutionellen »Innen« der Kirche sich engagieren, und bei den Männern.

Es wird alles darauf ankommen, ob diese Differenzen kreativ werden im Sinne des pastoralen kirchlichen Auftrags oder nicht. Dabei wird es nicht so wichtig sein, was sich die Beteiligten selber dabei denken, als vielmehr, welche Erfahrungen sie machen und welche Erfahrungen andere mit ihnen machen. Denn von der Wahrheit dieser Erfahrungen kann sich niemand mehr in der Kirche auf Dauer durch irgendwelche Schutzmechanismen abkoppeln. Sollten diese Kontraste weiterhin und gar zunehmend als destruktiv und dysfunktional wahrgenommen werden, sehe ich keine gute Zukunft für die katholische Kirche, weder institutionell noch pastoral. Die Entscheidung ist offen.

3.

Dieses Buch erscheint fünfzig Jahre nach Beginn des II. Vatikanischen Konzils. Es versteht sich als kleiner pastoraltheologischer Beitrag zu diesem Jubiläum. Denn das II. Vatikanum ist nicht nur ein normatives Glaubenszeugnis der Vergangenheit, sondern auch ein aktivierbares Programm für die kirchliche Praxis, so auch gerade in seinem eigenen Selbstverständnis. Ich gehe dabei davon aus, dass das II. Vatikanum das Programm für die kreative Überschreitung alter Codes und für einen weiterführenden Umgang mit den entscheidenden Kontrasten innerhalb der katholischen Kirche enthält. Auf dieser Basis werden einige Vorschläge für die Weiterentwicklung der konkreten Sozialformen der katholischen Kirche vorgelegt.

4.

In der vorliegenden Publikation werden Analysen und Vorschläge zur Lage und Zukunft der katholischen Kirche in unseren Breiten gebündelt, die in den letzten Jahren an verschiedenen Stellen entwickelt und veröffentlicht wurden, und einem breiteren Publikum vorgelegt. Die Auseinandersetzung mit alternativen Analysen und Optionen wird in diesem Buch nur zurückhaltend geführt. Wer sich hierfür interessiert, der sei für die Grundlagenfragen auf die Publikation »Theologie im Risiko der Gegenwart«, Stuttgart 2010, und für pastorale Einzelprobleme auf »Orte und Prozesse. Studien zu den aktuellen Konstitutionsproblemen der deutschen katholischen Kirche« verwiesen; dieses Buch hoffe ich 2013 vorlegen zu können.

Wieder einmal habe ich Frau Ingrid Hable, meiner Mitarbeiterin am Grazer pastoraltheologischen Institut, sehr herzlich zu danken und auch Heribert Handwerk, dem Lektor des Echter Verlags. Die Zusammenarbeit mit ihnen gehört zu den wirklichen Freuden meines beruflichen Lebens.

Ich widme diese kleine Schrift jenen, die an der Basis der katholischen Kirche redlich und voller Engagement versuchen, in den Steppen des persönlichen wie kirchlichen Alltags ein Zeichen und Werkzeug der Liebe Gottes zu sein.

Rainer Bucher   Graz, 12. Februar 2012

Verflüssigungen

I. Die Unvorstellbarkeit der Zukunft

»Am Ende dieses Jahrhunderts war es zum erstenmal möglich, sich eine Welt vorzustellen, in der die Vergangenheit (auch die Vergangenheit der Gegenwart) keine Rolle mehr spielt, weil die alten Karten und Pläne, die Menschen und Gesellschaften durch das Leben geleitet haben, nicht mehr der Landschaft entsprachen, durch die wir uns bewegten, und nicht mehr dem Meer, über das wir segelten. Eine Welt, in der wir nicht mehr wissen können, wohin uns unsere Reise führt, ja nicht einmal, wohin sie uns führen sollte.«

E. Hobsbawn[1]

»Die ... kulturelle Krisenerfahrung liegt in dem gleichzeitigen Verlust einer referenzstiftenden Vergangenheit und einer sinnstiftenden Zukunft.«

H. Rosa[2]

1. Das Neue am Neuen: ein kleines Gedankenexperiment

Ich möchte Sie in einem kleinen Gedankenexperiment dazu einladen, sich in das Jahr 1987 zurückzuversetzen. Oder gehen Sie einfach so weit zurück, als es Ihnen möglich ist. Erinnern Sie sich, wo Sie damals lebten, was Sie beschäftigte, bei wem und mit wem Sie lebten und vor allem: was Sie damals erstrebten, erhofften und von der Zukunft erwarteten.

Und dann führen Sie sich vor Augen, was seither tatsächlich in Ihrem Leben passiert ist.

15

Ihre Erfahrungen gehören natürlich nur Ihnen. Aber ich vermute, dass manches, vielleicht sogar vieles von dem, was in Ihrem Leben seither passiert ist, für Sie recht weit außerhalb Ihrer damaligen Vorstellungen lag.

Dieses kleine Gedankenexperiment lässt sich auch für die öffentliche Erinnerung anstellen. Dann liegen zwischen 1987 und heute der Zusammenbruch des Kommunismus, die Verbreitung von PCs, Internet und Handys, der Fastzusammenbruch des internationalen Finanzsystems, die unabweisbare Erkenntnis eines globalen Klimawandels mit apokalyptischem Drohpotential, der Beinahekollaps des in dieser Zeit überhaupt erst eingeführten Euros, die Wahl eines Afroamerikaners zum Präsidenten der USA und ein deutscher Außenminister, der offiziell mit seinem angetrauten Ehemann reist.

So unterschiedlich all diese Phänomene sind, sie haben eines gemeinsam: Sie kamen ziemlich unerwartet und waren jeweils noch kurz vorher kaum vorstellbar. Natürlich war die Zukunft immer schon ungewiss, praktisch unvorstellbar aber ist sie erst seit kurzem. Alles spricht dafür, dass es damit nicht vorbei ist. Es wird damit weitergehen, dass wir nicht wissen, wie es weitergehen wird. In 25 Jahren wird uns vieles überrascht haben und wir können uns heute noch nicht einmal vorstellen, was es sein wird. Was wir uns heute vorstellen, dass es kommen wird, wird nicht das sein, was kommen wird: Das lehren die letzten Jahrzehnte. Dass Neues kommt, wussten Menschen schon immer, dass das Neue aber mitunter weit außerhalb unserer Vorstellungskraft liegt, das ist wirklich neu. Die zentrale spätmoderne Erkenntnis besteht darin, dass es anders kommen wird als geplant, weil es anders ist, als wir denken, und die Zukunft zwar die Folge unserer Projekte sein wird, aber diese Folgen ganz andere sein werden, als man erwartete.³

Zum Verstörendsten an solcherart Neuem zählt, dass zu seiner Analyse zuerst nur alte Kategorien zur Verfügung stehen. Am »Automobil«, dem teuersten Konsumprodukt unserer Gesellschaft, kann man das gut demonstrieren. Sein Name – das »Sich-selbst-Bewegende« – markiert bis heute eine Differenz zur Kutsche, die ohne Pferd schlicht nur herumstehen konnte. Die ersten »Autos« sahen denn auch tatsächlich noch aus wie Kutschen ohne Pferde. Heute aber ist am Automobil vieles interessant und spannend: dass es »sich selbst bewegt« eher nicht, das ist zur Selbstverständlichkeit geworden.

Die Entdeckung von wirklich Neuem verläuft normalerweise in drei Phasen: Zuerst ist da die schiere Erfahrung, dass etwas da ist, was so noch nicht da war, und das deswegen irritiert und fasziniert. Es wird hier noch mittels der Differenz zum bisher Gewohnten benannt. Nach und nach setzt sich dann die Einsicht durch, dass es sich wirklich um etwas Neues handelt. Man merkt: Das Auto ist viel mehr als eine Kutsche ohne Pferd. Dann erst folgt aber, was am schwierigsten ist: die nie abgeschlossene Entdeckung des Neuen unter wirklich neuen, erst zu entwickelnden Kategorien. Um im Beispiel zu bleiben: Was bedeutet es sozial, technisch, ökonomisch, ökologisch, landschafts- und städteplanerisch, eine Gesellschaft umfassend per Auto zu mobilisieren?

Kolumbus zum Beispiel kam nicht wirklich über Phase eins hinaus. Er sah Land am Horizont und erkannte auch nach und nach, dass es nicht Indien war, wo er gelandet war, hielt es aber für etwas bereits anderweitig Bekanntes: für Asien.⁴ Er segelte übrigens gegen die sehr gut begründeten Widerstände der Geografen los, welche den Erdumfang recht korrekt berechnet hatten und ihm völlig zu Recht vorhersagten, dass er nicht herumkäme um die Erde mit seinen kleinen Schiffen. Dass zwischen Europa und Indien noch »Amerika« lag, wussten beide nicht und wurde erst Jahre später erkannt. Manchmal führen kreative Fehler zur Entdeckung ganzer Kontinente. Hätte Kolumbus entdeckt, wo er gelandet war, wäre das erst die wirkliche Entdeckung des Neuen als etwas Neuem gewesen, Phase drei wäre dann die Einsicht gewesen, dass die Entdeckung neuer Kontinente auch die alten nicht unverändert lässt, eine Erfahrung, die Europa seitdem bis heute macht.

Dass das Neue selbst erst in seiner Neuheit entdeckt werden muss, ist die Konsequenz der Tatsache, dass die menschliche Zeit – zumindest unter irdischen Normalbedingungen – immer in eine Richtung verläuft. Wir können nicht, wie etwa Gott, aus der Zukunft in die Vergangenheit schauen oder gar in einer ewigen Gleichschau der Zeitlichkeit entgehen.

2. Kulturelle Revolutionen

Unter der Benutzeroberfläche unseres Alltags werden seit einiger Zeit permanent neue Programme installiert, ohne dass die Programmierer wissen können, wohin das führt. Das geschieht zumeist knapp unterhalb der Wahrnehmungsschwelle; wenn wir es merken, ist es schon passiert. Auch das trägt dazu bei, dass das Leben heute sich vom Leben unserer Großeltern fundamental unterscheidet.

Diese kulturellen Revolutionen kommen zuerst eher leise daher, das ist eines ihrer postmodernen Erfolgsgeheimnisse. Die Gegenwart – das ist, im Unterschied zur klassischen Moderne, die Zeit der Revolutionen, die schon mehr oder weniger durchgesetzt sind, wenn sie bemerkbar werden. So beginnen wir erst zu ahnen, was die Umwälzungen der späten Moderne bereits alles auf den Kopf gestellt haben und noch auf den Kopf stellen werden.

Die kulturellen Basics unserer Existenz verändern sich unter der Oberfläche einer gewissen Kontinuitätsfiktion seit einiger Zeit fundamental, im Wesentlichen wohl immer noch durch einen einzigen Prozess: Der Bereich des Kulturellen – und damit als veränder- und verfügbar Definierten – weitet sich dramatisch aus. Das geschieht durch zwei miteinander verschränkte Prozesse: durch die Überführung von bislang als »natürlich«, also unwandelbar und notwendig Gedachtem in den Bereich des Gestaltbaren und durch die massive technologische Erweiterung dieses Bereichs.

Für die Überführung von bislang als natürlich, unwandelbar und notwendig Gedachtem in den Bereich des Gestaltbaren steht exemplarisch der Wandel des Geschlechterverhältnisses. Bis vor kurzem sprach man inner- und außerkirchlich ganz selbstverständlich vom angeblich unwandelbaren, ewigen »Wesen der Frau«, das sie »natürlicherweise« zur dienenden Partnerin des Mannes mache. Das ist inzwischen als eine für lange Zeit sehr erfolgreiche Männerphantasie durchschaut.

Für die Erweiterung des Bereichs des kulturell Gestaltbaren durch dessen technologische Expansion stehen exemplarisch die neuen digitalen Medien und die Biotechnologie. Es gibt natürlich auch kulturelle Revolutionen, in denen sich technologische Expansion und kulturelle Dekonstruktion von bisher Unantastbarem überschneiden. In den konkreten kulturellen Revolutionen der Gegenwart verschränken sich zumeist die Erweiterung des Bereichs des Gestaltbaren und die schiere Reichweitenexpansion menschlichen Handelns.

Die Medienrevolution etwa vollzieht sich primär als technologische Revolution, ist aber natürlich weit mehr als das. Die »Neuchoreografie der Geschlechterrollen« vollzieht sich primär als Entlarvung von scheinbar »Natürlichem« und »Gottgewolltem« als etwas Veränderbares, aber auch sie ist mehr als das, ist eine wirkliche Neuchoreografie und bringt daher die Verhältnisse zwischen Männern und Frauen zum Tanzen.[5] Es ist kein Zufall, dass praktisch alle religiös-fundamentalistischen Bewegungen die Autonomie weiblichen Handelns massiv einschränken wollen.[6]

Die ökonomische Globalisierung aber ist ganz offenkundig und unmittelbar die Folge der Kombination von beiden Elementen des kulturellen Expansionsprozesses. Während sich die Medienrevolution technologisch verkauft und vermarktet, aber weitreichende Verflüssigungskonsequenzen für bisherige kulturelle Unverrückbarkeiten nach sich zieht, die Revolution der Geschlechterrollen vor allem als Destruktion bislang gültiger Unwandelbarkeiten und ihre Überführung in Gestaltbares daherkommt, ihre Basis aber in der realen Ausweitung weiblicher Autonomie durch qualifizierte Erwerbstätigkeit hat, ist die ökonomische Globalisierung von vorneherein auf dem Feld der Politik, der Macht, der ökonomischen wie der politischen Imperien angesiedelt.[7]

Dass sich die Gestaltungsreichweite des Menschen dramatisch durch die Entlarvung von Natürlichem als kulturell

Gestaltbares und durch die Überführung von Fernem in Erreichbares erhöht, ist nichts wirklich Neues. Das geht schon lange so, seit mehreren Jahrhunderten. Das Neue dürfte aber darin liegen, dass der Wandel schneller und anders geschieht, als unser Begreifen und Planen es sich denken wollte.

Dies alles bedeutet nichts weniger als das faktische und unabweisbare Ende lang anhaltender und bis heute wirksamer Grundannahmen über unsere zeitliche Situierung. Nach Hartmut Rosa erleben wir gegenwärtig »das Ende der verzeitlichten Geschichte der Moderne, d.h. das Ende einer Zeiterfahrung, in der die historische Entwicklung ebenso wie die lebensgeschichtliche Entfaltung als *gerichtet* und *kontrollierbar* ... erscheinen.«[8]

3. Die merkwürdige Geschichte der »Gegenwart«

Die Gegenwart ist uns seit einiger Zeit doppelt entzogen: Als etwas, das uns drängend und distanzlos umgibt, war sie es schon immer. Als gegenwärtige Gegenwart aber ist sie es doppelt. Denn eine der merkwürdigeren Irritationen beim Blick auf die Gegenwart ist, dass es offenbar eine Geschichte des Bewusstwerdens der eigenen Zeit gibt. Die Gegenwart war offenbar nicht immer in jener Weise gegenwärtig, wie es uns heute selbstverständlich ist. Die Art des Gegebenseins der Gegenwart ist selber ein kulturelles Phänomen. Es gibt eine »Geschichte der Gegenwart«. In ein Schema gebracht: In vor-neuzeitlichen Zeiten, also vor der europäischen Expansion des 16. Jahrhunderts, war die Gegenwart die Verlängerung der Vergangenheit und sie wollte auch nichts anderes sein; in der Moderne, also bis vor kurzem, war die Gegenwart die Vorgeschichte einer erhofften, erstrebten besseren Zukunft; heute, in einer unsicher und vorsichtig gewordenen späten Moderne, ist sie vor allem eines: die Chiffre für die Unsicherheit darüber, was sie eigentlich ist.

Vor dem Epochenbruch zur Neuzeit waren Gegenwart und Zukunft die Fortsetzung der Vergangenheit. Wie es war und vor allem wie es sein sollte, das dachte man sich als die Fortsetzung eines legitimierenden Ursprungs. Herrschaft etwa, weltliche und religiöse, begründete sich vor allem durch die »Herkunft von alters her«, am besten von göttlichem, also ewigem Alter her. Gegenwart war Nachfolge.

Die Moderne wurde dann jene Zeit, in der man die Zukunft als Projekt der Gegenwart dachte: Man sah sich nicht mehr primär der Vergangenheit verpflichtet, sondern die Zukunft wurde zur normativen Zeitebene, eine »bessere« Zukunft natürlich. Es sollte nicht mehr wie früher, sondern ganz anders werden, die Zukunft wurde modellierbar und gestaltbar, wurde zur Aufgabe. Der Weg dorthin nannte sich recht emphatisch »Fortschritt«.

Die Moderne bricht mit einer vergangenheitsorientierten Logik des Ursprungs und etabliert stattdessen eine zukunftsorientierte Logik des Projekts. Das befreit die Vergangenheit von der Aufgabe, die Gegenwart zu bestimmen, ermöglicht dieser vielmehr umgekehrt, die Vergangenheit nun plötzlich als offenen Raum der Erforschung zu entdecken. Hier drehen sich die Herrschaftsverhältnisse um: Nicht mehr die Vergangenheit herrscht über die Gegenwart, sondern die Gegenwart über die Vergangenheit. Diese Gegenwart selber aber steht unter der Macht der Zukunft.

Während die Gegenwart in vormodernen Zeiten also die Zukunft der Vergangenheit war, so in modernen Zeiten die Vergangenheit der Zukunft. Dieser Zukunft war man sich dabei relativ sicher. Die klassische Moderne, die Zeit also, die sich ihres regulierenden theologischen Rahmens irgendwann im 18. Jahrhundert in ihren Eliten und im 19. Jahrhundert dann gesellschaftsweit entledigte, war noch das Projekt einer nach-metaphysisch legitimierten Gesellschaft mit quasi-metaphysischer Sicherheit, das Projekt einer nicht-religiös begründeten Gesellschaft mit fast noch religiöser Selbstsicherheit.

In der postmodernen Gegenwart finden Geschichtstheologien des Fortschritts nicht mehr wirklich Glauben. Die Gegenwart ist damit eine Zeit, die sich ihrer selbst nicht mehr so gewiss ist, wie es die Vormoderne im Rahmen einer religiösen und die Moderne im Rahmen einer säkularen Geschichtstheologie war. Die spät- oder zumindest darin postmoderne Gegenwart ahnt die Brüchigkeit der modernen Logik der Projekte. Sie baut weiter an der Welt der Zukunft als Ergebnis ihres Willens, aber sie ahnt, dass es ganz anders kommen wird. Die Zukunft wird nicht das sein, was wir heute geplant haben. Was wir heute planen, wird die Zukunft mitbestimmen, aber wie, wissen wir nicht.

Der ganze Wissenschaftsbetrieb und teilweise auch die Kirche werden zwar gegenwärtig noch auf das Schema der Moderne umformatiert:[9] ein Projekt zu entwickeln, es zäh und gegen widrige Winde und Menschen durchzusetzen und mit Erfolg abzuschließen. Wenn es aber eine postmoderne Erkenntnis gibt, dann jene, dass wir nicht die souveränen Herren der Zukunft sind, wie es die Moderne glauben machen wollte. Der Nationalsozialismus wollte die Weltherrschaft der Deutschen, er hat sie in ihr größtes moralisches und materielles Elend geführt. Der Kommunismus glaubte die Geschichte verstanden und die neue Zeit mit sich zu haben, hat sie aber seit 1989 hinter sich. Der liberale Westen glaubte, die Religion abgekühlt zu haben, aber er hat sie mit seiner kulturellen Globalisierung an verschiedenen Stellen wieder heiß gemacht. Der Irakkrieg sollte den islamischen Fundamentalismus beseitigen, er hat ihn aber gestärkt. Die moderne Verkehrstechnologie sollte die Erde verfügbar machen, ihr CO_2-Ausstoß droht sie aber in Teilen unbewohnbar werden zu lassen. Die globalisierten Finanzmärkte sollten Wohlstand ermöglichen, ihre enge Vernetzung droht sie unbeherrschbar zu machen, der Euro sollte Europa endgültig einen und droht jetzt, zu seinem Sprengsatz zu werden.

Die katholische Kirche war immer fortschrittsskeptisch, aber aus einem eher zweifelhaften Grund. Sie glaubte, mit Hilfe ihres Zugangs zur Gottesmacht souveräne Herrin der Geschichte, von Vergangenheit, Gegenwart und Zukunft zu sein. Die klassische Moderne hat sie von diesem Thron gestoßen, das ist deren bleibendes Verdienst, aber viel besser wurde es dadurch lange nicht, eher im Gegenteil. Nie floss so viel Blut wie im vergangenen »Jahrhundert des Menschen«.

Die aktuelle Postmoderne glaubt daher auch nicht mehr an den Menschen, sondern an Technologien. Wir werden im entwickelten Westen nicht so sehr von politischen, also expliziten und offiziellen, sondern von technologischen, also klandestinen Umbauprozessen, die lange unterhalb der öffentlichen Bewusstseinsschwelle ablaufen, beeinflusst. Deren Konsequenzen und Verarbeitung sind den Einzelnen, ja ganzen Gesellschaften überlassen – mit individuell und gesellschaftlich ungewissem Ausgang. Das

Neue an den neuen Zeiten ist also nicht, dass sie neu sind, das wäre trivial, sondern dass niemand so genau weiß, wie neu – und was dieses Neue bedeutet.

Wir leben in einer Gegenwart, die den Glauben an das Große und Ganze aufgegeben hat, und das nicht so sehr aus Unglauben, sondern aus Erfahrung, weil sich ihr Wahrheit eher in Splittern und Fragmenten, Überraschungen und neuen Unsicherheiten offenbart. Damit ist die Gegenwart vor allem eines: sich neu zur Entdeckung aufgegeben. Im gewissen Sinne wird unsere Gegenwart damit zum ersten Mal in eine radikale Präsenz, in einen radikalen Präsens gestellt. Sie wird sich selbst zur unbekannten Gegend. Ihre Entdeckung ist unsere erste Aufgabe im Umgang mit ihr.

Das ist eine signifikante Verschiebung. Dass sich die Opfer nicht lohnen, weder jene für den Kommunismus noch gar jene für den Faschismus und Nationalsozialismus, aber eben auch jene nicht, die auf Wissenschaft und Technik hoffen und ihnen alles geben wollen, das zeigt sich immer deutlicher und setzt sich bei immer mehr Menschen fest.

Die Aufgabe der Gegenwart ist es also, diese Gegenwart überhaupt erträglich zu halten, für viele überhaupt erst erträglich zu machen: trotz der Ungerechtigkeiten, trotz der kulturellen, religiösen, ökonomischen Konflikte, trotz der, vergleicht man die Menschheitsgeschichte, unvorstellbaren kulturellen Beschleunigung und Verdichtung. Dazu müsste man sie aber überhaupt erst einmal genauer kennen. Der 11. September 2001 und die Finanzkrisen aber signalisieren: Das Wichtigste unserer Gegenwart taucht offenkundig plötzlich auf, schlägt zu und niemand hat damit gerechnet.

Es ist nicht mehr einfachhin möglich, die Gegenwart von

einer mythologischen Vergangenheit oder von einer uto-
pischen Zukunft her zu verstehen, unser Handeln mit einem göttlichen Auftrag zu rechtfertigen, eine ewige Ordnung zu verwirklichen oder mit einem menschlichen
Auftrag, das Paradies auf Erden oder wenigstens eine
Schwundform davon hier und heute zu errichten. Es geht
vielmehr erst einmal darum, diese Gegenwart erträglich zu
machen und lebenswert, obwohl oder gerade weil in ihr
Menschen leben, die genau darin sich unterscheiden, wie
sie diese Gegenwart verstehen, gestalten wollen und überhaupt schon begreifen.

Die einen empfinden in ihr immer noch einen religiösen,
ja theokratischen Auftrag, die Piusbrüder etwa oder evan-
gelikale Fundamentalisten oder radikale Islamisten. Die
anderen sehen in ihr immer noch den Ort eines politischen
(oder wissenschaftlichen) Heilsprojekts, die Vorsichtigen
aber sehen in ihr eine unbekannte Gegend mit merkwürdigen Bewohnern: uns selbst und damit zuerst eine riesige
und notwendig unabgeschlossene Entdeckungsaufgabe.

Die Entdeckung der Gegenwart und ihre Gestaltung als
möglichen Ort menschlicher Existenz ist unsere Aufgabe
und dieser Aufgabe kann man weder in die Utopie des ganz
Anderen noch in die Sehnsucht nach dem reinen und guten
Ursprung entkommen. Man kann ihr auch nicht, und das
ist die dritte und meistgenutzte Fluchtmöglichkeit, durch
Rückzug in eigene Konventikel und mehr oder weniger geschlossene Plausibilitätsgemeinschaften entfliehen. Politik
ist nicht das Verwalten und gelegentliche Umformatieren
des Gewohnten. Auch aus diesem Schlaf des Unpolitischen
haben der 11. September und die Finanzkrisen gerissen.
Die Politik schlägt zurück in der *einen* Welt, in der wir sind
und die uns nie und nimmer in Ruhe lässt.

Wenn dem aber so ist, wenn der Wandel schneller und anders geschieht, als unser Begreifen und Planen es sich denken wollte, wenn wir also tatsächlich in ziemlich neuen kulturellen Gegenden leben, dann hat das Konsequenzen für das Nachdenken über Lage und Aufgabe der Kirche heute und gar über ihre Zukunft. Denn »(d)amit driftet die Inkulturation des Evangeliums hierzulande aus ihren modernen Festkörpern hinaus aufs offene Meer: (…) Nicht die Dialektik von Kontinuität und Unterbrechung, sondern das Ereignis, der jeweils nächste Schritt in einem unsicheren Gelände, wird zum neuen Inkulturationsort des Evangeliums.«[10]

Wenn

- die »post-modernen« Denker im Gefolge Nietzsches darin übereinkommen, auf der Basis ihres nüchternen Blicks auf die sich selbst zum Problem und illusionslos gewordene Moderne eines jedenfalls nicht mehr zu liefern, nämlich Stärke, Sicherheit und Ordnung,
- wenn immer plausibler wird, dass wir nicht die souveränen Herren der Zukunft sind, wie die Moderne es uns versprechen wollte,
- wenn wirklich gilt, dass die anti-dynamischen Nachfolgekonzeptionen der Vormoderne ebenso obsolet geworden sind wie die dynamisch-utopischen Fortschrittskonzeptionen der Moderne,
- wenn die eigentliche Aufgabe der Gegenwart nicht darin besteht, neue Kontinente zu entdecken, sondern zu entdecken, wo wir eigentlich gelandet sind,
- wenn also die heutigen Zeiten so neu sind, dass wir noch gar nicht begriffen haben, wie neu sie sind, und ebendieses Nichtbegreifen, genauer: die Einsicht in

die Unvermeidlichkeit des Nichtbegreifens das
Neue darstellt,

dann muss eine *dieser* und nicht einer abstrakten Gegenwart verpflichtete Kirche vor allem eines sein: neugierig,
aufmerksam und sensibel. Denn sonst weiß sie weder, an
wen sie sich wendet, noch, wo sie überhaupt ist, noch, was
das, was sie ihr zu sagen hat, für diese Gegenwart wirklich
bedeutet.[11]

II. Die Vertreibung von der Macht

*»Der Problemhorizont religiösen Erlebens ist die
individuelle Lebensführung«.*
Armin Nassehi[1]

1. Drei Thesen zur Erklärung der Lage der Religion

Dafür, wie man es mit der Religion in unseren Breiten hält,
stehen gegenwärtig im Wesentlichen drei Erklärungsver-
suche zur Verfügung: die schon etwas ältere Säkularisierungsthese, die auch nicht mehr ganz junge Individualisierungsthese und die 2001 von Jürgen Habermas in Umlauf
gebrachte »Postsäkularitätsthese«. Für alle drei Erklä-
rungsansätze spricht einiges.

Die Säkularisierungsthese[2] behauptet, dass Prozesse gesellschaftlicher Modernisierung einen letztlich negativen Einfluss auf die Stabilität und Vitalität von Religionsgemeinschaften, religiösen Praktiken und Überzeugungen aus-
üben. Dafür gibt es einige Belege, vor allem wenn man, etwas enger, unter »Säkularisierung« das unbestreitbare ge-
sellschaftsstrukturelle Phänomen versteht, dass religiöse
Gehalte und Geltungsansprüche in den Privatbereich aus-
gelagert und im öffentlichen Bereich weitgehend neutrali-
siert werden.

Unter dieser Rücksicht sind westeuropäische Gesellschaften tatsächlich mehr oder weniger strukturell säkularisiert.
Das muss man auch überhaupt nicht bedauern. Im Gegenteil: Der heiße historische Kern des europäischen Säkula-
risierungsprozesses sind schließlich die vielen Toten, wel-

che die Religionskriege der frühen Neuzeit kosteten. Kein Wunder, dass danach die Gesellschaft begann, immer mehr ihrer Handlungssektoren religionsunabhängig zu machen. Das schafft Freiheit, auch den Mächtigen der Religion gegenüber: Alles andere nennen wir seit einiger Zeit im Übrigen Fundamentalismus.

Europäische Gesellschaften sind mit wenigen Ausnahmen[3] freilich alles andere als säkularisiert, wenn man unter »Säkularisierung« die generelle Neutralisierung religiöser Gehalte, ihr grundsätzliches Verschwinden oder ihre generelle Entplausibilisierung in der Bevölkerung auf der Ebene der Einzelpersonen versteht. Schaut man sich die entsprechenden Daten an,[4] dann gilt: Die christlichen Kirchen und zunehmend auch andere Religionsgemeinschaften bleiben wichtige Quellen individueller Lebensorientierung und Daseinsbewältigung, freilich unter der situativen Vorbedingung der Freiheitslogik der Einzelnen. Oder anders gesagt: Jeder hat die »säkulare Option« (Hans Joas). Die primäre Auseinandersetzungsebene um die Religion in europäischen Gesellschaften liegt im Übrigen weder auf der Ebene der strukturellen Säkularisierung noch auf jener der individuellen Freiheitslogik des Religiösen. Die Konflikte um die Religion vollziehen sich vielmehr zumeist im kulturellen Bereich der Werte, Normen und sozialen Objektivationen.

Die Individualisierungsthese, spätestens seit der Schweizer Studie »Jeder ein Sonderfall« aus dem Jahre 1993[5] religionssoziologisch sehr präsent, geht davon aus, dass »nicht ein Verlust von Religion – wie die Entwicklung von den Kirchen gerne wahrgenommen wird – stattfindet«, man vielmehr von einer »Neustrukturierung des Religionssystems und eine(r) Änderung der Äußerungsformen von

Religion«[6] ausgehen müsse. Diese aktuelle Umstrukturierung des Religionssystems vollziehe sich dabei offenkundig »am Leitfaden des Ichs«. Religion verschwinde also nicht in der späten Moderne, sie transformiere sich, sie werde vielmehr zum individuellen Projekt, das man je nach Lebenswegstrecke neu zusammenstellt.

Auch für diese These spricht einiges. Schließlich produzieren die erzwungenen Wahlbiografien der Gegenwart einen hohen Kontingenzbewältigungsbedarf. Wer viel entscheiden kann, muss viel entscheiden, riskiert viel und muss sich seine Entscheidungen auch noch anrechnen lassen. Wir leben tatsächlich emotional und sozial ziemlich absturzgefährdete Risikoexistenzen, zumindest wird das subjektiv so wahrgenommen. Wenn die Biografie immer mehr zum letzten Ort wird, an dem die disparaten Teile der Gesellschaft noch verbunden werden können und müssen, dann ist die Individualisierung von Religion nicht die Folge egozentrierten Hochmuts, wie das innerkirchlich bisweilen kommuniziert wird, vielmehr die unmittelbare Konsequenz der gesellschaftlichen Situation, in der wir leben.

Bleibt die These von der »Postsäkularität«, prominent vorgelegt von Jürgen Habermas in seiner Friedenspreisrede 2001.[7] Es formuliert sich hier die Erkenntnis, dass die Religion »Ressourcen« für die individuelle Lebensführung, aber auch für Legitimation und Stabilität des demokratischen Verfassungsstaates bereithält, die ohne Religion nicht so einfach zur Verfügung stehen, oder, anders gesagt, dass religiöse Sprache nicht verlustfrei in nicht-religiöse Sprache übersetzt werden kann.

Das Europa der globalisierten Ära wird zudem mit Phänomenen der *public religions*[8] konfrontiert, also einer neuen und neuartigen Sichtbarkeit des Religiösen im öffentlichen Raum. Moderne Gesellschaften sind ökonomisch und medial globalisiert, haben das Christentum als gesellschaftliche wie individuelle Herrschaftsreligion entmachtet und vertreten gleichzeitig die aktive Religionsfreiheit: Unter diesen Bedingungen kann man den öffentlichen Zeichen und Praktiken der Religionen nicht ausweichen.

Alle drei Ansätze zur Erklärung der religiösen Lage unserer Gesellschaft beschreiben reale Phänomene. Sie sind auch trotz ihrer diskursiven Alternativstellung durchaus harmonisierbar. Der zentrale Befund im Feld des Religiösen dürfte sein, dass sich Religion offenbar zunehmend nach jenem Muster vergesellschaftet, nach dem in dieser Gesellschaft immer mehr Lebensbereiche organisiert werden: nach den Mustern und Regeln des Marktes.

Religion individualisiert sich dabei auf der Nachfrageseite – jeder und jede kann sich seine/ihre persönliche Religion selbst zusammenstellen und tut dies auch –, aber auch auf der Anbieterseite: Einige ihrer Merkmale, etwa die Rhythmisierung des Alltags, die Bewältigung der Unberechenbarkeiten des Lebens, die ethische Normierung und die Bildung von »Glaubensgemeinschaften« wandern aus in andere kulturelle Handlungsfelder, so zum Beispiel in die Medien, in den »Kapitalismus als Religion« (Walter Benjamin) oder auch in eine neue (trivial-)ästhetisierende Kunstreligion um Museen und Pop-Events. Hans-Joachim Höhns »Theorie religiöser Dispersion« zeigt plausibel, inwiefern sich der »postsäkulare Fortbestand des Religiösen als ein mehrfacher Transformationsprozess vollzieht, der die Vermittlungsbedingungen religiöser Traditionen, die Sozialformen und öffentliche Präsenz gelebter Religion sowie die Verwendung ihrer semantischen und ästhetischen Ausdrucksformen außerhalb religiöser Kontexte umfasst.«[9]

Die Säkularisierungsthese hält dann die schlichte Wahrheit fest, dass sich niemand auf spezifische Märkte begeben muss und dass sich tatsächlich viele – in unterschiedlichen Ländern sehr unterschiedlich – gar nicht erst auf den religiösen Markt begeben. Die Säkularisierungsthese formuliert mithin die Freiheit *gegenüber* dem religiösen Markt. Die Individualisierungsthese hält dann die Freiheit *im* Markt fest. Auch wer sich auf den religiösen Markt begibt, behält seine Freiheit, wie es eben Kunden zusteht. Er behält sie diachron, denn er kann den Anbieter wechseln, und er behält sie synchron, denn er kann manches von verschiedenen Anbietern kombinieren, wie wir es in anderen Marktsektoren ja auch tun. Und er behält die Freiheit zu wechselnder Intensität, auch das entspricht normalem Kundenverhalten: Die These der »Postsäkularität« hält dann aber fest, dass es diesen Markt *überhaupt noch gibt*, dass er ziemlich stabil zu sein scheint und dass mit ihm weiter zu rechnen ist, wenn auch in Europa in durchaus unterschiedlicher Virulenz.

2. Konsequenzen für die Kirche

Das alles bedeutet nun, dass die katholische Kirche in unseren Breiten mit manifesten, nicht länger verdrängbaren Abstiegserfahrungen umgehen muss. Religion wird zunehmend weniger im kirchlichen Dispositiv vergesellschaftet, das Religion in Konzepten von Mitgliedschaft, Gefolgschaft und Macht organisierte und zudem davon ausging, dass sich die je individuelle Religiosität und die gemeinschaftlich gelebte, verfasste Religion, also Persönlichstes und Öffentlichstes, Intimstes und kirchliche Obrigkeit, wenn irgend möglich decken. Im Zuge der globalen Durchsetzung eines liberalen, kapitalistischen Gesellschaftssystems werden religiöse Praktiken in die Freiheit des Einzelnen gegeben und folgen damit vielen anderen, ehemals der Entscheidungsfreiheit des Individuums entzogenen Praktiken, etwa der Orts-, Kleidungs-, Berufs- oder Partnerwahl.

Für die kirchliche Pastoralmacht markiert dies den definitiven Endpunkt eines einzigen Verlustwegs. Dieser führte vom Kosmos zur Kommunität und schließlich zum Körper. Die kosmisch codierte Interpretationsmacht des Christentums wird zuerst in Frage gestellt von Männern wie Galilei, Kopernikus und Kepler, der kirchliche Zugriff auf die (nicht-kirchliche) Kommunität ging mit dem bürgerlichen Gesellschaftsprojekt und somit im 19. Jahrhundert verloren, nachdem schon der Absolutismus des 18. Jahrhunderts sich zunehmend von kirchlichen Bestimmungshorizonten frei gemacht hatte. Zuletzt aber versuchte gerade die katholische Kirche, etwa über ihre Moralverkündigung, noch Einfluss auf den Körper zu nehmen, auf seine Praktiken und Techniken.[10]

Es herrscht aber auch nicht mehr das *aufklärerische Dispositiv*[11] *des Religiösen*, das die Konsistenz religiöser Praxis und Inhalte vor der Vernunft anstrebte und von dieser Konsistenz her Religion beurteilte, manchmal auch verurteilte. Was herrscht, kann man vielleicht am ehesten als »*autologisches Dispositiv*« bezeichnen, als Organisation und Praxis von individueller Religion nach dem – durchaus nicht beliebigen und trivialen – individuellen biografischen Bedürfnis.[12] Das folgt einer eigenen Logik, der Logik der prekären Lebensbewältigung auch mit Hilfe von Religion.

Religion und eben auch Kirche werden damit aber unter ein individuelles Nutzenkalkül gestellt – und das gilt auch für praktizierende Katholiken und Katholikinnen.

Das trifft die katholische Kirche an einem zentralen Punkt ihrer neuzeitlichen Geschichte: ihrer institutionellen Lebensform. Diese institutionelle Lebensform ist gerade im katholischen Bereich mächtig und eindrucksvoll. Gegenwärtig aber muss die Kirche damit umgehen, dass mit ihr umgegangen wird und dass auch ihre stolze Institutionalität dies nicht verhindert. Bisweilen gilt gar: ganz im Gegenteil. Kirchliche Institutionen geraten damit unter den permanenten Zustimmungsvorbehalt ihrer eigenen Mitglieder. Es ist so nicht ganz ohne Logik, wenn mittlerweile die pastoral folgenreichste empirische Studie der letzten Jahre, die Sinus-Milieustudie[13], von einem Marktforschungsinstitut, Sociovision, erstellt wurde und das lieferte, was man von einer Marktforschungsgesellschaft erwarten kann: einen Marktlagebericht. Und es ist auch nicht erstaunlich, dass gerade auf diesen Marktlagebericht innerkirchlich so sensibel reagiert wurde.

Schließlich schaut diese Marktlage für die katholische Kirche nicht sehr erfreulich aus. Sie ist offenbar nur noch in drei der hier definierten zehn Lebensstilmilieus halbwegs stabil verwurzelt, stößt in den anderen Milieus zunehmend auf Desinteresse oder gar Ablehnung, da man dort in ihr nicht zu finden glaubt, was man an Religion eventuell nachfragt. Die drei kirchlich affinen Milieus (die »bürgerliche Mitte«, die »Traditionsverwurzelten« und die »Konservativen«) sind zudem nicht sehr innovationsfreudig und keine gesellschaftlichen Trendsetter.

Nun gelingt es sicher vielen nicht-gemeindlichen Handlungsfeldern der Kirche, auch in anderen Milieus zumindest situativ und punktuell Fuß zu fassen: der Caritas etwa oder der Kategorialpastoral in Krankenhaus und Gefängnis oder auch dem Bildungssektor mit einer immer noch recht hohen Breitenabdeckung durch den Religionsunterricht. Dennoch wirkte der Sinus-Marktlagebericht in einer unter dem staatskirchenrechtlichen Rettungsschirm noch immer sehr gut lebenden Kirche zu Recht ernüchternd. Denn er beschreibt realistisch die teils drohende, teils bereits eingetretene kirchliche Kundendistanz. Es spricht freilich nicht unbedingt für die innerkirchlichen Kommunikationsverhältnisse, dass diese Milieukenntnisse nicht schon längst innerkirchlich durch die professionellen Erfahrungen des eigenen Personals bekannt wurden. Zumal dieses nicht nur analytische, sondern auch pastorale Milieukompetenz besitzt – zumindest dort, wo es seine Aufgabe erfüllt.

3. Das pastoraltheologische Problem des religiösen Marktes

Es fällt vielen in der katholischen Kirche schwer zu akzeptieren, dass sie unter die Herrschaft des notorisch wankelmütigen Marktverhaltens ihrer eigenen Mitglieder geraten sind. Zudem hat das Christentum in seiner langen Geschichte recht wenige Erfahrungen mit einer solchen Marktsituation; gerade das kollektive Gedächtnis der katholischen Kirche erinnert eher Macht- als Marktkompetenzen. Das Christentum ist es schließlich spätestens seit der »Konstantinischen Wende« des 4. Jahrhunderts gewohnt, sich über gesellschaftliche Herrschaftsprozesse zu realisieren.

Theologisch ist es aber überhaupt kein Problem, dass die Kirche in die Ohnmachtsposition der Kundenabhängigkeit geraten ist. Mit Blick auf ihren Gründer, Jesus, der bekanntlich in einer dramatischen Ohnmachtssituation starb, ist dies eigentlich sogar die kirchliche Normalposition. Wo liegt dann aber das Problem? Das natürlich stimmt: Die Kirche verkauft tatsächlich keine »Ware«, sie verkauft überhaupt nichts, denn der Kern ihrer Botschaft ist kostenlos oder, im theologischen Jargon gesagt: Gnade. Was sie zu kommunizieren hat, ist Gottes Gnade, näherhin: Gottes Gnade als Voraussetzung der Umkehr. Darüber, ob sie das tut, hat die Kirche nicht zu entscheiden. Das ist ihr vorgegeben, sie kann über nichts anderes reden, sich für nichts anderes einsetzen – zumindest solange sie sich auf Jesus Christus berufen will.

In dieser Situation droht der Kirche eine verhängnisvolle Verkehrung: Einerseits provozieren die Pluralisierungs- und Relativierungsprozesse, die funktionierende Märkte auslösen, innerkirchlich unübersehbare Probleme. Viele kirchliche Leitungsverantwortliche sind offenkundig irritiert vom Souveränitätsverlust, denn das bedeutet: Man hat hier Probleme mit der freiheitsstiftenden Funktion des Marktes.

Andererseits droht die Gefahr, dass man das Problematischste des Marktes akzeptiert: seine Selbstreferentialität, die den Markterfolg als letztes Handlungskriterium auf dem Markt setzt.[14] Es wird nicht reichen, mehr oder weniger heimlich auf den Markterfolg zu schielen, wie es auf den verschiedenen Ebenen der Kirche wohl weit mehr geschieht, als man sich eingesteht. Denn dann holt einen ein, was damit verbunden ist: der religiöse Substanzverlust, der Verlust des Wissens, warum es einen gibt, unabhängig davon, welchen Erfolg man hat.

Man kann freilich in der gegenwärtigen Situation auch nicht bestehen, indem man sich in behauptete diskursive oder soziale Singularitäten flüchtet, indem man Relationalität, also sich selbst auf die Probe stellende Bezüge, grundsätzlich ausschließt. Eine Zeitlang wird eine verunsicherte Kultur ein solches exotisches Gegenprogramm fasziniert beobachten, dann aber holt diese Struktur ein, was ihr eben untrennbar eingeschrieben ist: ihre Selbstgerechtigkeit und ihre Blindheit sich selbst und den realen Bezügen gegenüber.

Die Marktsituation enthält für die Kirche mithin eine doppelte Versuchung: die Versuchung, auf den Markt aufzuspringen wie früher auf die Nähe zur politischen Macht in der alten Verbindung von Thron und Altar oder zur pädagogischen Steuerungsmacht in der Herrschaft über die Einzelnen im geschlossenen katholischen Milieu. Und sie enthält die Versuchung, den Freiheitsgewinn des Marktes in regulierten diskursiven oder gesellschaftlichen Zonen zurückzunehmen.

In der katholischen Kirche wird zur Zeit der Kampf darum geführt, wie man auf diese neue Marktsituation reagieren soll. Das bringt etwa die Piusbrüder wieder ins Spiel, die mit ihrer radikalen Alternativpositionierung zum mainstream von Kirche und Gesellschaft und ihrem ästhetischen und kognitiven Anti-Modernismus durchaus marktattraktiv agieren, wenn auch vor allem auf dem Medienmarkt und daher hoffnungslos überschätzt. Andererseits bilden sich völlig neue, nicht länger mitgliedschafts-, gemeinschafts- und gefolgschaftsorientierte religiöse und pastorale Aktionsformen innerhalb und außerhalb der etablierten Kirche.[15]

In all diesen Prozessen spiegelt sich vor allem eines: Die

Kirche ist zwar weiterhin ein handlungsfähiges Subjekt, aber eben auch Unterworfene ihrer Zeit, sie ist nicht nur starkes Subjekt, sondern auch sujet, sie kann sich nicht mehr abschirmen von den Orten, an denen sie ist, und dem, was sie für sie bedeuten. Diese Orte sind nicht länger nur Kontexte ihrer selbst, sondern schreiben sich in sie, die Kirche, ein, durchziehen und durchdringen sie, gestalten sie, prägen sie, ob sie will oder nicht.

Pastoraltheologisch ergeben sich aus der neuen Situation der Kirche mindestens vier zentrale Herausforderungen: *erstens*, wie die Kirche das Netz ihrer pastoralen Handlungsorte von einem religiösen Herrschaftsverband in eine markt- und angebotsorientierte Dienstleistungsorganisation umformatieren kann; wie sie *zweitens* auf dem religiösen Markt bestehen kann, ohne ihm zu verfallen; *drittens*, wie sie ihren eigenen Anhängern eine erneute Aufstiegsperspektive vermittelt, obwohl sie diese als Religionsgemeinschaft in Europa nie und nimmer mehr bekommen wird; und *viertens* und natürlich am wichtigsten, wie sie sich in all dem an der Botschaft Jesu von Gott orientieren kann.

Die Kirche hatte ihre Aufgabe unter den Bedingungen der spätantiken religionspluralen Gesellschaft ebenso zu erfüllen wie im feudalen Mittelalter, als sie ein Teil der gesellschaftlichen Macht war, sogar der entscheidende. Sie hat sie natürlich auch heute zu erfüllen, wo sie wieder (teil-)entmachtet wurde und tatsächlich auf den (religiösen) Markt gekommen ist. Das braucht sie überhaupt nicht zu bedauern. Es steht sowieso nicht in ihrer Verfügungsgewalt, in welchem Kontext sie den Gott Jesu zu verkünden hat. Sie muss sich einfach darauf einstellen. Der Markt hat außerdem viele Vorteile für die Religion, vor allem beraubt er sie der selbstverständlichen Herrschaft über die Einzelnen, und das tut ihr nur gut. Auch macht er möglich, zu kontrollieren, ob Behauptung und Inhalt, Personen und Botschaft halbwegs übereinstimmen – und auch das ist nur gut. Der Markt hat aber auch viele Nachteile: Zum Beispiel neigt er zu Unverbindlichkeit und Konsumhopping. Das ist in den wichtigen Dingen des Lebens aber selten ratsam. Und er hat eine merkwürdige Tendenz zum Niveauverlust. Vor allem aber verführt er dazu, sich um des Markterfolgs willen zu radikalisieren. Auf den globalen Märkten des Glaubens gewinnen die Anhänger von angeblich ganz besonders »rechtgläubigen«, in Wirklichkeit aber nur latent oder offen gewalttätigen Religionsvarianten an Boden. Denn die Kombination aus dem schon länger anhaltenden Säkularisierungsprozess, also der Etablierung religionsunabhängiger gesellschaftlicher Sektoren, und aktueller Globalisierung verführt Religionen dazu, »sich von der Kultur abzulösen, sich als autonom zu begreifen und sich in einem Raum neu zu konstituieren, der nicht mehr territorial und damit nicht mehr der Politik unterworfen ist«[16].

Das Leben des Christen und jenes der Kirche sind keine triumphalen Siegesgeschichten, sondern ziemlich gewagte Entdeckungsgeschichten dessen, woran man zu glauben hofft. Was sie wert sind, wird sich erst herausstellen. Das Zentrum des Christentums ist der Glaube, dass sich Gott in Jesus von Nazareth in seiner Liebe für uns erniedrigt hat, dass er Mensch geworden und bis in den Tod hinabgestiegen ist, nur zu einem Zweck: um allen Menschen eine Chance auf Erlösung zu geben.[17] Unsere Antwort darauf aber soll sein, den gleichen Weg zu gehen, den Weg der Nächstenliebe und der Demut, der Hoffnung und der Liebe, denn das ist der Weg zu uns und zu Gott.

Die Kirche und alle und alles in ihr haben allein einen Zweck: diese Geschichte, diese Wahrheit, diese Erfahrung zu verkünden. Sie tut es in der Geschichte der Menschheit und also unter den Bedingungen menschlicher Existenz, in der Sündhaftigkeit, die nie weicht, und in der Unvollkommenheit unserer sozialen Verhältnisse und institutionellen Strukturen.

III. Das Scheitern
   der Gemeindeutopie

»*Um die Gesamtheit der Gläubigen zu erreichen, soll in
jeder Pfarre die Zellenarbeit durchgeführt werden. Sie
besteht darin, daß in planmäßiger Auswahl der Laienapostel die ganze Pfarre durchorganisiert wird. Durch
diese Laienapostel ergibt sich die lebendige Verbindung
zu allen Familien und Gliedern der Pfarre. Die einzelnen
Laienapostel, die den Kern einer Zelle bilden, sind durch
ständige Schulung und Anregung in eifriger Tätigkeit zu
erhalten.*«
Karl Rudolf[1]

1. »Gemeindetheologie«: Worum es geht

»Überschaubare Gemeinschaften mündiger Christen sollten die anonymen Pfarrstrukturen aufbrechen und an ihre
Stelle treten.«[2] Das war der Grundgedanke der nachkonziliaren Gemeindetheologie. »Gemeindetheologie« meint
hier jenen pastoral-theologischen Transformationsdiskurs,
der Mitte der 1960er Jahre praxiswirksam wurde und die
Umformatierung der kirchlichen Basisstruktur hin zu jenen »überschaubaren Gemeinschaften mündiger Christen« initiierte.
»Gemeinde« war konzipiert als Nachfolgestruktur der als
anonym, bindungs- und entscheidungsschwach wahrge-
nommenen volkskirchlichen Pfarrstruktur.[3] Man kann
diesen Diskurs tatsächlich Gemeinde*theologie* nennen,
denn eines seiner charakteristischen Merkmale war die de-

zidiert theologische Selbstbegründung. Das unterschied ihn deutlich von dem bis dahin für Organisation und Legitimation kirchlicher Basisstrukturen primär zuständigen kirchenrechtlichen Diskurs.

Ein weiteres Merkmal dieses Diskurses und ebenfalls Konsequenz seiner Herkunft aus der Theologie war, alle kirchlichen Handlungsstrategien zumindest konzeptionell auf diesen Umbauprozess zu zentrieren. Es galt eben tatsächlich das »Prinzip Gemeinde«[4], es galt die Maxime »Kirche als Gemeinde«[5]. Dieser Umformatierungsprozess hatte zugleich extensiven wie intensivierenden Charakter. Ferdinand Klostermann nennt als Ziel des Gemeindebildungsprozesses, »dass in (einer) Pfarrei möglichst viele Menschen eine möglichst genuine Gemeinde Jesu, des Christus, erleben können«, »dass die Pfarrei ein konkreter Ort wird, an dem möglichst vielen Pfarrangehörigen, aber auch anderen im Pfarrgebiet wohnenden Menschen die Glaubenserfahrungen Jesu weitervermittelt werden können«. Dazu sollen »möglichst viele in christliche Gruppen und Gemeinden«[6] eingebunden werden. Intensivierung und extensive Erfassung gleichzeitig also waren angezielt. Das Ergebnis sollte die »menschliche, brüderliche, offene und plurale Pfarrei«[7] sein.

Zentrale Bezugsgröße der Kirchenmitgliedschaft war also nicht mehr die römisch-katholische Kirche mit dem Papst an der Spitze, sondern der überschaubare Nahraum einer kommunikativ verdichteten, letztlich nach dem Modell einer schicksalhaft verbundenen Großfamilie gedachten »Gemeinde«. Soziologisch angesiedelt jenseits der Mikroebene der Primärbeziehungen, aber diesseits der Makroebene einer »anonymen« Gesellschaft, wurde die »Gemeinde« zur Hoffnungsträgerin einer sich erneuernden

Kirche. Es winkte das Versprechen einer Kontrastgesellschaft gegen die zweckrationale Außenwelt, aber auch gegen die vorkonziliare römisch-katholische Welt. Aus diesen Gegensätzen bezog der gemeindetheologische Diskurs viel von seinem attraktiven Kontrastpathos.[8]

Diskursive Marker dieses Wechsels waren neben dem Kontrast von »Gemeinde« und »Pfarrei« Formeln wie: »Die Gemeinde ist Subjekt der Pastoral« versus die »Gläubigen als bloße Objekte der Seelsorge« oder »der reife, mündige, denkende, ... freie, dabei fromme, gläubige Christ« versus den »hörende(n), blind-gehorchende(n) unkritische(n), problemlose(n), sogenannte(n) ›einfache(n)‹, schlichte(n) Christ(en)«.[9]

2. Genese der Gemeindetheologie

Katholischerseits kommt man erst recht spät zum Konzept der überschaubaren, kommunikativ verdichteten Gemeinde. Überschaubarkeit wird zwar für die katholische Pastoralmacht zu Beginn der Neuzeit eine immer wichtigere Zielgröße, das Konzil von Trient (1546–1563) ordnete »die Pfarrseelsorge neu, indem es ›Hirt und Herde‹ (Pfarrer und Pfarrei) in ein überschaubares Zueinander bringt.«[10] Die Gemeindegröße war bis dahin offensichtlich nie thematisiert worden. »Eine bewusst gewollte Überschaubarkeit ... ist für die städtische Bischofskirche der Spätantike keine Kategorie«. Bis Trient galt: »Wer intensiver, überschaubarer und personenzentriert christliche Gemeinschaft leben will, zieht sich ins Kloster zurück.«[11] Es hat gedauert, bis die quasi-familiär verbundene Gemeinde zur Basis katholischen Organisationsdenkens wurde. Erst Anfang der 70er Jahre des 20. Jahrhunderts setzte sich diese Variante der Gemeindetheologie endgültig durch, dann aber recht schnell. Durch die Bildung verdichteter, überschaubarer Gemeinschaften unterhalb der Pfarrebene wollte man jetzt dem einsetzenden kirchlichen Erosionsprozess gegensteuern. Der gemeindetheologische Diskurs reagiert deutlich auf die Säkularisierungserfahrung des sich auflösenden katholischen Milieus. Für Klostermann spielt die These, »dass im allgemeinen der Kirchenbesuch mit der wachsenden Pfarreigröße abnimmt«, eine zentrale Rolle in der Begründung seines gemeindetheologischen Projekts. Er entwickelt aus diesem Befund »die pastorale Notwendigkeit von Pfarrteilungen bzw. gemeindlichen Substrukturen unserer städtischen Großpfarreien« und fordert die »Erhaltung der Kleinpfarreien ... als echte Gemeinden«, auch »auf dem Lande«[12].

Der gemeindetheologische Diskurs knüpft an die Tradition des genuin anti-liberalen, demokratie-kritischen »organischen Denkens«[13] der Zwischenkriegszeit an, wie es innerkirchlich Romano Guardini exemplarisch formuliert hat und wie es zusammengefasst werden kann in der Maxime: »Nicht mehr das subjektiv-individualistische Denken herrsche vor, sondern eine organisch geprägte Form, in der die Kirche als Gemeinschaft der Vielen entdeckt wird, geeint in Gott«[14].

Die Gemeindetheologie startet als ungemein wirkmächtiger Diskurs. Wahrscheinlich war Pastoraltheologie seit Maria Theresias Zeiten nie so einflussreich. Konzeptionell war dieser Diskurs zumindest im deutschsprachigen Raum bis in die Mitte der 1990er Jahre praktisch alternativlos, mag auch die Realität schon länger anders ausgesehen haben.[15]

3. Das Scheitern

Ohne Zweifel besitzt die Gemeindetheologie echte Verdienste. Sie war ein Fortschritt in ihrer positiven Sicht der gläubigen Subjekte, in ihrer beginnenden Überwindung eines patriarchalen bis paternalistischen pastoralen Umgangsstils und in ihrer Option für eine basisnahe Sozialform von Kirche. Ein zentrales Problem war die Priorität der Vergemeinschaftungsorientierung und die Nachrangigkeit der Aufgabenorientierung, dies etwa im Unterschied zu den »Basisgemeinden« Lateinamerikas.[16] Nichts zeigt dies übrigens besser als das zentrale Leitwort dieses Ansatzes, die »lebendige Gemeinde«. Sie benennt weder Ziel noch Zweck der Verlebendigungsbemühungen und selbst jene, die sie leisten sollen, werden nicht erwähnt. Nicht die Sozialform steht im Dienst der Gläubigen, sondern diese im Dienst der Sozialform. Es ging also in typischer deutscher Tradition vor allem um Gemeinschaftsbildung und -erfahrung.[17]

Die Gemeindetheologie war der letzte Ausläufer des tridentinischen Projekts. Wie dieses suchte sie den Erosionsprozessen kirchlicher Sozialräume durch Verdichtung, Formierung und Überschaubarkeit gegenzusteuern, wenn auch diesmal unter typisch modernen Kategorien wie »Mündigkeit«, »Subjekt« und »Modernität«. Dies geschah auf familiaristischer Basis, schien doch damals die Familie die letzte stabile Sozialform der Moderne. Aber wie sich auch an der »Pfarrfamilie« erweisen sollte: dem war nicht so.

Der Versuch, die katholische Kirche von einer amtszentrierten Heilsinstitution zur quasi-familiären gemeindlichen Lebensgemeinschaft umzuformatieren, ist denn auch nicht am Widerstand der alten Kirchenformation gescheitert, sondern an seinem Charakter als halbierte, ja selbstwidersprüchliche Modernisierung, einem Widerspruch, wie er etwa schon in Klostermanns Doppelziel von Intensivierung und Expansion zum Ausdruck kommt. Die gemeindetheologische Modernisierung wollte freigeben (»mündiger Christ«) und gleichzeitig wieder in der »Pfarrfamilie« einfangen. Sie wollte Priester und Laien in ein neues gleichstufiges Verhältnis bringen bei undiskutierbarem Leitungsmonopol des priesterlichen »Vorstehers«. Sie wollte eine Freiwilligengemeinschaft sein, die aber auf ein spezifisches Territorium bezogen sein sollte, sie wollte für alle da sein, war es aber doch für immer weniger. Und man verengte die ehemals extrem aufgespannten Partizipationsgrade an Kirche zwischen Minimalpartizipation am unteren kirchenrechtlichen (und doch »heilsgewissen«) Rand und Totalhingabe auf das berühmte »aktive Gemeindemitglied« ausgerechnet zu jenem Zeitpunkt, als die Einzelnen die Lizenz zu sanktionsfreier religiöser Praxis bekamen.

Diese Selbstwidersprüchlichkeiten einer halbierten Modernisierung blieben nicht folgenlos. Aus ihrer inneren Widersprüchlichkeit entwickelten sich äußere Paradoxien: Die Gemeinde sollte das Leben in Christus vermitteln und musste doch offenbar selbst ständig »verlebendigt« werden, sie war auch in ihrem eigenen Selbstverständnis kein Selbstzweck, zog aber alle Bemühungen und Initiativen auf sich, sie war plötzlich die »Summe und Pointe aller Pastoral«[18], und doch expandierten die nicht-gemeindlichen Handlungssektoren der Kirche, also Diakonie, Kategorialpastoral oder Bildungsarbeit, weit stärker.

Der Kern der Selbstwidersprüchlichkeit des gemeindetheologischen Konzepts gründet in seinem ambivalenten Verhältnis zur Freiheit. Diese Ambivalenz aber rührt aus dem Status der Gemeindetheologie als kriseninduziertes Rettungsprogramm. Ähnlich wie das Papsttum im späten 19. Jahrhundert – und daher auch ähnlich emotional aufgeladen – zog die Gemeindetheologie enorme Rettungsphantasien einer durch die moderne liberale Gesellschaft und ihre ganz anderen Lebensstile unter Druck geratenen Kirche auf sich – wenn auch diesmal bei den eher modernitätsfreundlichen Teilen der Kirche. Doch in einem kommt sie mit der forcierten Papstkirche der Pianischen Epoche überein: Durch Aufbau, Ausbau und theologische Unterfütterung einer spezifischen Sozialform von Kirche sollten die freiheitsbedingten Erosionsprozesse kirchlicher Konstitution gestoppt werden.

Die Gemeindetheologie formuliert somit ein spezifisches innerkirchliches sozialtechnologisches Projekt. Sie verspricht Vergemeinschaftung jenseits der Repression einer »unverlassbaren« Schicksalsgemeinschaft und doch diesseits der unheimlichen und ungebändigten Freiheit des Einzelnen. Deshalb thematisiert die Gemeindetheologie auch primär Sozialformen, nicht aber pastorale Inhalte. Diese werden immer noch als Selbstverständlichkeit behandelt, mag diese Selbstverständlichkeit, etwa in der Sakramentenpastoral, auch noch so unübersehbar hinfällig geworden sein. Ähnlich wie beim Papsttum will man über eine institutionelle Struktur sichern, was in der liberalen Gesellschaft gefährdet erscheint: die Tradierung des Christlichen.

Dass dieses Projekt scheitern musste, erklärt sich aus seiner inneren Selbstwidersprüchlichkeit, dass es gerade in seiner intendierten Rettungswirkung scheiterte, ist offenkundig: Die Bindewirkung des gemeindlichen Milieus hat, nimmt man die Kirchgängerzahlen als Grundlage, seit 1950 um ca. 70 % abgenommen.[19] Nicht dieser Vorgang an sich – er ist nicht so sehr der Gemeinde als vielmehr dem generellen Kontextwechsel kirchlicher Konstitution zuzuschreiben – als vielmehr die Tatsache, dass auch der gemeindetheologische Umbau praktisch keine Spuren in dieser linearen Reduktion kirchlicher Partizipation hinterlassen hat, ist bemerkenswert.

Zudem laufen praktisch alle ressourcenbedingten aktuellen pastoralplanerischen Initiativen darauf hinaus, das klassische »Normalbild« einer um den Pfarrpriester gescharten, überschaubaren, lokal umschriebenen, kommunikativ verdichteten Glaubensgemeinschaft aufzulösen. »Pfarreien werden zusammengelegt und so die pastoralen Räume vergrößert. Das bedeutet, dass ein Priester für weitaus mehr Gläubige zuständig ist als zuvor.«[20] Dieser Prozess, gegenwärtig vielfach beklagt, vollzieht, wenn auch aus ganz anderen und nicht unbedingt guten Gründen, kirchenzentral nach, was die meisten Katholiken und Katholikinnen schon vorher von sich aus getan haben: den Abschied von der Utopie der »Gemeinde« als Gegenwelt unverstellt-personaler Kommunikation und realer Inklusion in einer Welt instrumenteller Kommunikation und Exklusion. Michael Ebertz hat Recht, wenn er feststellt, es sei »schon merkwürdig, dass … dieser so offensichtlich negative Ausgang eines gewissermaßen historischen Experiments immer noch ignoriert werden kann«[21]. »Die meisten getauften und gefirmten Katholiken … verspüren schlicht kein Interesse an den hohen religiösen Ansprüchen der Gemeindebewegung und an der damit verbundenen Neuverteilung der religiösen Arbeit, die nun den Laien zugemutet wird. Sie haben schlicht andere Sorgen und Relevanzen.«[22]

4. Die Gemeinde und die Zulassungsbedingungen zum Priestertum

Nun ist die jüngere pastoraltheologische Diskussion um die »Gemeinde« nicht nur sehr kontrovers, sondern auch argumentativ ausgesprochen extensiv verlaufen.[23] Den großen Hoffnungen, mit denen die Gemeindetheologie startete, entsprechen die Emotionen, welche ihre aktuelle pastoraltheologische Problematisierung immer noch freisetzt. Dies ist verständlich, zumal gleichzeitig, wenn auch mehr oder weniger unabhängig davon, die damals angestrebte Gemeindeverfassung der katholischen Kirche in den aktuellen Umbauprozessen ihrer Basisstruktur[24] tatsächlich zunehmend aufgelöst wird.

Diese zudem oft lebensgeschichtlich tief eingeschriebene Brisanz des Gemeindethemas hat zu einigen problematischen Verknüpfungen mit anderen Themen geführt. Diese Verknüpfungen sind möglich, behindern aber analytisch eher den Blick. Konkret betreffen sie die Frage der Zulassungsbedingungen zum Priesteramt, das Verhältnis von Individuum und Gemeinschaft in christlicher religiöser Praxis sowie die Frage nach der notwendigen Verortung kirchlicher Pastoral in der räumlichen Fläche.

Ohne Zweifel sind die gegenwärtigen Zulassungsbedingungen zum katholischen Amtspriestertum ausgesprochen diskussionswürdig, vor allem unter Gerechtigkeits-, Qualitäts- und amtstheologischen Gesichtspunkten. Die Gemeindeproblematik dürfte aber kein geeigneter Hebel sein, um hier relevanten Veränderungsdruck aufzubauen. Das Konzept »Gemeinde« als eine kommunikativ verdichtete, überschaubare Lebens- und Glaubensgemeinschaft unter priesterlicher Leitung ist innerkatholisch viel zu jung, um als Gegengewicht gegen jene alten Traditionen anzukommen, die das Priestertum dem unverheirateten Mann reservieren.

Es wäre sicher wünschenswert und grundsätzlich, etwa einem Konzil, auch möglich, die Zulassungsbedingungen zum katholischen Weihepriestertum einer pastoraltheologischen wie einer systematisch-theologischen Evaluierung zu unterziehen. Dies wird in absehbarer Zeit aber wohl nicht geschehen, zu tief sind Ordnungen der Geschlechterdifferenz und Ordnungen des Religiösen auch in unserer Kirche amalgamiert. Die schwerwiegendste Konsequenz der gegenwärtigen Zulassungsbedingungen wird auch nicht einmal so sehr der wegen des Priestermangels notwendige Umbau der pastoralen Basisorganisation sein als vielmehr die zuerst schleichende, dann sich aber rapide beschleunigende kulturelle Entfremdung, ja Exkulturation der katholischen Kirche von einer Gesellschaft, die normativ, zunehmend aber eben auch real auf eine ganz andere Geschlechterchoreografie umgestellt hat und in der die alten Begründungsmuster für Geschlechterasymmetrien massiv an Plausibilität verloren haben.[25]

Die Seelsorgeämter drehen denn auch an anderen Stellschrauben, um den potentiellen Veränderungsdruck auf die Zulassungsbedingungen zu verringern: Sie holen ausländische Priester und/oder vergrößern die priesterlichen Zuständigkeitsräume. Damit steht also ein relativ neues und rechtlich wenig gesichertes Konzept – die »Gemeinde« – gegen eine (kirchen-)politische Realität, die dieses

Konzept bei einiger organisationsentwicklerischer Virtuo-
sität ganz erfolgreich umspielen kann. Politisch ist das eine ganz und gar unbefriedigende Situation: Der einklagen-
de pastoraltheologische Diskurs steht gegen institutionelle
Macht und Raffinesse. Der Diskurs gewinnt da selten. Zumal die gemeindlichen Mauern nicht nur von außen durch
die Seelsorgeämter, sondern auch von innen durch die Katholikinnen und Katholiken selbst gesprengt wurden.

Die für unsere Kirche existenzentscheidende Frage, wie
ein amtstheologisch, pastoral und nicht zuletzt personal
verantwortbarer Entwicklungspfad des katholischen
Amtspriestertums nach der Auflösung der sanktionsgestützten »Konstantinischen Formation« der Kirche
ausschauen könnte, dürfte mit der Verlängerung jenes
letztlich paternalistischen Amtskonzepts, wie es die Gemeindetheologie vertritt,[26] nicht wirklich beantwortet
sein.[27]

5. Individualisierung versus Vergemeinschaftung

Auch die Verknüpfung der Gemeindeproblematik mit der
Frage Vergemeinschaftung versus Individualisierung dürfte nicht weiterführend sein. Das zentrale ekklesiale Problem der Pianischen Epoche war strukturell die mangelnde Freiheit und inhaltlich die Unfähigkeit, eigene Gehalte
außerhalb der Kirche als solche zu identifizieren. Das zentrale Problem der kirchlichen Gegenwart, zumindest in
unseren Breiten, ist strukturell die Schwierigkeit von Gemeinschaft und material die Setzung der Differenz des Eigenen innerhalb des allgemein Religiösen.

War in der Pianischen Epoche die Gemeinschaft des

Kirchlichen die Selbstverständlichkeit und die Freiheit das Unselbstverständliche, so ist heute die Freiheit vom Kirchlichen die Selbstverständlichkeit und die kirchliche Gemeinschaft das Unselbstverständliche. Die Alternative lautet also nicht: religiöser Individualismus versus gemeindliche Vergemeinschaftung. Denn die Freigabe zu religiöser Selbstbestimmung auch für Katholiken und Katholikinnen ist eine soziale Tatsache, im Übrigen eine erst einmal ausgesprochen erfreuliche. Es geht vielmehr darum, wie heute noch ekklesiale Sozialität möglich ist, und dies jenseits ihrer mehr oder weniger hilflosen Einforderung durch die Propagierung quasi-selbstverständlicher Sozialformen von Kirche.

Alfred Dubach hat zutreffend bemerkt, dass es überhaupt nichts nützt, die eigenen, prekär gewordenen Vergemeinschaftungsformen dadurch retten zu wollen, dass man passenderweise eine angebliche »Sehnsucht vieler Menschen nach Gemeinschaft« als »Zeichen der Zeit«[28] identifiziert. Die »strukturelle Individualisierung moderner Gesellschaften«, so Dubach, werde von den kirchlichen Autoritäten »als beängstigend und bedrohlich erfahren«. Dies lasse die Kirchenleitungen in ihrer »Sorge um die eigene Institution« dann »nicht auf eine Kultivierung moderner Freiheitsambitionen setzen«, vielmehr solle über »dichte kohäsive Sozialbeziehungen ... kollektive Identität mit den Überzeugungen der Kirche erreicht werden.«[29] Auch das gemeindekirchliche Konzept folgt noch deutlich diesem Muster.

Vergemeinschaftungsformen scheinen heute sehr milieuspezifisch zu sein,[30] und es gilt wohl eher der Satz, mit dem ein evangelischer Sammelband zum Problem beginnt: »Feste Zugehörigkeiten sind ungewöhnlich geworden. Sie werden vermisst, wenn sie fehlen; sie stören mehr oder weniger, wenn sie gegeben sind.«[31] Die Grundfrage von Kirchenbildung unter spätmodernen Bedingungen ist eben nicht, wie viel Gemeinschaft gegen den Freiheitsdrang des Einzelnen noch gerettet werden kann, sondern: »Wie stiftet Freiheit ekklesiale Sozialität?«[32]

Die Alternative lautet daher nicht: religiöser Individualismus gegen gemeindliche Vergemeinschaftung, so als ob es diese an jenem vorbei heute noch gäbe. Es geht vielmehr um die unter diesen Bedingungen heute möglichen Vergemeinschaftungsformen von Kirche. Dass sich dabei wie »auf vielen Feldern des gesellschaftlichen Lebens ... auch hinsichtlich der religiös-kirchlichen Praxis der Menschen Prozesse der Delokalisierung und der Relokalisierung zugleich beobachten«[33] lassen, ist unbestritten, immer aber finden sie unter modernen Freiheitsbedingungen statt.

Das Christentum kennt von seinen Anfängen her die Spannung von konstitutiver Gemeinschaftlichkeit und unvertretbarer Individualität vor Gott. Koinobiten und Anachoreten, der zölibatäre Priester und die Familie als ekklesiola, Paulus in seinem unvertretbaren Damaskuserlebnis und die frühe judenchristliche Jerusalemer Gemeinde oder auch der Papst, der ex sese unfehlbare ex cathedra-Entscheidungen fällen kann, aber doch nur, wenn er den Glauben der Kirche auslegt: Das Christentum ist in der Spannung von Individualität und Gemeinschaftlichkeit situiert – und nicht an einem dieser Pole.

Der unübersehbaren Ambivalenz der Gemeindetheologie wird man nur mit einer dreifachen, in sich freilich zusammenhängenden Reaktionsstrategie entkommen. Zum einen mit der Anerkennung der religiösen Freiheit des Einzelnen als Konstitutionsbedingung, ja Konstitutionsprin-

54

zip von Kirche; zudem mit der konsequenten Anerkennung aller Vergemeinschaftungsformen, der alten und der neuen, der stabilen wie der flüchtigen, der kleinen wie der massenhaften, als grundsätzlich gleichrangige Realisationsorte der pastoralen Aufgabe von Kirche;[34] sowie drittens in der Umsetzung der pastoralen Wende des Konzils und also seines pastoralen Prinzips[35] auch in der pastoraltheologischen Reflexion kirchlicher Sozialformen.

Orientierungen

IV. Pastoral: Risiko, Erinnerung und Ereignis

>*»Damit driftet die Inkulturation des Evangeliums hierzulande aus ihren modernen Festkörpern hinaus aufs offene Meer: (…) Nicht die Dialektik von Kontinuität und Unterbrechung, sondern das Ereignis, der jeweils nächste Schritt in einem unsicheren Gelände, wird zum neuen Inkulturationsort des Evangeliums.«*
>Michael Schüßler[1]

1. Risiko

In religiös individualisierten Zeiten, in denen die alten kirchlichen Kathedralen und Festungen in Ruinen liegen und die Kirche hinausgezwungen wird ins freie Feld der religiösen und gesellschaftlichen Unübersichtlichkeit, stehen zwei Dinge bevor: ein mutiger Schritt nach außen und ein ebenso mutiger zurück. Beide Schritte zusammen bilden das Ereignis der Pastoral.

Das pastorale Handeln der Kirche wird an seinem situativen Pol nicht um das Risiko des Sich-Aussetzens herumkommen,[2] an seinem Traditionspol aber nicht um eine ganz neue und vertiefte dogmatische Erinnerung, wenn denn »dogmatisch« heißt, Antworten aus dem Glauben zu entwickeln auf Fragen, die sich dem Glauben stellen. Dogmen sind »Antwort auf Fragen des Menschen nach Gott, die sich in Schrift und Tradition, aber auch in der Lebenserfahrung stellen«[3]. Beide Bewegungen aber kommen im unvertretbaren Ereignis zusammen.

Wenn die früher selbstverständliche, in Riten, Ästhetiken, Mentalitäten, Katechismen und religiösen Alltagspraktiken geronnene soziale Codierung kirchlichen Handelns an vielen Orten und in vielen Situationen sich in der religiösen Situation der Gegenwart verflüssigt hat und daher nicht mehr selbstverständlich trägt, dann markiert das pastorale Basisdreieck von Situation, Person und Tradition⁴ ein neues und offenes Feld, das stets neu und offen betreten und gestaltet, in Spannung gehalten und erprobt werden muss. Das große und unabgeschlossene Programm hierfür hat die katholische Kirche bereits entwickelt, sie scheut sich aber offenkundig zunehmend davor, es wirklich durchzuführen: die pastorale Grammatik des II. Vatikanums. Es ist im Ganzen ein Programm des Sich-Aussetzens, des Risikos und des Sprungs der gewagten Handlung aus der Konsequenz des Evangeliums. Dieses Programm sagt vor allem eines: Die Kirche verliert sich nicht im Außen, sondern sie entdeckt sich dort, weil sie dort erkennt, ob, wohin und wie weit ihr Glaube (sie) hier und heute trägt. Das Konzil hält fest: Eine Kirche, die sich nicht »der Welt dieser Zeit« aussetzt, die in der Sicherheit scheinbar unverletzbarer Räume und Gewissheiten bleibt, wird ihrer Aufgabe nicht gerecht. Sie kommt um ihrer Aufgabe willen nicht am Risiko des Wagnisses vorbei: Ihr Ort ist das offene Meer der Hingabe.

Das fordert eine Kultur des Sich-verstören-Lassens durch die Wirklichkeit, das bedeutet Perspektivenwechsel, Wagnis und Demut. Es heißt, sich aufmerksam auf die Welt einzulassen, wie Jesus sich auf die Welt eingelassen hat, heißt, sich auf die Wahrheit in Liebe einzulassen, wie Jesus es getan hat, heißt, das Wagnis des Neuen einzugehen, wie es Jesus in Wort und Tat unablässig getan hat.

Die »magna charta« dieses Programms ist die Pastoralkonstitution des II. Vatikanums und an ihrer Rezeption entscheidet sich die Rezeption des Konzils. Ihr lateinischer Titel »CONSTITUTIO PASTORALIS DE ECCLESIA IN MUNDO HUIUS TEMPORIS« bedeutet wörtlich übersetzt »Pastorale Konstitution über die Kirche in der Welt dieser Zeit«. Die Kirche bekommt in diesem Titel einen doppelten Index – einen örtlichen: die Welt, und einen zeitlichen: diese Zeit. Es geht in der Pastoral nicht um die Kirche überhaupt, irgendwo und irgendwann: Es geht um die Kirche hier und heute.[5]

Gaudium et spes vertritt eine Grundbotschaft: Kirche muss sich pastoral konstituieren im Hier und Heute – und nicht an ihm vorbei oder gegen ihren konkreten Handlungsort. Ihre eine und ewige religiöse Aufgabe hat sie immer in einem konkreten Hier und Heute zu erfüllen. Denn ihr Ort ist die Welt und die Zeit: Im Himmel gibt es keine Kirche mehr. Kirche ist zwar keine Größe *nur* im Hier und Heute, denn sie ist das von Gott gerufene und in Christus geeinte Volk Gottes auf dem Weg zu Gott. Sie ist aber eine Größe, deren Aufgabe immer in einem konkreten Hier und Heute zu lösen ist, eine Aufgabe, der sie nicht ausweichen kann und in der sie sich nicht verliert, sondern gewinnt.

Der Pluralismus ist mithin nicht erst ein Problem im Verhältnis der Religionen untereinander oder der Einzelnen in Zeiten der freien Religionsnutzung, er ist eine Realität und ein Problem der Kirche überhaupt. Denn es gibt nicht nur viele Religionen, es gibt auch in einer Religion viele Menschen an vielen Orten zu vielen Zeiten. Der Pluralismus ist eine grundlegende Tatsache auch der katholischen Kirche, weil er eine grundlegende Tatsache menschlicher

Existenz in Zeit und Raum ist.[6] Totalitarismen sind der Versuch, diese Tatsache gewaltsam zu übergehen.

Es wäre zu wenig, das II. Vatikanische Konzil als »Reformkonzil« zu verstehen. Man missachtet seine Zukunftsfähigkeit als Programm einer pastoral konstituierten, sich von ihrer konkreten Handlungsbedeutsamkeit her entwerfenden Kirche, wenn man es historisiert (»optimistischer Zeitgeist der 1960er«), spaltet (»zwiespältige Ekklesiologie«) oder sich an der nachkonziliaren Umdeutung seiner zentralen und maßgeblichen Volk-Gottes-Ekklesiologie zu einer angeblich vorherrschenden communio-Ekklesiologie beteiligt.

Entweder wir orientieren uns wirklich am letzten Konzil und besinnen uns auf dessen Programm einer pastoralen Konstitution der Kirche im Hier und Heute oder die katholische Kirche wird ihren Exkulturationsprozess fortsetzen und damit auch nach und nach jede christliche Authentizität verspielen. Die Piusbrüder bilden hierfür ein fulminantes Anschauungsobjekt,[7] dessen Dramatik und Exemplarität man nicht über seiner folkloristischen Ästhetik und gesellschaftlichen Marginalität übersehen sollte.

In der Kirche geht es immer nur um die pastorale Aufgabe der Kirche. Diese aber liegt in der kreativen, handlungsbezogenen Konfrontation von Evangelium und individueller wie kollektiver Existenz; eine Konfrontation ist es, denn das Evangelium hat auch kritischen Charakter gegenüber der Existenz, kreativ aber ist sie, insofern sie uns befreit in der Gnade Gottes.[8]

2. Erinnerung

Der Kirche darf es selbst weder um ihre Größe und Schönheit gehen noch um ihre Beliebtheit und ihren Einfluss. Sie hat alles dies nur zur Verfügung – wenn sie es denn zur Verfügung hat – um ihrer pastoralen Aufgabe willen. Der Kirche ist mithin in all ihrem Handeln eine Auf-Gabe vorgegeben. Sie verpflichtet sich auf diese Aufgabe und auf den Primat der Aufgabenorientierung in ihren eigenen Selbstverständnisdiskursen. Insofern sie diesen Diskurs überhaupt führt und für sich selbst als verbindlich ansieht, kann sie sich dieser Auf-Gabe nicht einfach entziehen, da sie nach ihrem eigenen Verständnis gerade nicht souverän über diesen Diskurs verfügt. Diese Nicht-Verfügbarkeit ihrer eigenen Aufgabe durch sie selber benennt formal der Offenbarungsbegriff. Man kann darin eine höchst diffizile Struktur erkennen: Die Kirche findet in ihren eigenen Diskursen den Anspruch an sich selber vor, gerade nicht einfach über sich verfügen und die eigenen Ziele je nach Belieben neu definieren zu können, wie es etwa ein Verein kann, sondern sie verpflichtet sich in ihrem eigenen Selbstverständnisdiskurs auf das Handeln aus der Nachfolge Jesu, verpflichtet sich auf seinen Gott und damit auf jenes Handeln, das aus dem Glauben an den Gott Jesu folgt.

In der katholischen Ekklesiologie ist gerade die Existenz der Hierarchie die soziale Manifestation dieser für die Kirche nicht-verfügbaren Selbstverpflichtung der Kirche auf ihre Aufgabe. Gerade die Hierarchie ist also nicht dazu da, Kirche auf ihre eigene Institutionalität zu verengen, sondern sie an ihre die eigene Institutionalität entgrenzende pastorale Grundaufgabe der kreativen Konfrontation von Evangelium und Existenz zu erinnern.

Alle kirchlichen Handlungsorte unterliegen damit der Polarität von Erinnerung und Kreativität. Erinnerung meint dabei nicht folgenlose Rekapitulation von Gewesenem, sondern die Selbstverpflichtung auf einen spezifischen Ort der Menschheitsgeschichte, die in Jesus erfahrbare Selbstzusage und Selbstaussage Gottes als Basis des eigenen Lebens, als Entdeckungsprinzip von Gegenwart und Zukunft. Die »Gemeinschaft im Glauben ist kein fertiger Zustand, der unverändert in Raum und Zeit zu konservieren ist, sondern das immer neue Geschehen des Zur-Übereinstimmung-Bringens des Sinn- und Handlungssystems Kirche«[9].

Die Kreativität, die schöpferische Kraft, die aus der Erinnerung an die Botschaft des Evangeliums erwächst, ist dabei selbst ein Maßstab der Erinnerungsleistung, wie umgekehrt diese Erinnerung den Maßstab der Entdeckung der Gegenwart und des Lebens in ihr darstellt. Wobei natürlich auch schon die kreative Erinnerung an die Botschaft Jesu selbst ein Projekt der Gegenwart ist und deshalb ihre Geschichte hat.

In diesem Sinn geht es in der kreativen Erinnerung, in dieser normativen Relation aller christlichen Handlungsorte, nicht nur um Kontinuität, sondern auch um »Differenz«, nicht nur um »Konsens« und »Weitergabe«, sondern auch um »Divergenz«, nicht nur um Tradition, sondern auch um Innovation. Nur dadurch gibt es Tradition, weil es Innovation gibt. Denn Tradition ist die erinnerte Geschichte der innovativen Entdeckungen des Glaubens.

Der grundlegende normative Bezug pastoraler Handlungsorte ist keine historistische Rückwendung, auch keine autoritaristische Fremdverpflichtung, er ist der Kirche vielmehr gegeben und aufgegeben zur Realisation der

Kreativität von Gottes Gegenwart für Mensch und Welt heute. Nur wo sie diese Kreativität in ihrem Handeln realisiert, beruft sie sich nicht nur auf ihre normative Grundlage, sondern verwirklicht sie diese auch. Dazu aber ist jeder kirchliche Handlungsort da.

Genau diese Konstellation fasst der Pastoralbegriff des II. Vatikanums.[10] Er meint nicht mehr nur den priesterlichen Dienst am Laien, sondern den Dienst der Kirche insgesamt, also Priester und Laien zusammen, an der Welt im Ganzen. Dieser Umstand bedeutet eine äußere und eine innere Erweiterung von Pastoral, eine äußere, denn politisch-soziale Fragen werden in ihr zu einem wirklichen Gegenstand, eine innere, denn Basis aller Pastoral ist der Glaube an die Berufung des Menschen, Träger und Trägerin des Evangeliums von Gott und Christus zu sein.[11]

Pastoral ist ein Ort der Entäußerung Gottes hinein in die Hände jener, die sich auf ihn beziehen, ein Ort, an dem Gott hilflos seiner Beanspruchung durch sein Volk ausgeliefert ist.[12] In der Pastoral geht es um Gottes Präsenz unter den Menschen in risikoreichen Prozessen menschlichen Handelns in seinem Namen. Das Konzil leistet hiermit eine wirkliche Neubestimmung des Pastoralbegriffs und des Verhältnisses von Dogma und Pastoral, von Orthodoxie und Orthopraxie.

»Es lehrt den Primat der Orthopraxie. Denn es behandelt die Pastoral vorrangig. Das Lehramt selbst dient vorrangig ihrem Zweck, sagt der Papst in der Eröffnungsrede. Dogmen sind in ihrem Wesen pastoral. Die Lehre von der Kirche auf dem Konzil umfasst daher nicht eine, sondern zwei Konstitutionen, eine dogmatische – ›Lumen Gentium‹ – und eine pastorale – ›Gaudium et spes‹. Beide sind ineinander verschränkt. In der dogmatischen Konstitution werden pastorale Themen behandelt – etwa die Berufung des Christen zur Heiligkeit – und in der Pastoralkonstitution über die Kirche in der Welt von heute dogmatische Themen – etwa die Würde des Menschen. Die Pastoralkonstitution schließlich besteht aus drei Teilen: einem analytischen – die Situation des Menschen in der Welt von heute; einem dogmatischen – die Kirche und die Berufung des Menschen; und einem pastoralen – Einzelprobleme des gesellschaftlichen und politischen Lebens. Sie folgt damit der Methode des Sehens, Urteilens und Handelns. Sie ist der ureigene Beitrag des Konzils und der hermeneutische Schlüssel zu seiner Gesamtinterpretation.«[13]

Die berühmte definitorische Fußnote von *Gaudium et spes* 1, in welcher Pastoral als das »Verhältnis der Kirche zur Welt und zu den Menschen von heute« bestimmt wird, das die Kirche, »gestützt auf Prinzipien der Lehre«, aufzubauen habe, markiert den konstitutiven Rang von Pastoral und die praktische Bedeutung von Lehre. Auch die vorkonziliare Ekklesiologie kennt natürlich einen spezifischen Zusammenhang von Dogma und Pastoral, von Lehre und kirchlichem Handeln. Es ist im Wesentlichen ein sozial-institutioneller Zusammenhang, ein Zusammenhang unter dem Vorzeichen der ungebrochenen potestas der societas perfecta ecclesia catholica, es ist ein Zusammenhang über »Gewalt und Vollmacht« der Kirche.

Die katholische Kirche definiert ihre Pastoral auf dem II. Vatikanum nicht mehr im Horizont ihrer kirchlichen Institutionalität, sondern ihre Institutionalität im Horizont ihres pastoralen Grundauftrages. Das Konzil stellt der Kirche die Aufgabe, »Zeichen und Werkzeug für die innigste Vereinigung mit Gott wie für die Einheit der ganzen Menschheit« (LG 1) und so das »allumfassende Sakrament des Heiles« zu sein, »welches das Geheimnis der Liebe Gottes zu den Menschen zugleich offenbart und verwirklicht« (GS 45).

Die polare Einheit von »offenbaren« und »verwirklichen« formuliert nichts weniger als eine »pastorale« oder, philosophisch gesprochen, eine »pragmatische« Wende[14] in der katholischen Ekklesiologie, also eine handlungsbezogene Reformulierung der kirchlichen Lehre von sich. Denn es heißt: Die Kirche offenbart diese Liebe, indem sie diese verwirklicht in Wort und Tat, in Hingabe und Selbstlosigkeit. Allein schon dass man nach langen Kämpfen und Auseinandersetzungen eine »Pastoralkonstitution« in die Quadriga der zentralen Konzilstexte aufnahm und damit den Pastoralbegriff mit dem Offenbarungs-, dem Kirchen- und dem Liturgiebegriff auf die gleiche Ebene stellte, belegt dies.

Die zweitvatikanische Neubestimmung des Pastoralbegriffs stellt ein wirkliches Lösungsmodell aktueller pastoraler Probleme dar. Denn das Konzil formuliert hier eine Selbstverpflichtung, freilich auch eine der Kirche geschenkte Möglichkeit, und keine in Erlösungsmetaphern gekleidete Herrschaftsprätention.

3. Ereignis

Das aber bedeutet: Das tagtäglich erfahrene Risiko der Gegenwart dringt ins Zentrum pastoraler Realitäten und Konzepte, an diesem Risiko vorbei gibt es keine gelingende Pastoral mehr. Michael Schüßler hat in seiner Grazer

Habilitationsschrift[15] überzeugend dargelegt, dass christliche Praxis ihre Identität in postmodernen, also temporal völlig neu strukturierten Zeiten nicht mehr aus einem großen und umfassenden christlichen Geschichtszusammenhang, sondern allein aus dem Vorbild Jesu erhält, der situativ das tat, was in einer konkreten Situation vom anderen her als notwendig erscheint. Hoffnung ist hier dann weniger eine Kategorie zukünftiger Rettung, sondern ein Moment der Öffnung im Ereignis, eine Kategorie der Gegenwart.

Die »Reich Gottes«-Botschaft Jesu meint ein Ereignis, das weder das Fundament einer statischen und »ewigen« Ordnung sein will noch einfach das Versprechen auf eine ausstehende Erlösungsordnung am »Ende der Zeiten«. Der Gottesbegriff Jesu steht vielmehr für eine präsentische Dynamik. Von den Gleichnissen Jesu vom Reich Gottes eröffnet sich, so Schüßler, ein Horizont heilsamer Umkehrungen und wirklichen, oft unverhofften Neubeginns. Reich Gottes, das ist zuerst ein Ereignis: das Ereignis unerhoffter und unerwarteter Befreiung und geschenkten, konkreten Heils. Es ist das Ereignis, das eintritt, wenn und wo Gott herrscht. In Lukas 17,20 heißt es: »Das Reich Gottes kommt nicht so, dass man es berechnen kann. Man wird auch nicht sagen: Siehe, hier! Oder: dort! Denn siehe, das Reich Gottes ist mitten unter euch.« Jesus verkündet und realisiert den Machtwechsel des Reiches Gottes als singuläres, aber wirkungsvolles Ereignis des Richtigen unter den Bedingungen des Falschen.

Das bedeutet aber: Das Reich Gottes ist das unerwartete Ereignis des Neubeginns ohne die Sicherheit des guten Ausgangs. Dabei gilt aber, so Schüßler: Gott eröffnet uns in der Offenbarung durch Jesus eine Perspektive, wie wir in den Spannungen und Paradoxien der Existenz als Menschen leben können. Möglich ist dies allerdings nur im Risiko des Ereignisses. Gott ist dann das Ereignis einer Gerechtigkeit, die wir immerhin erahnen. Christliche Zeitgenossenschaft fordert von der Praxis Jesu her tatsächlich die unbedingt solidarische Verausgabung in die gelebten Hoffnungen und existenziellen Abgründe der Gegenwart hinein.

Erst jenseits einer Gegenwartsabwertung – die es in einer kritisch-linken Variante, die sich auf ein (vermeintlich) besseres Morgen, sowie in einer konservativen Variante, die sich auf ein (vermeintlich) besseres Gestern bezieht, gibt – und jenseits auch einer opportunistischen Gegenwartsanpassung eröffnet sich das Feld christlicher Zeitgenossenschaft.

Es geht heute um die Frage, wie Christinnen und Christen im Risiko verflüssigter Zeiten vom Evangelium Zeugnis ablegen können. Denn wie das Reich Gottes nicht einfach im Hier und Heute errichtet werden kann, so kann sich auch niemand im Hier und Heute ganz sicher sein, in seinem Reden und Handeln wirklich in der Nachfolge Jesu zu stehen. Denn beim christlichen Zeugnis handelt es sich gerade nicht um die Verfügung über die Wahrheit einer religiösen Macht.

In Zeiten, in denen die Macht der Religion offenbar wieder leicht im Sinne von Fremdbestimmung und Gewalt instrumentalisiert werden kann, erhält diese widerständig-paradoxe Struktur des christlichen Zeugnisses eine humanisierende Qualität. Ihre zentrale Handlungsaufforderung heißt Umkehr als antwortendes Ereignis eines wirklichen Neubeginns: Geschenk, unangekündigt und unverfügbar.

Eine ereignisbasierte Theologie und Pastoral, wie sie Michael Schüßler entwickelt, realisiert, dass die pastorale Verwirklichung des Evangeliums hier und heute unausweichlich in unserer Verantwortung vor Gott liegt und nicht abgegeben werden kann an eine verklärte Vergangenheit oder an eine ausstehende Zukunft. Das Evangelium richtet eine radikal situative Forderung an uns. Pastorales Handeln besteht genau darin, sich den radikalen Forderungen einer Situation auszusetzen, welche sich im Angesicht des anderen heute stellt.

Die Treue zum Gott Jesu ist nicht an ganz bestimmte Sozialformen gebunden, sie entsteht neu mit jedem Ereignis. Wir sind dabei bleibend verstrickt in die Ambivalenz der Schöpfung, der wir weder »nach vorne« noch »nach hinten« entkommen. Der christliche Glaube sichert, so Schüßler, nicht zuerst einen religiösen Geschichtszusammenhang, sei er konservativ formatiert wie in den konservativen Geschichtstheologien oder progressiv wie etwa bei Johann Baptist Metz. Die Gnade Gottes befreit vielmehr dazu, sich mit jedem Ereignis in die Gegenwart hinein zu verausgaben.

Es ist die existenzbegründende Aufgabe der Kirche, das Evangelium situativ von der Existenz der konkreten Menschen her zu entdecken und das Leben der Menschen aus der Perspektive des Evangeliums heraus hier und heute zu befreien. Denn das Evangelium kann nicht verwirklicht werden an jenen vorbei, denen es die Liebe Gottes offenbart, es muss vielmehr von ihnen her erschlossen werden, sonst offenbart sich ihnen nämlich nichts. Wenn Pastoral mit dem Konzil die kreative Konfrontation von Evangelium und konkreter individueller wie sozialer Existenz an einem konkreten Ort meint, dann bedeutet das heute, in die ungesicherten Zonen möglichen Scheiterns aufzubrechen, und das heißt dann übrigens auch: in die ungesicherten Zonen des eigenen Glaubens.

V. Volk Gottes: Berufung und Hingabe

> »Christus Jesus hat, ›obwohl er doch in Gottesgestalt war,
> ... sich selbst entäußert und Knechtsgestalt angenommen‹
> (Phil 2,6); um unseretwillen ›ist er arm geworden, ob-
> gleich er doch reich war‹ (2 Kor 8,9). So ist die Kirche,
> auch wenn sie zur Erfüllung ihrer Sendung menschlicher
> Mittel bedarf, nicht gegründet, um irdische Herrlichkeit
> zu suchen, sondern um Demut und Selbstverleugnung
> auch durch ihr Beispiel auszubreiten. Christus wurde
> vom Vater gesandt, ›den Armen frohe Botschaft zu
> bringen, zu heilen, die bedrückten Herzens sind‹
> (Lk 4,18), ›zu suchen und zu retten, was verloren war‹
> (Lk 19,10). In ähnlicher Weise umgibt die Kirche alle mit
> ihrer Liebe, die von menschlicher Schwachheit angefoch-
> ten sind, ja in den Armen und Leidenden erkennt sie das
> Bild dessen, der sie gegründet hat und selbst ein Armer
> und Leidender war.«
> Lumen Gentium 8

1. Die Kirche als das von Gott berufene, in Christus versammelte Volk Gottes

Die alte Volkskirche als Kirche der Selbstverständlichkeit und als Kirche selbstverständlicher gesellschaftlicher Stüt-zung geht ihrem definitiven Ende entgegen. Man muss aber auf der Basis der Volk-Gottes-Ekklesiologie des II. Vatikanums an der Option für eine »Kirche des Volkes« festhalten. Denn die Kirche besteht nach den beiden Kirchenkonstitutionen des letzten Konzils aus dem Volk Gottes. Ohne die im Sakrament der Taufe Berufenen gibt es keine Kirche.[1]

Der Volksbegriff im Volk-Gottes-Begriff überschreitet nun freilich in *Gaudium et spes* das kirchliche Volk Gottes und natürlich jedes »völkische« Volk.[2] Denn er bezieht sich auf alle Menschen und Völker. Alle sind dazu berufen, zu Gottes Volk zu gehören, Gottes Gnade zu erleben und selbst zu verwirklichen. Für das ganze Volk Gottes, also für alle Menschen, gilt die Botschaft des Gottes Jesu. Gott will, so heißt es etwa in 1 Tim 2,4, »dass alle Menschen gerettet werden und zur Erkenntnis der Wahrheit gelangen«. Das deutet nicht auf ein bevorzugtes »begnadetes« Segment von Menschen, auf einige wenige Auserwählte, sondern auf alle Menschen überhaupt. Sie sind alle Menschen seiner, Gottes, Gnade. Das Volk Gottes in seiner sichtbaren Verfasstheit als Kirche ist Zeichen und Werkzeug dafür, dass alle Menschen in universaler Weise zum Heil berufen sind. Insofern es dafür steht, ist es tatsächlich »Salz der Erde«.

Es kommt aber eben alles darauf an, dass diese sakramentale Zeichenhaftigkeit[3] vom Volk Gottes mit Leben erfüllt und wirksam wird. Das betrifft einerseits die Ausrichtung seines Handelns, es betrifft aber auch seine Sozialformen. Die verfasste Kirche muss sich von ihrem eigenen Konstitutionsgrund her, dem Evangelium und seinem Handlungsauftrag, jeweils für das ganze Volk Gottes im Sinne des Heilswillens Gottes einsetzen.

Nach *Lumen Gentium 13* sind nicht nur »alle Menschen« zur »katholischen Einheit des Gottesvolkes berufen«, sondern »gehören«, wenn auch »auf verschiedene Weise« zu dieser katholischen Einheit des Gottesvolkes oder »sind ihr zugeordnet«: so etwa zuvorderst »die anderen an

Christus Glaubenden«, aber schließlich auch »alle Menschen überhaupt, die durch die Gnade Gottes zum Heile berufen sind«. Die Kirche ist für das Konzil das in Christus versammelte Volk Gottes auf dem Weg zu Gott. Alle in der Kirche stehen auf der gemeinsamen Basis des einen Auftrags, dieses Volk Gottes zu sein. Sie hat ein Ort der Befreiung und der erfahrbaren Gnade zu sein, konkret und vor Ort, aber auch mit dem Horizont der unabsehbar größeren Gnade und Liebe Gottes. Es ist Gott, der sein Volk aus allen Völkern ruft. Die Kirche ist Dienerin dieses Rufes, nicht seine Herrin. Und sie wird, wenn sie diesen Ruf wirklich hört und ihm folgt, die Institution des Volkes Gottes unter den Menschen. Ob sie das ist, kann man feststellen – daran, ob sie Zeichen und Werkzeug der Liebe Gottes ist.

Es kann daher in einem grundsätzlichen Sinne keinen »Abschied von der Volkskirche« geben. Der universale Heilswillen Gottes und die sich daraus ergebende Verpflichtung der Kirche auf unverbrüchliche Solidarität mit allen Menschen zwingt die Kirche dazu, Sozialformen ihrer selbst zu entwickeln, die diese inhaltliche Nähe zum Volk auch tatsächlich realisieren. In einem theologischen Sinne muss die verfasste Kirche daher immer »Kirche des Volkes« sein, da sie dem Volk Gottes verpflichtet ist, zu dem alle berufen sind. Man braucht auch im Übrigen die herkömmliche Volkskirche nicht verachten, solange und insoweit sie tut, wofür es Kirche gibt. Denn auch in ihr wird geglaubt und geliebt, gebetet und gefeiert, wird versucht, die eigene Existenz mit dem Evangelium in kreativen Kontakt zu bringen. Niemandem ist es erlaubt, das Volk Gottes zu verachten, auch nicht in all seiner Alltäglichkeit und Durchschnittlichkeit.

Das sozialpsychologisch in Zeiten des religionsgemeinschaftlichen Abstiegs der Kirche verständliche Bedürfnis nach Gleichgesinnten, am besten begeisterten Gleichgesinnten, repräsentiert noch lange keine intensivere, gar evangeliumsnähere Kirche. Es ist der Weg in den Untergang der Kirche, wenn sozialpsychologische Bedürfnisse und Muster Überhand gewinnen über theologische, am Evangelium gebildete Kriterien für die Orientierung kirchlichen Handelns und sich jene Gruppen, die diese Bedürfnisse erfüllen, unter der Hand für die eigentliche, die bessere Kirche erklären. Die katholische Kirche steht in unseren Breiten vor der epochalen Aufgabe, ihren Charakter als Kirche des Volkes in nachtraditionaler Weise, also jenseits aller gesellschaftlichen Selbstverständlichkeit zu realisieren.

Das bedeutet einen wirklichen Wandel. Es bedeutet nicht nur, mit dem neuen Freiheitshorizont religiöser Praktiken auch bei den eigenen Mitgliedern umgehen zu können, sondern auch, dass die sozialen Codierungen der eigenen Botschaft, wie übrigens auch die ästhetischen und kognitiven Codierungen, nicht mehr einfach fortgesetzt werden können, weil sie nicht mehr selbstverständlich als Trägerinnen und Akteure der kirchlichen Pastoral funktionieren.

2. Eine Rücknahme: die Communio-Ekklesiologie

Nachkonziliar setzte sich auf vielfältigen Wegen die These durch, die Communio-Ekklesiologie sei der Kern der Ekklesiologie des II. Vatikanums.[4] Doch die Communio-Ekklesiologie repräsentiert nicht, anders als vielfach behauptet, die Kirchenlehre des II. Vatikanums.

Das II. Vatikanum hat die Kirche vielmehr »ganz wesentlich als Volk Gottes verstanden«. Es hat »damit einer statischen und einseitig hierarchiefixierten Auffassung von der Kirche als dem ›mystischen Leib Christi‹ eine dynamische Lehre vom beweglichen, ›pilgernden Volk Gottes‹ entgegengestellt«. Freilich: »Zwanzig Jahre nach dem Konzil hat Rom die Notbremse gezogen.« Die römische Bischofssynode von 1985 hat dann, so stellt Edmund Arens fest, »die Volk-Gottes-Ekklesiologie zurückgedrängt« und durch die Communio-Ekklesiologie ersetzt. »Diese ist seither gleichsam zur offiziellen lehramtlichen Kirchentheologie geworden und im Nachhinein kurzerhand als die ›Leitidee‹ des II. Vatikanums ausgegeben worden.«[5]

Es war Elmar Klinger, der als Erster und lange Zeit auch als Einziger auf diesen Prozess einer veritablen Revision des II. Vatikanums hingewiesen hat. Die »Streichung der Volk-Gottes-Ekklesiologie«[6] auf der Bischofssynode 1985 stelle, so Klinger, nichts weniger denn eine »gezielte Uminterpretation«[7] der konziliaren Ekklesiologie dar und sei eine Provokation[8]. Denn die Communio-Ekklesiologie und die Volk-Gottes-Theologie des II. Vatikanums sind für Klinger »ganz verschieden (...), oft sich ausschließende (...) Gesamtauffassungen von Kirche«.[9]

Zwar begegne »Gemeinschaft«, so Klinger, »in der Tat an vielen Stellen der Dokumente des Konzils.« Aber sie habe »grundsätzlich einen genitivischen Sinn.« Sie sei »immer die Gemeinschaft der Menschen, die sie bilden, oder der Werte, auf denen sie ruht«: Nirgendwo aber gebe »es eine Gemeinschaftsidee oder gar eine Ekklesiologie einer solchen Idee.« Die »Verwendung des Ausdrucks im Sinne einer Idee macht ihn ... undifferenziert. Er meint dann eine Gemeinschaft unabhängig davon, wer sie bildet.«[10]

Der historische Tatbestand, so Klinger, liege klar auf der Hand: »Das Konzil hat im zweiten Kapitel von *Lumen gentium* das Volk Gottes ... zum Grundbegriff seiner Auffassung von Kirche überhaupt gemacht.« Die textgeschichtliche Analyse führt Klinger zu der »klaren und eindeutigen Feststellung: Nicht die Communio-, sondern die Volk Gottes-Ekklesiologie ist die zentrale und grundlegende Idee der Konzilsdokumente.«[11] Der Versuch, die Communio-Ekklesiologie zur Gesamtekklesiologie des II. Vatikanums zu machen, so Klinger, scheitert am II. Vatikanum selbst.

Nun erweckt der Gemeinschaftsbegriff trotz seiner eminent problematischen politischen Wirkungsgeschichte[12] zumeist positive Assoziationen von Nähe, Kommunikation und wechselseitiger Annahme. Der leider erfolgreiche Versuch, die konziliare Volk-Gottes-Theologie durch eine Communio-Ekklesiologie zu ersetzen, ist aber weniger harmlos, als er auf den ersten Blick erscheint. Die Auseinandersetzung um diese Uminterpretation kann sich daher, so Klinger, »nicht auf die akademische Ebene beschränken. Der Communio-Gedanke täuscht Gemeinschaft vor, wo sie nicht existiert. Er verschleiert den methodischen Wandel, für den sie steht, und die politische Gegnerschaft, die er verkörpert. Er verdrängt die Induktion und steht für die deduktive Vorgehensweise in der Ekklesiologie.«[13]

»Gemeinschaft« ist tatsächlich ein äußerst schillernder Begriff. Er »dient auch zum ideologischen Gebrauch, um die Machtfrage nach dem Motto zu verschleiern: ›Wir sind alle eine Gemeinschaft‹. Es wird oft von jenen benutzt, die sie verhindern. Es ist wegen seiner ideellen Unbestimmtheit und ideologischen Anfälligkeit nicht geeignet, das

Zweite Vatikanum gesamtekklesiologisch zu umschreiben.«[14] Konziliar aber gilt: Communio wird im Rahmen der Theologie des Volkes Gottes zum Thema, nicht umgekehrt. Gemeinschaft ist ein zentraler Begriff der Volk-Gottes-Ekklesiologie, umgekehrt ist dies jedoch nicht der Fall. »Volk Gottes ist kein zentraler Begriff der Gemeinschaftsekklesiologien. Eher im Gegenteil. Sie grenzen das Volk aus und trennen es ab.«[15]

Während »Volk Gottes« eine soziologische mit einer theologischen Kategorie kombiniert und daher die kontrollierte Zuordnung beider Bereiche ermöglicht, leistet »communio« als rein soziologische Kategorie dies gerade nicht. Dies verführt, so Klinger, zur »Mystifizierung« dieses Begriffs: »Wer ihn auf einen theologischen Gebrauch beschränkt und ihn von einer soziologischen Verwendung nicht mehr unterscheiden kann«, macht sich des »Theologismus schuldig«[16]. Demgegenüber gilt: »Volk Gottes ist nicht nur der theologisch zentrale, sondern auch ein soziologisch umwälzender Begriff von Kirche. Denn er bringt ihr gesellschaftliches Wesen nicht von ihrer Hierarchie, sondern von ihren Mitgliedern her zur Sprache.«[17] Die Communio-Ekklesiologie dagegen kann »das gesellschaftliche Wesen der Kirche nicht theologisch und das theologische Wesen der Kirche nicht gesellschaftlich denken.«[18]

»Auch der Gemeinschaftsgedanke muss von der neuen Zuordnung her von Dogmatik und Pastoral, von Leben und Lehre, die das Konzil vornimmt, verstanden werden.« Der Schlüssel zum Gemeinschaftsgedanken des II. Vatikanums ist die Pastoralkonstitution: »Sie ist der Weg, um die Einheit des Volkes Gottes herzustellen und die Gemeinschaft der Kirche zu bilden. Dieser Weg führt jedoch entlang des bedrohten Lebens der Menschen heute. Er verlangt Solidarität mit diesen Menschen. Sie allein kann das Prinzip der Bildung von Gemeinschaft in der Kirche sein.«[19]

Die nachkonziliare Erfolgsgeschichte der Communio-Ekklesiologie dürfte darin begründet sein, dass sie unterschiedlichen innerkirchlichen Gruppen als Projektionsfläche eigener und durchaus gegensätzlicher Interessen dient. Auf Seiten der Hierarchie dient sie als Hoffnungschiffre auf Gefolgschaft in Zeiten der religiösen Individualisierung und eines grundsätzlich gewandelten Verhältnisses von gläubigem Einzelnen und kirchlicher Institution. Die kirchliche Basis wiederum projiziert in sie die Hoffnung auf Anerkennung als gleichberechtigter Dialogpartner durch die Hierarchie, die wissenschaftliche Theologie aber bekam mit der Communio-Ekklesiologie eine Möglichkeit in die Hand, ihren ansonsten wenig praxisrelevanten Trinitätsspekulationen ekklesiale Bedeutung zu verleihen. Allen zusammen aber dient die Communio-Ekklesiologie als Projektionsfläche für eine harmonische kirchliche Sozialform, für Heimat, Geborgenheit und Wärme in Zeiten unübersehbarer Individualisierungszumutungen und ebenso unübersehbaren Heimatverlustes in global wie lokal zunehmend unwirtlichen Zeiten. Solch eine Hoffnung ist per se durchaus verständlich. Nur: Die Communio-Ekklesiologie erfüllt sie nicht.

Denn Communio steht nicht am Anfang der Pastoral, sondern ist ihr Ergebnis. Sie entsteht, wenn Kirche sich als Volk Gottes, zu dem alle Menschen berufen sind, im pastoralen Tun, in der gewagten und kreativen Konfrontation von Evangelium und Existenz verausgabt. Die Communio-Ekklesiologie changiert unentschieden zwischen dem tridentinischen Exklusionsprinzip und dem zweitvatikanischen Inklusionsprinzip: auf ihrer Basis selbst kann man hier nichts entscheiden. Denn es kommt darauf an, wo man die Grenzen der Communio zieht. Das aber kann die Communio-Ekklesiologie selbst nicht angeben, sie hat hierfür keine Kriteriologie. In diese Lücke stößt aber dann, was immer in solche Lücken stößt: die Definitionsmacht der jeweils den Diskurs Beherrschenden.

3. Überstieg zur Hingabe

Es hängt alles davon ab, wie die Kirche auf ihre unumkehrbaren Abstiegserfahrungen in der Moderne reagiert: mit einem Modell der Exklusion oder einem Modell der Inklusion, sozialtechnologisch oder konziliar, egoistisch oder selbstlos. Die Versuchung, dem typisch modernen Modell zu folgen, ist groß, denn dessen Exklusionslogik entspricht sowohl der eigenen nach-tridentinischen Tradition wie dem Angebot der späten Moderne an die Religion, sich doch kulturell und überhaupt möglichst zurückzuziehen. Es bedeutet einen wirklichen Überstieg über die Strukturprinzipien neuzeitlicher katholischer Kirchenbildung, wenn *Gaudium et spes* 22 schreibt, dass »es in Wahrheit nur eine letzte Berufung des Menschen gibt, die göttliche«, und daher »der Heilige Geist allen die Möglichkeit anbietet, diesem österlichen Geheimnis in einer Gott bekannten Weise verbunden zu sein«.

Die große und noch lange nicht ausgelotete geistliche Leistung des II. Vatikanums war es, jenen Exkulturationspfad, den sowohl die moderne Gesellschaft der Kirche wie die eigene Konstitutionstradition ihr anbieten, überwunden zu haben. Zentrale Weichenstellungen hierfür sind der entklerikalisierte und den kirchlichen Sozialraum trans-

zendierende Pastoralbegriff des II. Vatikanums, sein auf-
gabenorientierter »Zeichen der Zeit«-Begriff und seine in-
klusivistische Volk-Gottes-Theologie. Alle diese Weichenstellungen wurden nachkonziliar zunehmend verspielt:
der Pastoralbegriff in kirchenrechtlichen und habituellen
Reklerikalisierungsprozesssn, der »Zeichen der Zeit«-Be-
griff in seiner kulturpessimistischen Uminterpretation, die
Volk-Gottes-Theologie aber in ihrem Ersatz durch eine
entweder harmonistisch und/oder hierarchisch interpre-
tierte Communio-Ekklesiologie.

Codiert in einem der zentralen biblischen Bezugstexte
auch des Konzils, dem Philipperhymnus (Phil 2,6–11)[20],
heißt dies: Die tridentinische Herrschaftskirche[21] bezog
zwar den ersten Teil des Ausgangsatzes des Hymnus –
»Er war Gott gleich« – auf sich, nicht jedoch den zweiten:
»hielt aber nicht daran fest, wie Gott zu sein, sondern er
entäußerte sich und wurde wie ein Sklave und den Menschen gleich« (Phil 2,6f.). In den konkreten Prozessen der
Kirchenbildung wie in den pastoraltheologischen Legiti-
mations- und Konzeptionsdiskursen kirchlicher Realität
wurde der erste Teil des Hymnus dominant, der zweite
Teil aber trat zurück, wie übrigens auch die pastoraltheologische Transferanweisung des Hymnus selber: »Seid untereinander so gesinnt, wie es dem Leben in Christus Jesus
entspricht« (Phil 2,5), welche ausdrücklich die kenotische
Entäußerungsdynamik Jesu Christi zum Vorbild innerkirchlicher Beziehungen macht.

Diese doppelte kenotische Struktur – einerseits in der So-
lidarisierung mit der Menschheit überhaupt, andererseits
noch einmal besonders mit den in ihr Unterdrückten und
Leidenden – wird mit *Gaudium et spes* zum Prinzip der
Kirchenbildung. *Gaudium et spes* wurde schließlich mit

vollem Bewusstsein und nach ausführlicher Diskussion in die Quadriga der konziliaren »Konstitutionen« aufgenommen.[22] Die pastorale Konstitution der Kirche ist damit weder harmlos noch selbstverständlich, sondern entspricht einem Prozess des risikoreichen Sich-Entäußerns hinein in den gefährlichen Raum der Geschichte, des Konkreten, des Politischen auch, und damit hinein in die Unüberschaubarkeiten und Unübersichtlichkeiten aller menschlichen Prozesse, die sich grundsätzlich jeder souveränen Beherrschung entziehen.

Gott selbst hat sich, so der kenotische Gedanke, als er sich in Jesus in die Welt entäußerte, dieser Souveränität begeben und wurde in ihm »wie ein Sklave und den Menschen gleich« (Phil 2,7). Mit dem Bekenntnis zu ihrer pastoralen Konstitution begibt sich die Kirche explizit an den »Schauplatz der Geschichte der Menschheit« (*Gaudium et spes* 2), widersteht also der Versuchung, Kirchenbildung jenseits der konkreten Beziehungen, Verflechtungen und Verstrickungen im Gestus souveräner Überlegenheit zu versuchen.

Der typisch neuzeitliche Souveränitätsgedanke, der seit dem I. Vatikanum so sehr die Ekklesiologie der katholischen Kirche bestimmt hatte,[23] wird damit überschritten hin auf eine Politik der Demut, des Sich-Aussetzens, des Sich-Bewährens als Zeichen und Werkzeug des Heils. Die unübersichtliche Geschichte der Menschheit wird in *Gaudium et spes* ausdrücklich als genuiner Ort der Kirche bestimmt: Kirche wird nicht länger als eine rein übergeschichtliche Tatsache gesehen, die sich in der Geschichte nur verliert, sondern sie zeigt ihre Gegenwart in der Geschichte oder sie ist eben nicht gegenwärtig. Die Weise, in der sie diese Gegenwart realisiert, aber ist ihr Wirken, also

ihr Handeln. Damit begibt sich die Kirche in die Risiko-
zonen nicht nur der Unübersichtlichkeit von Welt und Geschichte, sondern auch in das Risiko des Scheiterns vor ihrem Anspruch. Vor allem aber macht sie sich damit selbst
überprüfbar und begibt sich in die Hände jener, denen sie
Heil und Rettung sein will.

Diese »kenotische Wende« bedeutet keine Leugnung der
Heiligkeit der Kirche, keine Leugnung ihrer vorösterlichen
Stiftung in der Reich-Gottes-Botschaft Jesu und keine Ab-
kehr vom Glauben an ihre nachösterliche Versammlung um
Christus. Im Gegenteil: So wie sich Jesu Göttlichkeit in seiner Hingabe und seinem Weg an das Kreuz nicht verlor,
sondern in diesem Weg und im Kreuz, wie sich nachösterlich zeigte, offenbarte, so nimmt die Kirche die ihr zuge-
sprochene Heiligkeit als wirkliche Aufgabe.

Der konziliare Weg der Inklusion ist für die katholische
Kirche nicht nur tatsächlich ein völlig neuer, er ist auch ein
gewagter Weg. Denn Innen und Außen werden jetzt topo-
logisch gesehen fließend, sie geraten ins Wagnis der unge-
schützten Begegnung. Wo sich Innen und Außen nicht
mehr über reale oder soziale Mauern trennen lassen, sondern sich wechselseitig aussetzen, sich also ins Andere des
Eigenen wagen, treten sie in einen unausweichlichen Kontrast. Sie treffen aufeinander, weichen sich nicht aus und
müssen sich aneinander finden. Damit aber eröffnet sich
etwas, was kirchliche Sozialformen über ihre interne
Machtverfasstheit so weit als möglich ausgeschlossen hatten und nur in dem im engeren Sinne missionarischen Feld
kannten: die Möglichkeit, erkennbar zu scheitern.

Die kirchenunabhängige Vorgängigkeit des Heilswillens
Gottes, diese inklusive Matrix, die Gottes Heilswillen gerade nicht an den Kirchengrenzen enden lässt, bildet die

Grammatik des II. Vatikanischen Konzils. Ihre zentrale ekklesiologische Kategorie ist »Volk Gottes«. Sie steht gegen ein Konstitutionsmodell von Kirche, das Identitätsfindung durch vielfältige Ausschlussprozeduren betreibt und das im Übrigen auf das vertraut, worauf die Neuzeit schon vertraut hatte: auf Institutionalität, also auf Recht, Herrschaft und Sichtbarkeit.

VI. Die Zeichen der Zeit:
die Gegenwart als Aufgabe

»Zur Erfüllung dieses ihres Auftrags obliegt der Kirche allzeit die Pflicht, nach den Zeichen der Zeit zu forschen und sie im Licht des Evangeliums zu deuten. So kann sie dann in einer jeweils einer Generation angemessenen Weise auf die bleibenden Fragen der Menschen nach dem Sinn des gegenwärtigen und des zukünftigen Lebens und nach dem Verhältnis beider zueinander Antwort geben. Es gilt also, die Welt, in der wir leben, ihre Erwartungen, Bestrebungen und ihren oft dramatischen Charakter zu erfassen und zu verstehen.«

Gaudium et spes 4

1. Jenseits des Kulturpessimismus

Das II. Vatikanum bedeutet eine echte Revolution im Pastoralbegriff der Kirche. Es überwindet nicht nur die individualistische Engführung auf »Seelsorge und Seelenführung« und die klerikale Engführung auf die Priester, vor allem überwindet es einen Begriff von Pastoral, der sie als sekundär gegenüber der Kirche und ihrer Lehre fasst. Konzeptionelle Basis dieser »pastoralen Wende« des Konzils sind der Volk-Gottes-Begriff und die Lehre von der Berufung aller Menschen durch Gott.

Operativer Zentralbegriff für diese pastorale Wende aber ist die Kategorie der »Zeichen der Zeit« (GS 4)[1]. Er meint weder irgendwelche mehr oder weniger zufälligen Kontextbedingungen kirchlichen Handelns und schon gar nicht den kulturpessimistischen Blick auf die Gegenwart, vielmehr die säkularen Herausforderungen, an denen sich die Kirche zu bewähren hat, weil sie in ihnen Sinn, Bedeutung und Handlungskonsequenzen des Evangeliums neu entdecken muss – aber auch kann.

In *Gaudium et spes 4* findet sich die brillante und einer detaillierten Analyse würdige Formulierung des konziliaren »Zeichen der Zeit«-Begriffs. In diesen wenigen Sätzen wird nichts weniger behauptet, als

– dass das diesseitige und das jenseitige Leben in einem untrennbaren Zusammenhang stehen,

– dass es die zentrale, die konstitutive Aufgabe der Kirche ist, dieses Verhältnis von diesseitigem zu jenseitigem Leben in jeder Generation neu zu vermitteln, und zwar als Antwort auf die Frage nach dem Sinn des menschlichen Lebens überhaupt,

– und dass dies nur gelingen kann, wenn die »Zeichen der Zeit«, also die säkulare Realität, angemessen im Licht des Evangeliums gedeutet werden.

Überwunden ist damit der alte antimodernistische[2] Gegensatz von Immanenz und Transzendenz, denn das Konzil verweist auf das Verhältnis von Immanenz und Transzendenz als genuinem Ort der christlichen Verkündigung. Es behauptet somit die Immanenz als Immanenz einer spezifischen Transzendenz und die Transzendenz als Transzendenz einer spezifischen Immanenz. Mit anderen Worten: Es geht nicht um das Jenseits überhaupt, sondern um das Jenseits eines spezifischen Lebens und für ein spezifisches Leben.

Der christliche Glaube ist der Glaube an ein spezifisches Verhältnis von Diesseits und Jenseits, von Immanenz und

Transzendenz, von Gott und Mensch. Er ist dabei Glaube an ein kreatives Verhältnis, ein Verhältnis des Kontrastes und der Harmonie zwischen Diesseits und Jenseits. Als kreatives Verhältnis aber ist es ein Verhältnis des Lebens. Er stellt immanentes und transzendentes Leben des Menschen, Diesseits wie Jenseits unter den gemeinsamen Horizont der Frage nach dem Menschen, nach dem Sinn seines Lebens. Die Gottesfrage wird damit in einen anthropologischen Horizont gestellt. Der kirchliche Dienst ist ein Dienst am Menschen, und alle Inhalte des Glaubens können auf der Basis menschlicher Existenz authentisch reformuliert werden.

Benannt wird aber auch die notwendige Bedingung, unter der dies geschehen kann: die Deutung der Zeichen der Zeit. Sie haben konstitutive Bedeutung für die Verkündigung des Evangeliums als eine für den Menschen von heute sinnvolle und bedeutsame Gegebenheit. Ohne ihre Deutung können Sinn und Bedeutung des Evangeliums zwar behauptet, nicht aber erschlossen werden. Ohne die Analyse der säkularen Zeichen der Zeit kann die Kirche auf die Fragen der Menschen von heute überhaupt nicht antworten, muss sie, trotz aller Worte, im Letzten stumm bleiben.

Man braucht also die Zeichen der Zeit, um den Glauben heute praktisch werden zu lassen. Die Kirche braucht geradezu die »Zeichen der Zeit«, denn an ihnen vorbei kann sie sich ihre eigene Botschaft nicht vergegenwärtigen. Fürchtet sie sich davor, sich mit den konkreten Herausforderungen der »neuen Zeiten« zu konfrontieren, scheitert sie nicht nur an ihrer Zeit, sondern auch an ihrem eigenen Auftrag.

Die Zeichen der Zeit aber sind vielfältig, plural in Raum

und Zeit, sie sind flüssig und neu, und heute, in postmodernen Zeiten, sind sie vor allem eines: überraschend, fremd und verstörend. Deswegen empfiehlt das Konzil auch eine neue Haltung. Niemand hat diese Haltung bewegender verkörpert als jener Papst, der das Konzil einberufen hat. Dieser Papst steht für eine neue kirchliche Kultur als Folge der konsequenten Solidarität mit der konkreten »Menschheitsfamilie«, der sie, wie das Konzil immer wieder sagt, »eingefügt« ist.

»Die heutige Situation, die Herausforderungen der letzten 50 Jahre und ein tieferes Glaubensverständnis«, so Johannes XXIII. kurz vor seinem Tod, »haben uns mit neuen Realitäten konfrontiert (...). Nicht das Evangelium ist es, das sich verändert; nein, wir sind es, die gerade anfangen, es besser zu verstehen. Wer ein recht langes Leben gehabt hat, wer sich am Anfang dieses Jahrhunderts den neuen Aufgaben einer sozialen Tätigkeit gegenübersah, die den ganzen Menschen beansprucht, wer wie ich zwanzig Jahre im Orient und acht in Frankreich verbracht hat und auf diese Weise verschiedene Kulturen miteinander vergleichen konnte, der weiß, dass der Augenblick gekommen ist, die Zeichen der Zeit zu erkennen, die von ihnen gebotenen Möglichkeiten zu ergreifen und in die Zukunft zu blicken.«[3]

Papst Johannes XXIII. sagt das in einem persönlichen Glaubensakt kurz vor seinem Tode. Sein Rückblick auf seine Glaubensbiografie benennt die gesellschaftlich-kulturellen Zeichen als zentrale Herausforderungen, aber eben auch als Möglichkeiten einer neuen Glaubensdarstellung für die Zukunft: die soziale Frage in den reichen Ländern, der »Orient« und seine islamisch geprägte Kultur, Frankreich und sein Laizismus und Atheismus, überhaupt der Kontrast »verschiedener Kulturen«: Sie alle beschäftigen uns heute noch.

2. Die ekklesiologische Entdeckung der »Zeichen der Zeit«

Die Kirche unterliegt in der entwickelten Moderne dem Kontrast von Innen und Außen. Sie unterliegt ihm aber nicht nur, sie hat auch mit ihm umzugehen, und sie kann es auch. Die Weise, wie sie mit ihm umgeht, entscheidet über ihre Existenz hier und heute. Das Verhältnis von Kirche und ihrem Außen, in der traditionellen Terminologie also von Kirche und Welt, ist somit ein notwendiger und ganz und gar unausweichlicher Ort der Kirche. An ihm entscheidet sich ihr Sein in der Gegenwart. Denn die Kirche steht nicht der Welt als solcher gegenüber, sondern der Welt von heute, an konkreten Orten, mit konkreten Menschen und in konkreten Herausforderungen. Die Wahrheit der Kirche ist situativ.

Die Zeichen der Zeit sind nicht nur eine äußere Gegebenheit, die man berücksichtigen muss, sondern ein Prinzip des kirchlichen Selbstvollzugs, ohne das sie überhaupt nicht sie selber werden kann. Die Zeichen der Zeit zu erkennen bedeutet, die Erkenntnisse und Handlungsherausforderungen, in denen die Kirche sich auf Grund des Evangeliums hier und heute befindet, wahrzunehmen und auf sie kreativ zu reagieren.

Spätestens nach Trient und verstärkt in der Pianischen Epoche bis zum II. Vatikanum galt der geradezu kirchenkonstitutive Grundgegensatz: Kirche hier – Welt dort. Zwei in sich geschlossene Wirklichkeiten, die societas perfecta Kirche hier und der ihr zumindest dem eigenen Anspruch nach Gehorsam schuldende Staat und die Gesellschaft dort, standen sich letztlich unversöhnt gegenüber, unversöhnt zumindest dort, wo dieses Außen sich kirchlich-theologischen Imperativen und Deutungsmustern entzog. Kirche darf sich in diesem Denken gar nicht von den Menschen ihrer Gegenwart her denken. Das Innen des Glaubens, hier ganz die Kirche, ist alleine in der Lage, einem jeden Außen zu sagen, in welcher Weise es richtig betrachtet wird, es sich selbst zu betrachten hat und wie es sich verhalten soll. Denn das Innen unterliegt selbst nicht Zeit und Geschichte. Es ist jeder Geschichtlichkeit, die nur als Relativität gedacht werden konnte, enthoben.

Einer der blinden Flecken dieses Konzepts liegt darin, dass es das geschichtliche Wesen der Tradition selbst unterschlägt. Basis von *Gaudium et spes*, jenem Text, in dem die Kirche offiziell und lehramtlich das Bekenntnis des Glaubens von den Zeichen der Zeit her begreift, ist daher die Offenbarungskonstitution *Dei verbum*. Denn diese Konstitution entdeckt diesen blinden Fleck und stellt sich ihm. »Offenbarung wird nicht mehr, wie noch vom 1. Vatikanischen Konzil, im Sinne einer göttlichen Mitteilung übernatürlicher Glaubenswahrheiten konzipiert, sondern als geschichtliche Selbstmitteilung Gottes an die Menschen.«[4] Gott teilt sich in Wort und Tat als er selbst den Menschen in ihrer Geschichte mit, ja gibt sich ihnen hin. Schrift und Tradition sind in *Dei verbum* Formen der Weitergabe dieser Offenbarung Gottes, ihre Geschichtlichkeit ist kein Makel, sondern die Weise, wie Gott sich seinem Volk offenbart. Das bedeutet dann auch: »Als *Glaubens*zeugnis ist die Heilige Schrift auf ihre geschichtliche Bewährung angewiesen.«[5] Sie selbst ist ein pastorales Dokument und ihr Hauptzweck ist es, pastorale Kreativität heute aus sich zu entlassen.[6]

Auf der Basis dieses Offenbarungsverständnisses bricht *Gaudium et spes* die vorkonziliare Konzeption des Innen-Außen-Verhältnisses von Kirche und Welt auf. In dieser Konstitution geht es daher auch nicht um das Verhältnis zu der Welt überhaupt, sondern zu der Welt von heute. Auf der Basis dieser Entscheidung im Offenbarungsbegriff kann das Konzil in *Gaudium et spes* ein neues Konzept des Kirche-Welt-Verhältnisses entwerfen.

Das Konzil entdeckt den Zusammenhang von Leben und Lehre, weil es sich am Zusammenhang von Wort und Tat in der Offenbarung Gottes orientiert. Es trennt sich von einer Theologie, die eine theologische Theorie abgehoben von den Lebenspraktiken der Gegenwart entwickelt und die Praxis des Glaubens deduktiv aus dieser Theorie abzuleiten sucht. Das Konzil betrachtet die Kirche eben nicht als Klassengesellschaft, in der die kleine Minderheit einer geistlichen Machtelite der großen Mehrheit den Glauben vorschreibt, sondern es geht aus vom zentralen Begriff des Volkes Gottes, das als Ganzes mit einem untrüglichen übernatürlichen Glaubenssinn ausgestattet ist (LG 12) und das dann aufgrund verschiedener Dienste und Ämter hierarchisch gegliedert ist.

So verabschiedet das Konzil auch eine Theologie, die das Lehramt der Kirche als vorgängiges Gegenüber des Volkes Gottes sieht. Das Konzil sieht die Kirche vielmehr als Ganzes durch das gemeinsame Hören auf Gottes Wort bestimmt (DV 1). Die Tradition wird dabei als etwas Lebendiges definiert, das den Transfer der in der Geschichte geschehenen Heilstaten Gottes mit dem Höhepunkt in Jesus Christus zur je aktuellen Glaubensentscheidung und zur konkreten Existenz der gegenwärtigen Kirche im Glauben leistet.

Diesen Ansatz des Konzils nennt Hanjo Sauer die Entdeckung des »pastoralen Prinzips«, welches das Konzil theoretisch zur Geltung bringe und praktisch verkörpere.[7] Das Konzil begründet dieses pastorale Prinzip in der dogmatischen Konstitution über die göttliche Offenbarung; es gibt dem Prinzip seinen gesellschaftlich und geschichtlich institutionell festgelegten und zugleich vom Geheimnis Gottes bestimmten Rahmen in der dogmatischen Konstitution über die Kirche, und es entfaltet das pastorale Prinzip im Hinblick auf die gegenwärtige Weltwirklichkeit in der Pastoralkonstitution.

Gaudium et spes stellt sich damit der modernen Situation der Kirche, dass sie von einem Außen umgeben ist, das sich von ihr unterscheidet und von ihr nicht beherrscht werden kann, ganz neu und auf dezidiert theologischer Basis. Die charakteristischen »Zeichen der Zeit« der jeweiligen Gegenwart aber werden nun zum ausgezeichneten Ort der Bewährung des christlichen Glaubens in der Gegenwart.

3. Pastoral unter den »Zeichen der Zeit«

Kirchliche Pastoral ist ein qualifiziertes Verhältnis zur Zeit. Die Auseinandersetzung mit den Zeichen der Zeit ist stets ein Risiko. Denn sie ist nur möglich im Risiko, sie zu identifizieren, im Risiko, sie im Lichte des Evangeliums zu deuten, und es ist zumeist auch nicht risikolos, auf dieser Basis dann zu handeln. Das Programm-Wort von Johannes XXIII. – »aggiornamento« – bedeutet daher auch nicht (risikolose) Anpassung an die Gegenwart, sondern meint jenen Prozess, in dem die Kirche sich zu einer sowohl dem Hier und Heute wie dem Evangelium verpflichteten und in beiden gegenwärtigen Größe macht.

In *Pacem in terris* hat Johannes XXIII. konkrete »Zeichen der Zeit« benannt und offiziell in die Sprache des katholischen Lehramtes eingeführt. Er benannte damals die Arbeiterfrage, die Frauenfrage, die Entkolonialisierung und die Frage der gleichen Menschenwürde aller.[8] Das Spannende daran: Das waren alles Problemfelder, in denen die Kirche tatsächlich alte Positionen überwinden musste: in der Arbeiterfrage ihr altes Bündnis mit den gesellschaftlichen Eliten und ihre Abneigung gegenüber dem Atheismus der sozialistischen und kommunistischen Bewegung; in der Frauenfrage ihren Patriarchalismus, womit sie bekanntlich bis heute ihre Probleme hat; in der Entkolonialisierung ihre Fixierung auf die I. Welt und ihre Machthaber und in der Menschenrechtsfrage den Verdacht, dass Menschenrechte Gottesrechte gefährdeten.

Was sind heute aktuelle »Zeichen der Zeit«? Gibt es hierüber in der katholischen Kirche einen konkreten, nichtkulturpessimistisch angehauchten und solidarischen Diskurs? Und wenn ja: wo, auf welchen Ebenen und in welchen Zonen der Kirche? Solch ein Diskurs könnte auch über die fatale Frontstellung von »Anpassung« an die Gegenwart und »Widerstand« gegen sie hinausführen.[9] Die Grundversuchungen einer verunsicherten Kirche liegen im ressentimentgeladenen Kulturpessimismus, im Sozialformkonservativismus und in der Flucht in die Utopie. Es hilft aber nichts, die stressige Umwelt pauschal zu denunzieren, einfach so weiterzumachen wie bisher oder sich in die Hoffnung zu flüchten, man könne die Kirche irgendwie so formatieren, wie man sie selber gerne hätte und wo man sich selber wieder wohl fühlen würde. Transportmittel solcher Utopien sind meist soziologische Kategorien, die positive Emotionen auslösen, wie etwa der Gemeinschaftsbegriff.

Wenn man in der fatalen Alternative steckenbleibt, die Gegenwart entweder kirchlich bestimmen zu wollen oder sie zu verurteilen, kann man nicht entdecken, was Kirche heute zu tun hat. Kirche scheitert, wenn sie pauschale Verhältnisse aufbaut zur eigenen Zeit, sie beschimpft oder sich einfach häuslich in ihr einrichtet. Beides kann man übrigens auch gleichzeitig tun. Die Zeichen der Zeit lesen zu können auf Gott hin heißt, angeben zu können, was sie bedeuten vor Gott und daher für unser Handeln und Bezeugen des Glaubens. Gerade weil die Zeit nicht unser ist und in der Moderne auch nicht mehr der Kirche gehört, können und müssen wir Gott in ihr entdecken. Er ist auch entdeckbar, denn Gott ist nicht nur eine Tatsache des Himmels, sondern auch des Lebens auf Erden, so zumindest die Botschaft seines Christus, des Jesus von Nazaret.

Zu Beginn dieses Buches wurden vier kulturelle Revolutionen markiert: die Neuchoreografie der Geschlechterverhältnisse, die Medienrevolution, die ökonomische Globalisierung sowie die biotechnologische Verschiebung der Grenzen von Kultur und Natur. Alle vier Umwälzungen präsentieren der Kirche echte Herausforderungen: Sie sind relativ neu, in ihren Wirkungen unabsehbar, und niemand kann ihnen ausweichen. Alle vier präsentieren der Kirche aber auch eine echte Versuchung: die Versuchung der erhabenen Perspektive, der Besserwisserei und der scheinbaren eigenen Unberührtheit.

Im Falle der neuen Geschlechterordnung wäre dies die Versuchung, den im 19. und frühen 20. Jahrhundert gesellschaftsweit gültigen paradoxen Kanon »Gleiche Würde für alle, aber ungleiche Rechte für Männer und Frauen« wenigstens noch in der Kirche aufrechterhalten zu wollen; im Falle der Medienrevolution wäre es die Versuchung, es für ausreichend zu halten, von ihrer früheren Verdammung zu ihrer instrumentellen Nutzung voranzuschreiten; in der ökonomischen Globalisierung wäre die Versuchung, von einer moralischen Überlegenheitsposition heraus alle und jeden zu verurteilen, ohne die eigenen Verstrickungen anzuerkennen; und im Falle der Biotechnologie wäre es die Versuchung, zu meinen, rein naturrechtlich begründete Lehramtswarnungen würden als Auseinandersetzungsform genügen.

Wie müssten kirchliche Orte ausschauen, in denen gemeinsam im Volk Gottes die Auseinandersetzung mit diesen und anderen »Zeichen der Zeit« und ihren konkreten Auswirkungen vor Ort geführt wird? Wo und wie geschieht das vielleicht schon heute? Welche Sozialformen müsste etwa die katholische Erwachsenenbildung entwickeln, welche Vernetzungen und kommunikativen Settings müsste sie gestalten, damit sie als »Pastoral zweiter Reflexionsstufe«[10] zu einem Ort wirklicher »Bildungspastoral« wird, an dem die Auseinandersetzung mit den »Zeichen der Zeit« existenznah und daher praxisbedeutsam geschieht?

VII. Gott: Geheimnis und Umkehr

Gäbe es dich
Gott der Liebe
Wir lebten noch heut
Im Garten Eden
Volk an Volk
Du an du

Gäbe es dich nicht
O Liebesgott
Wir wären nicht
Nichts wäre

Rose Ausländer[1]

1. Gott und Pastoral: das Problem

Begrifflich sind »Gott« und »Pastoral« auf recht verschiedenen Ebenen angesiedelt. Der Grund hierfür ist ebenso
einfach wie schlagend: Gotteserfahrung ist nur als nicht-
gegenständliche Erfahrung möglich, Gott ist nicht gegeben wie die Dinge dieser Welt. Das aber bedeutet: Sprach-
liche Zeichen, die man von Gott hat, seine Begriffe, Namen
und Bilder treffen Gott nie ganz und umfassend.
Die klassische lehramtliche Formulierung hierfür findet
sich im IV. Laterankonzil 1215, das dekretierte:

> »Quia inter creatorem et creaturam non potest tanta si-
> militudo notari, quin inter eos maior sit dissimilitudo
> notanda.«[2]

Oder in den Worten des Thomas von Aquin:

»Non enim de Deo capere possumus quid est, sed quid non est, et qualiter alia se habeant ad ipsum.«[3]

Schon rein formal ist der Begriff »Gott« daher das zentrale Beunruhigungspotential jeder Pastoral. Sie wird von ihm nicht stabilisiert, sondern umgetrieben.

Das pastoraltheologische Grundproblem der Beziehung zwischen dem Gottesbegriff und kirchlicher Pastoral liegt daher in zwei ebenso falschen wie permanent drohenden Identifikationen: in jener von Gott und Kirche und in jener von Pastoral und Klerus. Diese Identifikationen bilden die Basiselemente des klerikalen Institutionalismus.

Nun lockern sich diese Identifikationen – zumindest in unseren Breiten und an der Basis der Kirche – mit dem Ende der Pianischen Epoche. Dass Gott und sein Reich größer sind als der Raum der Kirche und Pastoral mehr ist als das Handeln von Klerikern, das ist nicht nur Lehre des II. Vatikanums, sondern mittlerweile auch selbstverständliche und selbstverständlich geäußerte Basisannahme der meisten Menschen, auch der Katholikinnen und Katholiken.

Es entsteht damit aber eine manifeste Öffnung des Verhältnisses von Gott, Kirche und Pastoral. Aus einer vorwiegend institutionellen Kopplung dieser Kategorien, die Gott, Kirche und Pastoral mehr oder weniger direkt und quasi selbstverständlich aneinanderfügte, und das, zumindest katholisch, lange Zeit auch exklusiv, wird ein vorwiegend material-qualifikatorisches Verhältnis: Es muss sich situativ, im konkreten Handeln der Kirche, also in ihrer Pastoral, immer erst erweisen, ob sie tatsächlich im Sinne des Gottes Jesu handelt, wofür es überprüfbare Kriterien braucht. Der qualifikatorische Pastoralbegriff des II. Vatikanums stellt sich dieser Situation, denn Pastoral ist damit für die Kirche etwas, ohne das es Kirche als Kirche nicht geben kann, das sie aber nicht selbstverständlich schon hat, sondern an dem sie – als Realisation des Evangeliums an und in den »Zeichen der Zeiten« – auch scheitern kann. In der Pastoral entscheidet sich das Kirchesein der Kirche.

Damit aber eröffnet sich ein wirkliches Praxisproblem im Beziehungsfeld von Gott, Kirche und Pastoral nach dem Ende ihrer mehr oder weniger selbstverständlichen Identifikation im Handeln der Kirche: Wie und wo findet man, wie und wo entwickelt sich eine ebenso nachvollziehbare wie konsensfähige und operationable Kriteriologie zur Identifikation von kirchlichem Handeln als pastoralem, also Jesus nachfolgendem und darin Gottes Liebe repräsentierendem und realisierendem Handeln?

Ob wir es mit dem Gott Jesu zu tun haben, dafür gibt es Kriterien. Im Wesentlichen zwei: ein *formales* und ein *inhaltliches*. Das formale Kriterium ergibt sich aus der Gleichzeitigkeit von grundsätzlicher Entzogenheit und ebenso grundsätzlicher Entdeckbarkeit des biblischen Gottes. Alle Götter, die dieser Dialektik nicht unterliegen, sind offenkundig Götzen. Diese Struktur des jesuanischen Gottesbegriffes sichert dessen religions- und gewaltkritische Funktion. Denn sie sichert die Nicht-Verfügbarkeit des Gottesbegriffs durch jene, die an ihn glauben. Wer Gott in eine Logik der Macht und der Herrlichkeit einbaut, übersieht ihn.

Es kommt dabei nicht auf das Wort »Gott« an, es kommt auf seinen Begriff an: also auf die Merkmale, die mit diesem Wort verbunden werden. Das zentrale inhaltliche Kriterium, um Gott in den vielen Phänomenen und Zeichen der Welt zu entdecken, ist nach Jesu Botschaft die Fähigkeit zu solidarischem Mitleiden. In Jesus werden Gottes- und Nächstenliebe radikal identifiziert.[4] In den Worten des 1. Johannesbriefs: »Wenn jemand sagt: Ich liebe Gott, aber seinen Bruder hasst, ist er ein Lügner« (1 Joh 4,19). Alle Beanspruchung Gottes, die Menschen knechtet, die sie unfrei und krank macht, redet nicht vom Gott Jesu. Alle Rede von Gott aber, die ihn zu besitzen meint, scheitert am Gott Jesu. Dabei gilt wahrscheinlich: Auch ein Grund, von Gott zu reden, und einer der ehrlichsten, ist das Leiden über seine Abwesenheit. Das ist nicht einfach zu akzeptieren, aber eben auch ein Trost, es ist der Trost des Kreuzes.[5]

2. Gott und Pastoral: der Zusammenhang

Wie aber verhalten sich dann Gott, Kirche und Pastoral? Als Hinweis für eine weiterführende Reflexion ihres Verhältnisses soll hier Joh 8,1–11 genommen werden. Diese Stelle hat den Vorteil, dass in ihr Jesus, Gott und die Gläubigen vorkommen, also alles, was zur Pastoral gehört. Aber anders, als das zu erwarten wäre.

»Und frühmorgens kam er wieder in den Tempel, und alles Volk kam zu ihm; und er setzte sich und lehrte sie. Aber die Schriftgelehrten und Pharisäer brachten eine Frau zu ihm, im Ehebruch ergriffen, und stellten sie in die Mitte und sprachen zu ihm: Meister, diese Frau ist ergriffen auf frischer Tat im Ehebruch. Mose aber hat uns im Gesetz geboten, solche zu steinigen. Was sagst du? Das sprachen sie aber, ihn zu versuchen, auf dass sie eine Sache wider ihn hatten. Aber Jesus bückte sich nieder und schrieb mit dem Finger auf die Erde. Als sie nun anhielten, ihn zu fragen, richtete er sich auf und sprach zu ihnen: Wer unter euch ohne Sünde ist, der werfe den ersten Stein auf sie. Und bückte sich wieder nieder und schrieb auf die Erde. Da sie aber das hörten, gingen sie hinaus, einer nach dem andern, von den Ältesten an; und Jesus ward allein gelassen und die Frau in der Mitte stehend. Jesus aber richtete sich auf und sprach zu ihr: Weib, wo sind sie, deine Verkläger? Hat dich niemand verdammt? Sie aber sprach: Herr, niemand. Jesus aber sprach: So verdamme ich dich auch nicht; gehe hin und sündige hinfort nicht mehr.«

Im Munde der Pharisäer und Schriftgelehrten funktioniert Gott hier als Chiffre der unauflösbaren Identifikation ihrer eigenen Person, der religiösen Institution und ihrer Macht gegenüber der Frau, aber auch gegenüber Jesus. Gott wird zur Chiffre des drohenden Todes in der Macht einer Religionsgemeinschaft.[6]

Im Munde Jesu kommt er explizit überhaupt nicht vor. Gott ist bei Jesus an dieser Stelle vielmehr eine Horizont eröffnende Handlungsrealität. Jesus identifiziert sich nicht direkt mit Gott und seinem Wort, lässt vielmehr die Ikone der herrschenden religiösen Institution, das »Gesetz«, in einer paradoxen und ausgesprochen poetischen Symbolhandlung als etwas Prekäres, Heikles, Flüchtiges erscheinen, dessen »Zeichen im Sand« immer neu geschrieben, erkannt und gelesen werden müssen. Die Beziehung Jesu zu seinem Gott inkarniert sich mithin in seinem Handeln. Diese Beziehung ist an ihren Konsequenzen und Folgen zu erkennen, diese aber sind im wörtlichen Sinne »wunderbar«. Es sind die Einsicht aller, auch der »Gerechtesten«, in die eigene Sündhaftigkeit, die Umkehr aller – »Da sie aber das hörten, gingen sie hinaus, einer nach dem andern« – und die Erlösung aus der Verstrickung in vielfältige Geschichten von Schuld und Gewalt.

Das Volk Gottes figuriert an dieser Stelle in seiner ganzen Ambivalenz: zum einen als gewaltbereite und hierarchisierte Religionsgemeinschaft im Namen ihres Gottes, das andere Mal, nach ihrer Begegnung mit Jesus, als einsichtsbereite und darin egalitäre Umkehrgemeinschaft in der Erfahrung der Sündhaftigkeit vor Gott. Und auch das Handeln der Religionsgemeinschaft, greifbar als Handeln des gläubigen Volkes unter dem Anspruch ihres Gottes, ist an dieser Stelle deutlich polar: Einerseits ist das Volk eine potentielle Mörderbande, andererseits, nach der Jesusbegegnung, eine ebenfalls geradezu wunderbar einsichtige Umkehrgemeinschaft. Es zeigt sich hier das zentrale Kriterium des Zusammenhangs von Gott und Pastoral: die reale Gegenwart von Umkehr, Erlösung und Befreiung.

3. Die sozialen Folgen der Gottesverkündigung Jesu

Jesus stellt hier und überhaupt nicht die eigene Person in den Mittelpunkt, sondern die Sache, um derentwillen er da ist: das Reich Gottes. Das Reich Gottes ist der Inbegriff dessen, worum es Jesus und also im Christentum geht, es ist auch ein Inbegriff aller Handlungen und Aussagen Jesu zum Verhältnis von Gott, Mensch und Welt in seinem eigenen Erscheinen. Diese Gottesbotschaft Jesu hat einen personalen Pol – Gott als Vater – und einen sozialen Pol – Gottes kommendes Reich. »Zentrale Inhalte dieser Botschaft sind der Primat der Armen vor den Reichen – sie ist eine soziale Botschaft –, der Primat der Person vor der Institution – sie ist eine humane Botschaft –, der Primat der Liebe im Verhältnis von Gott und Mensch sowie der Menschen untereinander: Gottesliebe und

Nächstenliebe sind gleich. Sie ist eine theologische Botschaft mit umfassender Bedeutung kraft ihrer eschatologischen Perspektive.«[7]

Jesu Predigt des Reiches Gottes, Grundlage aller Kirchenbildung bis heute, zielte auf die Umkehr des Einzelnen hin zu Gott in der Anerkennung der eigenen Erlösungsbedürftigkeit. Sie zielt darin dann auch auf eine Sammlung des Volkes Gottes als Sammlung jener, die diese Umkehr vollzogen haben. Jesu Sammlungsbewegung selbst hatte die Gestalt einer Wanderbewegung, welche jene, die sich ihr anschlossen, aus ihren bisherigen Lebenszusammenhängen riss und in eine neue Sozialform hineinnahm.

Gleichzeitig scheint es aber schon zu Zeiten des historischen Jesus ein Netz von Sympathisanten und Sympathisantinnen gegeben zu haben, die diesen radikalen Schritt nicht vollzogen, also in ihren bisherigen Lebenszusammenhängen blieben, Jesu Reich-Gottes-Botschaft aber mit großer Zustimmung und Hoffnung verfolgten. Diese Spannung aus eschatologischem Aufbruch jenseits aller Bindungen, Orte und Gewohnheiten einerseits und eher ortsgebundenem Bleiben in den gewöhnlichen Lebenszusammenhängen prägt denn auch die Geschichte der Kirche bis heute. Martin Ebner[8] weist daher darauf hin, dass man auf der Suche nach den Anfängen der Kirche im Neuen Testament diese Anfänge schon vor den ersten Anzeichen von nachösterlichen Institutionalisierungsprozessen suchen sollte und auch finden kann, nämlich in den unmittelbaren sozialen Auswirkungen der Verkündigung Jesu selbst.

Die wissenschaftliche Exegese hat Konzepte entwickelt, diese sozialen Auswirkungen der Verkündigung Jesu zu beschreiben. Zum einen spricht sie vom »Gruppen-messianismus« und fasst damit die Tatsache, dass Jesus die Messias-Hoffnungen seiner Umwelt, die sich an ihn richteten, auf jene Bewegung übertrug, die er als Praxis-Bewegung des Reiches Gottes ins Leben gerufen hatte. Damit machte Jesus offenbar deutlich: Die neue Welt Gottes hat etwas mit diesen und genau diesen Menschen und ihrer gemeinsamen Praxis zu tun. Eine klassische Stelle hierfür ist etwa Mk 4,11, wenn Jesus zu den Zwölf sagt: »Euch ist das Geheimnis des Reiches Gottes anvertraut«, oder Lk 12,32: »Fürchte dich nicht, du kleine Herde! Denn euer Vater hat beschlossen, euch das Reich zu geben.«

Das führt zum zweiten Stichwort: Die Frauen und Männer, die sich Jesus angeschlossen hatten, beteiligte Jesus offenbar in spezifischer Weise an seiner Sendung und an seinen Charismen. Die Exegese nennt dies Charismenteilhabe. Die Zwölf, aber auch die 72 sollen das Evangelium verkünden, heilen und Dämonen austreiben, wie Jesus es tat.

Darin werden zwei weitere Merkmale der gemeinschafts-bildenden Folgen der jesuanischen Reich-Gottes-Verkündigung sichtbar: Selbststigmatisierung[9] und Status-verzicht[10]. »Stigmatisierung« meint die Ausgrenzung von Menschen, die gesellschaftliche Regeln missachten, Selbst-stigmatisierung dann die Identitätsfindung durch offensives Bekenntnis zu den Stigmatisierten und als Stigmatisierte. Selbststigmatisierung ist also nicht einfach Masochismus, sondern eine gesellschaftsverändernde Strategie, die letztlich Macht und Ohnmacht der Stigmatisierenden herausfordern will. Klassische Stellen sind all jene, an denen Jesus auf seine Heimat- und Schutzlosigkeit hinweist (Mk 1,16–20; 8,34; 10,17–22).

Eng verbunden mit dieser Wahrnehmung der Gruppe um Jesus als Gruppe von Menschen mit einer geradezu provokatorischen Selbststigmatisierung ist auch ihr offenkundiger Statusverzicht, klassisch Lk 14,11: »Denn wer sich selbst erhöht, wird erniedrigt, und wer sich selbst erniedrigt, wird erhöht werden«, oder jene Stellen, wo die Statusniedrigen, etwa Kinder, von Jesus den Jüngern gegenüber deutlich vorgezogen werden, vgl. Mk 10,13–16. Deutlich wird auch: Die Jesusbewegung wird als eine Nachfolgegemeinschaft von Gleichgestellten beschrieben (vgl. Mk 10,42–45), das betrifft übrigens auch die Geschlechterdifferenz (Gal 3,28; 1 Kor 11–14).

Und es betrifft auch die »Zwölf«. Wenn einzelne Gruppen, die Jünger und Jüngerinnen, die Zwölf, die 72, hervorgehoben werden, dann stehen sie für das ganze Volk und gerade für die Armen, die Kinder, die als besondere Lieblinge Gottes von Jesus hervorgehoben werden. Die Bildung des Zwölferkreises ist eine Symbolhandlung, welche die Sammlung des ganzen Volkes Israels symbolisieren soll, das zur Zeit Jesu nur noch als virtuelle Realität existierte. Jesus denkt bei der Wiederherstellung des Volkes Israel also nicht an eine Priesterhierarchie, sondern an die Sammlung Israels als freies, unversehrtes Gottesvolk. Wenn Jesus Fischer und Zöllner in diesen Kreis beruft, dann zeigt dies, so etwa Gerd Theißen, »die Hoffnung auf eine repräsentative Volksherrschaft, in der das Volk selbst durch einfache Menschen aus diesem Volk, durch Fischer und Bauern, regiert werden wird«[11].

Jesus, so kann man zusammenfassen, kündigt die Königsherrschaft Gottes nicht nur an, er teilt sie auch den »Söhnen und Töchtern des Reiches Gottes« mit, die er zu einer messianischen Gemeinschaft zusammenführt. Diese »Söhne und Töchter« aber sind die Armen und Leidenden, die Kinder, die Zwölf, die Jünger und Jüngerinnen, die auf ihren Status verzichten, sich dabei durch ihre Selbststigmatisierung zu den Marginalisierten bekennen und als Marginalisierte benennen und so ebenso asketisch wie provokatorisch in die Gesellschaft hineinwirken.

Dieses Bild zeichnen die neueren Untersuchungen von der Sozialwirksamkeit der jesuanischen Verkündigung und es ist kein leicht zu akzeptierendes Bild – für niemanden, wenn auch aus unterschiedlichen Gründen. Denn mit unserer recht bürgerlichen Kirchenrealität hat es ebenso wenig zu tun wie mit dem ständischen Hierarchismus der Kirchengeschichte und des Kirchenrechts.

Nachösterlich zeichnen sich spezifische Institutionalisierungsprozesse der eschatologischen Jesusbewegung ab, die zu dem führen, was man »frühe Kirche« nennt. Als die eschatologische Bewegung der Jesusjünger und Jüngerinnen mit dem Ausbleiben der Wiederkunft des Herrn, mit der Verfolgung durch die jüdische Mutterreligion und den römischen Imperialismus zurechtkommen musste und zudem die Grenzen ebendieser Mutterreligion räumlich wie rituell und praktisch überschritten hatte, bildeten sich Institutionalisierungsformen einer vom Judentum sich allmählich abtrennenden Religionsgemeinschaft. Kennzeichnend für diesen Institutionalisierungsprozess sind zwei miteinander verschränkte Eigenschaften: seine Pluralität und die recht pragmatische Übernahme außerchristlicher Modelle.

So zeichnen sich nach einer ersten Phase der »Hausgemeinden« für den organisatorischen Ausbau der zuerst ja innerhalb des Judentums angesiedelten christlichen Bewegung drei Typen der Gemeindeorganisation ab:[12]

- die auf Paulus zurückgehenden Gemeinden, die als ekklesia/Volksversammlungen die Merkmale der demokratisch organisierten Vereine dieser Zeit zeigen (das griechische Wort ekklesia meint ursprünglich die Generalversammlung solcher Vereine oder auch ganzer Städte und umfasste dort »Vollbürger«, also wehrfähige Männer),
- die jüdisch-christlichen Gemeinden, die sich an der kollegialen Presbyterialverfassung der Synagogen orientierten und Ältestengremien als Vorstände hatten,
- die Gemeinden der Pastoralbriefe, die in Anlehnung an die bürokratischen Formen des römischen Staatswesens eine Hierarchisierung der Gemeindestrukturen erkennen lassen, vor allem den Zusammenfall von Leitung und Lehre.

Festzuhalten aus dieser Phase der Kirchengeschichte ist mithin: Die Bibel ist auch in dieser Frage eine »Lernschule der Pluralität«[13], und die konkrete Ausgestaltung christlicher Vergesellschaftungsformen auf Basisebene geschah stets durch die modifizierende Übernahme bereitliegender außerchristlicher Angebote an Sozialformen.

Was ist daraus für heute zu lernen? Vor allem: Der Rückgriff auf das Neue Testament ersetzt nicht die mühsame Arbeit der Konzeption heutiger kirchlicher Sozialformen im Kontext heutiger gesellschaftlicher Gegebenheiten. Er ermutigt vielmehr zu Kreativität und Phantasie. Freilich sind Rahmenrichtlinien abzulesen und sie beziehen sich gerade nicht auf konkrete Sozialformen. Vielmehr gilt: Sozialformen haben dienenden Charakter.

4. Gott und Pastoral individuell:
   Was könnte es heißen: »an Gott glauben«?

Gott und Pastoral sind aber nicht nur und nicht einmal zuerst in den sozialen Konsequenzen der Verkündigung Jesu aufeinander bezogen, sondern in der Antwort dessen, der vom Wort Jesu getroffen und betroffen ist. Denn die »Hörer und Hörerinnen des Wortes« sind nicht nur passive Adressatinnen und Adressaten dieses Wortes, sondern auch ein wesentlicher Teil seines Inhalts. Die christliche Rede vom gnädigen Gott, der unsere Erlösung will – auch diejenige von unseren eigenen kleinen Erlösungsvorstellungen –, spricht nicht von irgendeinem radikal transzendenten Gott ohne Nähe zu uns, sondern vom befreienden Gott der Menschen. Auch diese Rede ist konkret und situativ, wie Jesu Handeln, Wirken und Heilen immer.

Die Antwort auf dieses Wort nennt die Tradition »glauben«. Was »glauben« als individuelles Sich-Stellen der Herausforderung des Evangeliums dann für jeden und jede meint, das ist gar nicht so einfach zu fassen. Seit Paulus und Thomas, dem angeblich ungläubigen, arbeiten sich die Jünger und Jüngerinnen Christi daran ab. Schließlich schreibt schon Paulus an die Korinther:

»Jetzt schauen wir in einen Spiegel und sehen nur rätselhafte Umrisse, dann aber schauen wir von Angesicht zu Angesicht. Jetzt erkenne ich unvollkommen, dann aber werde ich durch und durch erkennen, so wie ich auch durch und durch erkannt worden bin« (1 Kor 13,12).

Die klassische Formulierung für des Christen Lage vor dem Glauben findet sich bereits im ältesten Evangelium, bei Markus 9,24 im Munde eines verzweifelten Vaters, der sich von Jesus die Befreiung seines Sohnes von einem Dämonen erhofft:

»Einer aus der Menge antwortete ihm: Meister, ich habe meinen Sohn zu dir gebracht. Er ist von einem stummen Geist besessen; immer wenn der Geist ihn überfällt, wirft er ihn zu Boden und meinem Sohn tritt Schaum vor den Mund, er knirscht mit den Zähnen und wird starr. Ich habe schon deine Jünger gebeten, den Geist auszutreiben, aber sie hatten nicht die Kraft dazu. …

Und man führte ihn herbei. Sobald der Geist Jesus sah, zerrte er den Jungen hin und her, so dass er hinfiel und sich mit Schaum vor dem Mund auf dem Boden wälzte. Jesus fragte den Vater: Wie lange hat er das schon? Der Vater antwortete: von Kind auf; oft hat er ihn sogar ins Feuer oder ins Wasser geworfen, um ihn umzubringen. Doch wenn du kannst, hilf uns; hab Mitleid mit uns! Jesus sagte zu ihm: Wenn du kannst? Alles kann, wer glaubt. Da rief der Vater des Jungen: Ich glaube; hilf meinem Unglauben!

Als Jesus sah, dass die Leute zusammenliefen, drohte er dem unreinen Geist und sagte: Ich befehle dir, du stummer und tauber Geist: Verlass ihn und kehr nicht mehr in ihn zurück! Da zerrte der Geist den Jungen hin und her und verließ ihn mit lautem Geschrei. Der Junge lag da wie tot, so dass alle Leute sagten: Er ist gestorben. Jesus aber fasste ihn an der Hand und richtete ihn auf, und der Junge erhob sich« (Mk 9,17f; 20–27).

Nimmt man diese Stelle als paradigmatisch für das Glauben an Jesus und seine Botschaft, dann zeigt sich:

- Glauben ist konkret und situativ, nicht abstrakt und idealistisch. Es geht in ihm nicht um den Menschen überhaupt, sondern immer um einen konkreten Menschen in einer konkreten Situation und Lage.

Theologisch gesprochen, gilt dann: Glaube ist ein Inkarnationsphänomen.

– Glauben hofft auf Befreiung von den Dämonen des Lebens, und mindestens so sehr für andere wie für sich selbst. »An ihren Früchten werdet ihr sie erkennen«, heißt es in Matthäus 7,16 von den wahren und falschen Propheten. Deren Glauben zeigt sich in dem, was sie tun. Philosophisch gesprochen: Glauben ist ein pragmatisches Phänomen. Seine Wahrheit erweist sich in dem, was an Handlungen aus ihm folgt.

– Als Hoffnung ist der Glaubensprozess stets in der Spannung von Vertrauen und Zweifel, von glauben wollen, glauben können und Unglauben. Diese Spannung ist nicht primär eine kognitive, sondern eine existentielle, denn das Erhoffte ist ebenso groß wie unwahrscheinlich in den skeptischen Augen der Welt, die immer auch unsere Augen sind.

– Glauben setzt diese Hoffnung in Jesus, der aber nicht zuerst sich selbst, sondern Gott und sein Reich verkündet hat. Zentrum der Verkündigung Jesu ist seine Botschaft vom unmittelbar anbrechenden Reich Gottes. Deren Kernaussagen aber stehen in den Seligpreisungen.

– Glauben ist weder Besitz noch gar Triumph, weder einfach herstellbar noch steht er einfach zur Verfügung. Er ist vielmehr Geschenk. Das ist die schmerzhafte Erfahrung der Jünger. Aber wenn er seine Wirkungen entfaltet, dann ist alles möglich, zumindest jetzt und ab und zu. Dann kommt die Welt ins Tanzen, müssen die Dämonen weichen, werden Tote lebendig.

Eine pastoral orientierte Definition des christlichen Glaubens könnte mithin lauten: Christlich glauben bedeutet, sich auf den Gott des Jesus von Nazareth als die Grundlage des eigenen Lebensentwurfs einzulassen: hier und heute, mit konkreten Folgen jetzt, in unaufhebbarer Spannung von glauben können und zweifeln müssen, in der Hoffnung auf Gott, dass er uns glauben lässt, zur Befreiung unseres Lebens und jenes unserer Mitmenschen. Nach Lage der irdischen Dinge bedeutet das aber eben auch: permanente Umkehr.

Christliche Verkündigung ist dann aber alles, was anderen dazu verhilft, sich auf solch einen Glaubensprozess einzulassen.

Kontraste

VIII. Priester und Laien

»Erst das Zusammenwirken von besonderem und gemeinsamem Priestertum ergibt die volle priesterliche Wirklichkeit des Gottesvolkes. Obwohl nicht vom Volke, von unten her verliehen, stellen die Vollmachten des Amtspriestertums, selbst auf der Taufe aufruhend, dennoch eine Funktion des Gottesvolkes dar.«
Alois Grillmeier[1]

1. Ein kleiner Rückblick

Die Einflussrechte der Laien waren in der katholischen Kirche über lange Jahrhunderte sehr viel größer als heute.[2] Überhaupt war das Verhältnis zwischen Laien und Klerikern im Laufe der Kirchengeschichte höchst wandelbar. Die Einflussmöglichkeiten von Laien bezogen sich dabei keineswegs nur auf die bekannte Macht adeliger Herrschaft über und in der Kirche. Es gab Dinge, die es heute (offiziell) nicht mehr gibt: die Laienpredigt etwa oder die Laienbeichte.[3]

Für die neutestamentliche Zeit kann gar gesagt werden, dass die »auf den galiläischen ›Laien‹ Jesus von Nazareth zurückgehende Erneuerungsbewegung … in den ersten Generationen keine innergemeindliche Gegenüberstellung von ›Klerikern‹ und ›Laien‹ (kannte)«. Erst »im zweiten Jahrhundert«, so die Zusammenfassung des Forschungsstandes durch den Neutestamentler Christoph Heil, »entwickelte sich aus sozio-kulturellen, politischen und ökonomischen Gründen die Unterscheidung eines ›Kleriker-‹ und ›Laienstandes‹.«[4]

Marlis Gielen stellte gar jüngst fest, dass »Frauen ... in der ersten urchristlichen Generation *funktionsidentisch* mit Männern Aufgaben in der Gemeindeleitung wahr(nahmen), und zwar gleichermaßen im Bereich der Gemeindeorganisation wie im Bereich der vertiefenden Evangeliumsverkündigung«[5], und man im Neuen Testament vergeblich »nach einer Verbindung zwischen gemeindebezogenen Funktionsbegriffen und der Funktion des Vorsitzes bei der gemeindlichen Herrenmahlfeier«[6] suche.

Was in der Spätantike begann und in der mittelalterlichen Feudalgesellschaft weiter an Prägnanz gewann, wurde mit dem Konzil von Trient Programm und nach und nach auch Wirklichkeit: die Klerikalisierung der katholischen Kirche. Und so ging es weiter: »Hatte bereits das Konzil von Trient einem Laienkatholizismus keinen Platz eingeräumt, so drängte auch die ›Aufklärung‹ die Laien zurück, indem es den Pfarrer, die Pfarrei, das Pfarr-Prinzip stärkte. Neben dem ›Episkopalismus‹ wurde mannigfach (theoretisch und praktisch) versucht, einen ›Presbyterialismus‹ durchzusetzen.«[7] Aber immer noch wurde im »System des Staatskirchentums« die »Kirche im (frühen) 19. Jahrhundert« dann doch »wesentlich durch Laien geprägt«[8].

Letztlich setzte sich erst in der ultramontanen Gegenreaktion auf dieses Staatskirchentum und damit in der Pianischen Epoche von der Mitte des 19. bis zur Mitte des 20. Jahrhunderts jene reale Zweiständeherrschaft in der Kirche durch, die vielen als spezifisch und charakteristisch katholisch gilt. Zentrales Merkmal des Klerikalismus der Pianischen Epoche war dabei die mehr oder weniger selbstverständliche Unterordnung der privaten Lebensführung seitens der katholischen Laien unter die klerikal-kirchliche Richtlinienkompetenz bis hinein in die privatesten Praktiken. Damit ist es heute, zumindest in Europa, aber vorbei.

2. Ein epochaler Machtwechsel

Niemanden trifft der reale Zusammenbruch klerikaler Machtstrukturen auf Grund der Freisetzung zu religiöser Selbstbestimmung härter als die Priester. Sind Frauen in der katholischen Kirche die vom Weiheamt ausgeschlossenen tendenziellen Gewinner der Entwicklung, so Priester die mit dem Weiheamt ausgezeichneten tendenziellen Verlierer.

In einer offenen Gesellschaft kommt es nicht so sehr darauf an, wie man sich selber versteht, als vielmehr darauf, wie man von anderen wahrgenommen wird. Entscheidend wird damit, wie das eigene Selbstverständnis, das eigene Handeln und die Fremdwahrnehmung zusammenspielen und welche Wirkungen dieses Zusammenspiel entfaltet.

Das gilt für alle, auch für Priester, und markiert einen epochalen Machtwechsel gegenüber jenen Zeiten, als die katholische Kirche ihre Fremdwahrnehmung steuern und sich so vor kritischen Rückmeldungen weitgehend abschirmen konnte.

Nun sind Priester in der katholischen Kirche bekanntlich theologisch wie rechtlich hoch privilegiert. Doch ihre konkrete Praxisrolle rutscht heute in ein strukturelles Anerkennungsdefizit. Der Priester, streng zur Einhaltung einer spezifischen Standesethik angehalten, die den Verzicht auf sexuelle Selbstbestimmung, aber auch Eigenschaften wie persönliche Frömmigkeit, Demut, Gehorsam und diskrete Führungsqualität fordert, bekam dafür früher auch einiges: Status und Macht, Ansehen und Heimat und auch eine Erwählungsprädikation. Mit einem Wort: Er bekam Anerkennung.

Heute schlagen dem Priester aus dem Volk Gottes aber ganz unterschiedliche Erwartungen entgegen: zum einen die noch vor- oder schon wieder postmoderne Erwartung, sakral legitimierter Heilsvermittler zu sein, dann die Forderungen seiner mittlerweile new-public-management-geübten Vorgesetzten, als erfolgreicher Vor-Ort-Manager der Religionsgemeinschaft Kirche zu agieren, und schließlich die Hoffnungen von Gläubigen und selbst von Nichtgläubigen auf religiös-therapeutische Lebensbegleitung.

Die kirchenrechtliche Letztzuständigkeitsklausel bürdet dem Priester dabei die Verantwortung für all dies auf. Im Unterschied zur Pianischen Epoche besitzt er aber keine entsprechenden Einflussmöglichkeiten und Machtmittel mehr, dieser Verantwortung zu genügen. Auf dem Markt gerät man aber immer unter den Zustimmungsvorbehalt der notorisch unberechenbaren Marktteilnehmer, und als solche verhalten sich seit einiger Zeit die Kirchenmitglieder, auch die praktizierenden.

Darauf mit Neoklerikalismus zu reagieren, wie es einige, vor allem jüngere Kleriker tun, markiert zuallererst ein innerklerikales Verarbeitungsproblem der Volk-Gottes-Realität der Kirche. Man kann hier den Volk-Gottes-Charakter der Kirche nicht in eine identitätsstabilisierende Praxisform übersetzen. Überhaupt ist ja der Klerikalismus, der als priesterliche Herrschaft über die Gesellschaft startete, um dann zur priesterlichen Herrschaft über die Kirche zu werden, mittlerweile nur noch eine erkennbar unglückliche Identitätsstrategie von Priestern geworden.[9] Aber auch das zweifellos sympathischere Rollenangebot

116

als gütiger Vater und Organisator der Pfarrfamilie wird nicht viel weiterhelfen. Denn man bleibt in einem wenn auch reformierten Herrschaftsmodus.

Auch einige Initiativen gerade der römischen Kirchenleitung laufen darauf hinaus, priesterliche Identität wieder durch die Einschärfung alter Distanz- und Privilegierungsregelungen gegenüber Laien zu stärken.[10] Diese Initiativen dürften kontraproduktiv gegenüber ihren eigenen Intentionen sein und damit schädlich zuletzt für die Priester selber. Ekklesiologisch sind solche Versuche problematisch, denn sie definieren die Ämter und Dienste der Kirche gegeneinander, was die Einheit der Kirche gefährdet. Priester gibt es aber nicht trotz oder gar gegen, sondern wegen des gemeinsamen Priestertums des Volkes Gottes. Laien abwertende Initiativen zur priesterlichen Identitätssicherung sind aber auch organisationspsychologisch fatal. Denn sie senden eine höchst ambivalente Doppelbotschaft: Wer so gestärkt werden muss, ist offenkundig höchst gefährdet, wer diese rechtliche, ständisch denkende Unterstützung braucht, wird als schwach identifizierbar.

Wenn Identität bedeutet, eine Antwort auf die Frage zu haben: »Wer bin ich?«, dann gilt, dass die Bedingungen der Identitätsbildung sich fundamental geändert haben. Identitätsbildung ist von einer stabilen Ansammlung fester und dauerhafter innerer Besitzstände zu einem Dialogprozess ohne festgelegtes Drehbuch[11] geworden. Wer Identitätsprobleme als zu lösende Anormalität behandelt, macht sie unlösbar. Es kommt nicht darauf an, Identitätsprobleme zu vermeiden, sondern die Fähigkeiten zu erwerben, in ihnen zu bestehen. Man verschärft das Problem, wenn man positive Identitätsbildung durch Diskriminierung anderer, etwa der Laien, generieren will.

In den aktuellen Umbauprozessen der deutschsprachigen Diözesen wird der Pfarrpriester tatsächlich zunehmend wieder zu dem, was er schon in der Spätantike war und in vielen Weltgegenden übrigens stets gewesen ist: zum Kleinbischof einer ganzen Anzahl von Pfarreien mit primärer Sakramentenspendefunktion und oberster, in vielen Bereichen eher formaler Leitungsgewalt. Unter den gegenwärtigen kirchenrechtlichen Bedingungen können die Pastoralämter auch gar nicht anders. Wenn in einer hierarchischen Organisation immer weniger zu Leitungsämtern zugelassenes Personal zur Verfügung steht, dann muss es auf einer höheren Organisationsebene des kirchlichen Stellenkegels angesiedelt werden.

Viele Pastoralämter spüren in dieser Lage schmerzlich den Mangel an tatsächlich leitungskompetenten Priestern und viele Priester erleben diesen Prozess noch schmerzlicher als radikalen Wandel ihrer Berufsrolle weg von der unmittelbaren face-to-face-Seelsorge in überschaubaren Räumen hin zu Verwaltung, Leitung und sakramentaler »Versorgung« im Großraum. Diese Befürchtungen sind nur zu verständlich und sie werden vielfach auch pastoraltheologisch beschrieben.[12]

Doch der Abschied vom Konzept »Überschaubarkeit«[13] ist unvermeidlich und wäre auch dann notwendig, wenn durch Änderung der Zulassungsbedingung oder wegen anderer unvorhersehbarer Entwicklungen plötzlich wieder mehr Priester in hoch entwickelten Bildungsgesellschaften mit reichen Aufstiegsmöglichkeiten jenseits des Klerikerstandes zur Verfügung stünden, was ebenfalls eher unwahrscheinlich sein dürfte.

Erkennbarkeit, Erreichbarkeit und Zugänglichkeit sind heute notwendige Kategorien einer Kirche, die, wie zu

Recht gefordert, vor Ort ist, präsent bleibt, sich aussetzt und anbietet. Pastorale Kompetenzvermutung muss kommuniziert werden, erkenn- und erreichbar sein, Überschaubarkeit von einem zentralen priesterlichen Ort aus braucht es dazu nicht.

3. Die Kirche der Laien[14]

Heute herrscht nicht mehr die Religion über das Leben, sondern biografische Bedürfnisse über Nähe und Distanz zu religiösen Praktiken und Sozialräumen. Mit diesem epochalen Machtwechsel rücken die so genannten Laien in den Fokus. Denn sie erhalten die enorme Marktmacht der Kunden. Geschmälert wird diese Marktmacht nur noch durch den immer noch aufgespannten staatskirchenrechtlichen Rettungsschirm, welcher der priesterlichen Hierarchie eine ziemlich weitgehende Hoheit über die Kirchenfinanzen und damit auch über das kirchliche Personalwesen einräumt, und, sekundär, auch durch das Kirchenrecht, das die innerkirchlichen Verhältnisse deutlich priesterzentriert gestaltet.

Schließlich schafft der CIC 1983 »mit dem Material des II. Vatikanischen Konzils eine kirchliche Ordnungsgestalt, welche die Ekklesiologie des Ersten unbehelligt lässt und zusätzlich abstützt.«[15] Mag Norbert Lüdeckes Aussage auch eine zugespitzte Interpretation des CIC und vor allem seiner realen wie dogmatischen Relevanz sein,[16] so formuliert sich hier zumindest ein nachkonziliar wieder wirksameres Ordnungsmodell kirchlicher Verhältnisse zwischen Laien und Kleriker.

Das Konzil selbst hatte hier noch einen weiteren Horizont

119

und von ihm her eine kreativere, vor allem aufgabenbezogene Verhältnisbestimmung von Laien und Kleriker entwickelt. Sowohl der entklerikalisierte Pastoralbegriff des
Konzils wie der umfassende Volk-Gottes-Begriff signali-
sierten bereits ein ganz neues Verhältnis zwischen Priestern und Laien. Prinzip des Aufbaus der Vorentwürfe zu
Lumen gentium war noch die Hierarchie, Prinzip des Aufbaus von *Lumen gentium* aber ist die gemeinsame Aufgabe der Kirche. Volk Gottes war in den Vorentwürfen zu
Lumen gentium nur der Laienstand, man verstand diesen
Begriff nicht als Gesamtbegriff von Kirche. Die Einheit
der Kirche wurde primär, wie überhaupt in der Pianischen
Epoche, in der jeweiligen Unter-/Übergeordnetheit der
Stände gesehen.

In *Lumen gentium* selber aber ist das Volk Gottes der
Grundlagenbegriff der Kirche. Dieses Volk wurzelt, so das
I. Kapitel von *Lumen gentium*, in Gottes Offenbarung an
alle Menschen. Basis des speziellen Weihepriestertums ist
daher das allgemeine Priestertum, wie auch die spezielle
Berufung zur Heiligkeit in den Orden in der Berufung aller zur Heiligkeit wurzelt. Sowohl spezielles Priestertum
wie auch die evangelischen Räte sind so von ihrer Zuordnung zur Gesamtkirche her zu sehen. Es gibt im Volk Gottes unterschiedliche Ämter, Dienste und Aufgaben. Aber
alle dienen dem einen pastoralen Zweck der Kirche – und
es gibt sie nur zur Erfüllung dieses Zwecks.

Das Konzil hat diesen Zusammenhang nicht zuletzt durch
die Modifikation einer alten Lehre ausgedrückt. Die vorkonziliare pastoraltheologische Anweisungsliteratur für
den Priester hatte ihren Stoff in die drei »Ämter Christi«
gegliedert: Priester hätten Anteil an Christi Prophetentum
(Lehre), an seinem Priestertum (Sakramentenverwaltung)

und an seinem Königtum (Leitung der Gemeinde). Das galt für den Klerus und nur für ihn, nur er war Subjekt des kirchlichen Handelns, die Laien aber waren Objekte kirchlicher Seelsorge. Die »Hirten«, also die »lehrende Kirche«, standen den »zu weidenden Schafen« als der »hörenden Kirche« gegenüber.

Bisweilen wird eine Stelle in *Lumen gentium* 10 als Beleg für eine andauernde hierarchistische Auffassung der Bestimmung des amtlichen Priestertums interpretiert. Diese Stelle besagt, dass das gemeinsame Priestertum aller Gläubigen sich vom hierarchischen Priestertum nicht nur dem Grade, sondern dem Wesen nach unterscheide. Dies aber ist eine unzulängliche Auffassung dieser Stelle.

Denn ihre Interpretation ist nicht nur davon abhängig, was man philosophisch unter Wesen versteht, sie ist vor allem durch die nicht-hierarchistische Ekklesiologie des II. Vatikanums prinzipiell überwunden. Gerade diese Stelle betont ja, dass die Laien keine, etwa die niedrigste, Stufe der Hierarchie darstellen.[17] Die Laien bekommen ihre Würde ja tatsächlich nicht von den Priestern, sondern von Gott. Daher haben die Laien, wie das Konzil sagt, auch Anteil an den drei Ämtern Christi. Es bedeutete einen wirklichen Neuansatz, wenn das II. Vatikanum ebenso in *Lumen gentium* 31 erklärt, Laien seien jene »Christgläubige, die, durch die Taufe Christus einverleibt, zum Volk Gottes gemacht und des priesterlichen und königlichen Amtes Christi auf ihre Weise teilhaftig« geworden sind. Denn es sagt: Laien erhalten ihren Status gerade nicht durch die Priester, sondern von Gott.

Das Volk Gottes umfasst auf dem II. Vatikanum Priester und Laien. Die Laien bekommen ihren kirchlichen Rang nicht durch die Teilhabe an den hierarchischen Ämtern oder aus deren Gnade, sondern aus eigener Kompetenz als Mitglied des Volkes Gottes. Daraus folgt – und das Konzil hat diese Konsequenz gezogen: Jeder hat gemäß der gemeinsamen Aufgabe der Kirche, Volk Gottes zu sein, in seinem eigenen Lebensbereich eine priesterliche Funktion: Es gibt ein gemeinsames Priestertum aller Gläubigen. Dieses ist den Laien nicht etwa gnädig zugestanden, vielmehr haben sie unmittelbaren Anteil an der Heilssendung der Kirche selbst, wie das Konzil in *Lumen gentium* 33 sagt.

4. Priester und Laien in der Kirche der Zukunft

Das zentrale Zuordnungsprinzip in der Kirche ist daher nicht die Über- oder Unterordnung, sondern der Beitrag zur pastoralen Gesamtaufgabe der Kirche. Darum geht es in den gegenwärtigen, zunehmend eskalierenden Auseinandersetzungen in der Kirche, und es ist nicht entschieden, wie sie ausgehen. Wie sie aber ausgehen, das entscheidet über die Zukunft der katholischen Kirche.
Kirche muss sich und ihre Botschaft radikal und mit vollem Risiko der Gegenwart aussetzen. Das ist im Kern die Aufgabe des Weiheamtes. Denn dass es so etwas wie ein Weihepriestertum im Volk Gottes gibt, ist eine wirkliche Chance. Es ist die personale Institutionalisierung des Glaubens des Volkes Gottes an die größere Gnade Gottes. Es ist die feierliche Institutionalisierung des Glaubens, dass Gott sich den Menschen unwiderruflich und mit unkränkbarer Ausdauer zuwendet.
Das Spezifikum des Weiheamtes ist es, darzustellen, zu repräsentieren und selbst erfahrbar zu machen, was für die Kirche als Ganzes gilt: sich der Gnade Gottes zu verdan-

ken. Es ist Aufgabe des Weiheamtes, »diese Vorgegebenheit der Liebe Gottes tatsächlich in den Strukturen der Kirche selber und in deren Leitung darzustellen«[18], so Ottmar Fuchs.

Warum sollte das auch unter den gegenwärtigen, tatsächlich sehr neuen Bedingungen nicht möglich sein? Müsste nicht gerade die priesterliche Hierarchie gerade auch in ihrem eigenen Transformationsprozess für das radikale Vertrauen auf die Gnade Gottes in und mit seiner Kirche stehen? Also für den von ihr und an ihr selbst gewagten Wandel? Ist das nicht ihre Aufgabe?

Wie kann das katholische Weihepriestertum seine unverzichtbare Aufgabe im Volk Gottes jenseits seiner bisherigen massiv macht- und sanktionsgestützten Form erfüllen? Wie kann das geschehen, konkret erfahrbar, praxisrelevant und tatsächlich als Gnade für ihre Träger, die Priester, wie für das übrige Volk Gottes?

Sakramentale und jurisdiktionelle Ordnung der Kirche sind zu unterscheiden und durchaus nicht identisch. Die jurisdiktionelle Ordnung hat ihre Selbstverständlichkeit längst eingebüßt. Das Verhältnis von Jurisdiktion und Sakramentalität hat eine Geschichte, und diese ist nicht geschlossen, sondern offen. Die mittelalterliche Kopplung der potestas sacramentalis und der potestas iurisdictionis steht bekanntlich weder am Anfang der Ekklesiologie noch der kirchlichen Realität und muss noch weniger das letzte Wort der Geschichte sein.[19]

Ich plädiere für eine kirchenrechtliche und institutionelle Deregulierung des priesterlichen Amtes, seine gnadentheologische Zentrierung und für eine viel größere Freiheit des Volkes Gottes, das konkrete Miteinander vor Ort charismenorientiert selbst zu regeln. Nur so sehe ich die

Chance, dass sich eine aufgabenadäquate, attraktive und flexible Vollzugsgestalt des katholischen Weihepriestertums entwickelt.

Zugegeben: Nach all dem schaut es gegenwärtig nicht aus. Es dominieren defensive Selbstvergewisserungsdiskurse und ihnen entsprechende Identitätsstrategien. Die realen Lebenslagen von Priestern werden innerkirchlich kaum wirklich wahrgenommen und schon gar nicht offen thematisiert. Man wird auf die Folgen hinweisen müssen, die solch eine defensive Haltung aller Voraussicht nach haben wird: mangelnde Attraktivität und Anerkennung des priesterlichen Weges, Verharren im Appell statt ehrlicher Analyse, Verlust kreativer Phantasie, weitere Demotivation und fortschreitender Verlust priesterlicher Autorität.

Die Anerkennung priesterlicher Existenz durch das Volk Gottes wird davon abhängen, ob das Volk Gottes die Solidarität der Priester zu seinen eigenen Existenzproblemen spürt und wahrnimmt, dass gerade die andere, die priesterliche Lebensform ihr in helfendem Kontrast begegnet und sich nicht in abgrenzendem Ressentiment konstituiert.

IX. »Hauptamtliche« und »Ehrenamtliche«

»Traditionelles kirchliches Ehrenamt als verlängerter Arm der Hierarchie repräsentiert die Kirche als societas perfecta gegenüber der Welt«
Hans-Joachim Sander[1]

1. »Ehrenamtliche«: ein durchaus neues Phänomen

Betrachtet man die Menschen, die im kirchlichen Raum handeln, unter Statusperspektiven, so kann man neben der Unterscheidung von Laien und Klerikern noch eine zweite, fast ebenso einschneidende und ebenso machtrelevante Differenz beobachten, und auch hier stehen sehr wenige zu sehr vielen: jene von Hauptamtlichen zu so genannten Ehrenamtlichen.[2]

Nun gibt es »Ehrenamtliche« noch gar nicht so lange in der katholischen Kirche. Katholikinnen und Katholiken als »ehrenamtliche Mitarbeiterinnen und Mitarbeiter« anzusprechen, ist in der Geschichte der katholischen Kirche des deutschsprachigen Raumes etwas durchaus Neues. Das maßgebliche »Lexikon für Theologie und Kirche« springt in seiner ersten Auflage 1959 noch recht selbstverständlich von der »Ehre Gottes« zu »Ehrenbreitstein« und damit über einen möglichen Eintrag »Ehrenamt« schlicht hinweg. Gab es 1959 also kein Ehrenamt in der Kirche?

Natürlich gab es auch damals im Raum der Kirche tätige Katholikinnen und Katholiken. Aber man wäre kaum auf die Idee gekommen, sie als »ehrenamtliche Mitarbeiterinnen und Mitarbeiter« zu bezeichnen. Die Differenzierung Ehrenamt – Hauptamt war für die katholische Kirche bis vor nicht allzu langer Zeit keine irgendwie bemerkenswerte Kategorie, und das aus einem einfachen Grund: Es gab eine andere, viel wichtigere und zudem damals (fast) deckungsgleich verlaufende Differenzierung: ebenjene zwischen Klerikern und Laien.

Die Kleriker repräsentierten nicht nur die »lehrende Kirche«, also die Kirche im Vollsinn, unter deren fürsorglicher Pastoralmacht die katholischen Laien standen, sondern sie stellten auch die meisten derer, die von ihrer kirchlichen Tätigkeit lebten, also »hauptamtlich« in der Kirche arbeiteten. Dass es so etwas wie »Ehrenamtliche« in der Kirche gibt, setzt mithin Zweierlei voraus, und beides ist nicht selbstverständlich: erstens, dass die Laien nicht primär als schweigend-lernende Kirche verstanden werden, denen alles, aber keine Ehren und schon gar kein Amt zusteht; und zweitens, dass die innerkirchliche Differenzierung zwischen Laien und Klerikern überlagert wird, mindestens in Konkurrenz steht zu der Unterscheidung Hauptamtliche – Ehrenamtliche.

Das aber ist erst dann der Fall, wenn eine größere Zahl von professionell tätigen Männern und Frauen in der Kirche arbeitet, es also hauptamtlich arbeitende Nicht-Kleriker in nennenswertem Umfang und bemerkenswerten Positionen in der Kirche gibt. Beides aber gilt erst seit dem Professionalisierungsprozess der Pastoral nach dem Zweiten Weltkrieg. Neben die klassisch-katholische, vormoderne Basisdifferenzierung zwischen Klerikern und Laien trat jetzt eine zweite, typisch moderne Differenzierung zwischen Professionals und Volunteers, so die englische Fassung, oder auch zwischen Haupt- und Ehrenamtlichen, so die deutschsprachige Variante.

2. Adressierungen: zu den Grenzen einer Wahrnehmungsperspektive

Nun ist es alles andere als nebensächlich, wie man jemanden adressiert. Es definiert den Horizont, in dem man ihn wahrnimmt, bestimmt das Verhältnis, das man zu ihm einnimmt, und richtet die Handlung aus, die man ihm gegenüber vornimmt. Andere Mitglieder des Volkes Gottes als »Ehrenamtliche« zu bezeichnen bedeutet, sie im Horizont der spezifischen Differenz von entlohnter Professionalität und nicht-entlohnter Nicht-Professionalität wahrzunehmen.[3] Nun gibt es diese Differenz und sie ist relevant in unserer Gesellschaft.[4] Aber warum wurde sie so bedeutsam, dass sie einer der vorherrschenden Adressierungs- und Wahrnehmungshorizonte von Menschen innerhalb der Kirche werden konnte? Und warum ist gegenwärtig gerade die Ehrenamtlichkeit ein so großes Thema?

Ehrenamtliche sind seit einiger Zeit vor allem ein Thema des Hauptamtlichensystems, und das aus guten Gründen. Mitchristen als »Ehrenamtliche« zu adressieren signalisiert zuerst einmal eine spezifische Wahrnehmungsperspektive seitens jener Institution, der sie doch auch angehören und die sie selber auch verkörpern: der Kirche; und es signalisiert eine spezifische Selbstwahrnehmungsperspektive des professionellen Sektors, nämlich von seiner Professionalität her.

Die Wahrnehmung im Horizont der Polarität Haupt- und Ehrenamtlichkeit besitzt natürlich eine gewisse Logik, denn die Ehrenamtlichen sind das Andere des professionellen Systems. Für Profis sind alle anderen eben zuerst einmal Nicht-Profis, und so nennen sie diese dann auch. Die Hauptamtlichen stehen ihnen zudem gegenwärtig in einer merkwürdigen Mischung aus Überlegenheit und Abhängigkeit gegenüber. Denn einerseits liegen Geld, Institutions- und Definitionsmacht weiterhin ziemlich weitgehend in Händen der Hauptamtlichen, andererseits sind diese aber in den aktuellen neuen Konstellationen des Religiösen und der durch sie ausgelösten Transformationskrise der Kirche von den Ehrenamtlichen so abhängig wie schon lange nicht mehr.

Denn der Abstiegsprozess des Christentums führt zu drei Entwicklungen, welche die Macht der Ehrenamtlichen gegenüber dem professionellen System massiv steigern. Mit erfrischender Ehrlichkeit ist denn auch allüberall zu lesen, man brauche Ehrenamtliche, weil die Priester nicht mehr alles machen könnten, da es von ihnen zu wenige gebe. Wahrscheinlich gibt es übrigens immer weniger von ihnen, weil der Bildungsaufstieg, den das Priestertum früher bedeutete, auch über andere Wege möglich wurde.

Die Kirche kann und will zweitens aber auch nicht einfach, wie in den letzten Jahrzehnten, den hauptamtlichen Laiensektor weiter ausweiten, sei es, weil man dafür tatsächlich nicht mehr genug Geld hat, sei es, weil man, wie es etwa in manchen deutschen Diözesen heißt, damit die »priesterliche Identität« gefährdet sieht.

Drittens aber stehen die Ehrenamtlichen nicht mehr unter der Biografielenkungsmacht des Klerus, sondern entscheiden über ihr kirchliches Engagement nach individuellem Nutzenkalkül. Damit zeigt sich: Einerseits steigt der Bedarf des kirchlichen Systems an Ehrenamtlichen zu seiner

Selbsterhaltung, da es auf Grund des gesellschaftlichen Abstiegsprozesses nicht mehr genug professionelle Ressourcen zur Verfügung hat. Andererseits treten diese »Ehrenamtlichen« auf Grund des gleichen gesellschaftlichen Entmonopolisierungsprozesses kirchlicher Macht ihrer Kirche aber weit selbstbewusster und kalkulierender entgegen als in früheren Zeiten.

In dieser Perspektive ist die Werbung um Ehrenamtliche und schon deren innerkirchliche Adressierung als solche so etwas wie der Versuch, das alte kirchliche Dispositiv auf freiwilliger Basis noch ein wenig aufrechtzuerhalten, also die alten Konzepte Mitgliedschaft, Gefolgschaft und Macht »freiwillig« zu verlängern. Und natürlich drohen da die Grundsünden allen Umgangs mit Ehrenamtlichen: ihre entmündigende Funktionalisierung, ihre Degradierung zu »Handlungsmarionetten«[5] der Hauptamtlichen.

Das Engagement der Ehrenamtlichen in der Kirche ist prekär geworden, fragil und jederzeit zurücknehmbar. Das setzt die Hauptamtlichen in ihrem »Ehrenamtlichenmanagement« gehörig unter Druck. Das ist auch gut so, vor allem, wenn es sie davon abhält, die Ehrenamtlichen wie ihre unbezahlten Bediensteten zu behandeln; es ist eher problematisch, wenn es nur dazu führt, sie nur ein wenig geschickter für die eigenen Interessen zu funktionalisieren.

3. Mehr als »Ehrenamtliche«:
berufene Mitglieder des Volkes Gottes

Die »Ehrenamtlichen« sind nicht zuerst »Ehrenamtliche«, sie sind vielmehr von Gott berufene Mitglieder des Volkes

Gottes, sie sind »des priesterlichen, prophetischen und königlichen Amtes auf ihre Weise teilhaftig« (LG 31).

Soziologische Kategorien ohne theologische Kriteriologie sind immer verführerisch. Denn sie werden nur zu schnell zu Projektionsflächen eigener Interessen und Sehnsüchte. Man sieht das an der Communio-Kategorie und auch am Volksbegriff, so er ohne korrigierenden Gottesbegriff verwendet wird.[6] Auch »Ehrenamt« ist eine soziologische Kategorie. Ohne theologische Kontextualisierung verwendet, wird sie leicht zum Vehikel vor sich selbst verschleierter Interessen. Übrigens werden auch umgekehrt theologische Kategorien ohne inkarnatorische Teststrecke, ohne angebbare und überprüfbare Orte ihrer Praxisverifikation, schnell ausgesprochen gefährlich.

Zukunftsweisender Umgang mit »Ehrenamtlichen« setzt voraus, sie gerade nicht primär als »Ehrenamtliche« zu adressieren, wahrzunehmen und zu behandeln, vielmehr als erfahrungsreiche Mitchristinnen und Mitchristen, die unter Umständen bereit sind, unentlohnt und im öffentlichen Rahmen zu tun, wofür es Kirche gibt: das Evangelium und unsere heutige Existenz kreativ ins Spiel zu bringen, in Wort und Tat, hier und heute, im Kleinen und im Großen, zum Segen für andere und für sich selbst. Mit anderen Worten, die bereit sind, öffentlich pastoral tätig zu sein.

Als gemeinsame Mitglieder der Kirche sind wir viel mehr füreinander als »Hauptamtliche« oder »Ehrenamtliche«. Das zu realisieren ist die Voraussetzung, um tun zu können, was wir füreinander vor allem tun sollten: voneinander lernen, was das Evangelium heute bedeutet. Das wissen wir nämlich nicht, zumindest nicht automatisch und ungefährdet und sozusagen selbstverständlich.

Ob wir die anderen, die mit uns Kirche sind, als »Ehren-amtliche« adressieren oder als individuelle, reiche und viel-fältige, begabte und bedürftige, jedenfalls herausfordern-de und kenntnisreiche Mitglieder des Volkes Gottes, das ist nicht gleichgültig. Man braucht die Mitglieder des Vol-kes Gottes *zur Definition und Bewältigung der pastoralen Aufgabe selbst.* Denn ohne sie weiß die Kirche nicht genug von konkreter Existenz heute und also auch nichts von dem, was sich ergibt, wenn man diese Existenz mit der Botschaft des Evangeliums in Kontakt bringt.

Die Kirche braucht alle, die zu ihr gehören. Sie muss sie hören und respektieren. Sie muss ihnen Raum geben und Aufmerksamkeit. Sie braucht sie um ihres Lebens willen, das sie verkörpern, um ihres Glaubens willen, für den sie stehen, und um ihrer Liebe willen, zu der sie fähig sind. Sie braucht sie, um zu entdecken, wo sie ist und was ihre Auf-gabe als Kirche hier und heute ist. Sie braucht sie, um zu werden, was sie sein soll: Gottes Volk im Hier und Heute.

Die kirchliche Würde der Ehrenamtlichen kommt nicht erst aus ihrem kirchlichen Engagement. Das zu schätzen, zu ehren und zu pflegen ist eine selbstverständliche Pflicht des Anstands und des Dankes. Die hohe kirchliche Wür-de der Ehrenamtlichen wurzelt darin, dass sie Mitglieder des Volkes Gottes sind. Die Frage ist, ob die katholische Kirche genug Orte und Formen hat, wo man das in seinen atemberaubenden Konsequenzen realisiert.

Vor allem stellt sich die Frage, ob innerkirchlich genug Or-te wirklich ehrlicher Kommunikation existieren. Ehrlich-keit ist ja überhaupt ein großes Problem der innerkirchli-chen Kommunikation. Wie viel Ehrlichkeit in einer strukturell nicht sehr ehrlichen, weil immer noch recht vermachteten kommunikativen kirchlichen Kultur möglich ist, stellt aber eine Überlebensfrage der Kirche dar. Denn ohne ehrliche Kommunikation können die notwendigen Orte der gemeinsamen Entdeckung des Glaubens in seiner konkreten Existenzbedeutsamkeit heute gar nicht erst entstehen.

Die konziliare Bestimmung der Kirche als Volk Gottes, als aufgabenbezogene, pastorale Institution umfasst und relativiert alle ihre internen Differenzierungen. Diese Differenzierungen gibt es, um die kirchliche Aufgabe, die Verkündigung des Evangeliums in Wort und Tat, besser erfüllen zu können. Gegenüber dieser pastoralen Grundaufgabe sind diese Differenzierungen deutlich zweitrangig. Das gilt für die traditionelle Unterscheidung von Laien und Klerikern, aber auch für die moderne von Haupt- und Ehrenamtlichen.

Das Relevante am Handeln eines Christen oder einer Christin in der Kirche ist nicht, ob er oder sie diese Tätigkeit haupt- oder ehrenamtlich ausübt, sondern ob damit das Reich Gottes in Wort und Tat näherrückt, ob das Evangelium in Wort und Tat präsent wird, ob etwas erahnbar wird von dem, wofür Kirche da ist: das Evangelium von heutiger Existenz her zu entdecken und diese heutige Existenz vom Evangelium her zu befreien. Denn Kirche ist nicht für sich und ihre Sozialformen da, sondern um dieses Evangeliums und seiner alles andere als selbstverständlichen Präsenz willen. Tätigkeiten des Volkes Gottes, etwa in der Gemeinde, aber auch jenseits von ihr sollten daher nicht primär unter die Kategorie des »Ehrenamtes« gefasst werden, sondern als selbstverständliche Teilhabe am mittlerweile immer abenteuerlicheren, unselbstverständlicheren, aber auch spannenderen Leben des Volkes Gottes vor Ort, hier und heute.

Natürlich ist es möglich, die Kirche, ihre Mitglieder und überhaupt die Wirklichkeit unter möglichst vielen Perspektiven zu betrachten. Die (soziologische) Perspektive der Unterscheidung »Ehrenamt« – »Hauptamt« erfasst eine unbestreitbare und relevante Wirklichkeit kirchlichen Handelns. Aber es ist eine typische Differenz des institutionellen Systems, seiner Interessen und Perspektiven. Sie verschleiert eher, worum es geht: die säkularen Realitäten in ihrem geistlichen Sinn, also als Zeichen der Zeit, zu entziffern und die geistlichen Inhalte auf ihre weltliche Bedeutung als deren Befreiung und Erlösung zu erkennen. Dazu aber braucht es alle!

Es ist zu wenig, das Engagement der Ehrenamtlichen noch einmal nach dem Motto »Ihr dürft auch« theologisch zu legitimieren. Solch ein Ansatz fällt nicht nur hinter das II. Vatikanum, sondern auch hinter das Selbstbewusstsein und den Autonomiestatus heutiger Existenz zurück, die nicht paternalistisch »zugelassen« werden will, um deren Partizipation die Kirche der Hauptamtlichen vielmehr bitten muss. Es kann auch nicht darum gehen, die so genannten Ehrenamtlichen einfach nur als Lückenbüßer für das krisenhafte professionelle System der Kirche zu mobilisieren. Das würde der Würde der Mitglieder der Kirche als Mitglieder des Volkes Gottes nicht gerecht, unter denen bekanntlich eine wahre Gleichheit besteht.[7]

Das »ehrenamtliche« Engagement in der Kirche braucht es weiterhin, zuletzt aus einem theologischen Grund: weil die Kirche das Volk Gottes ist und die Trennung von Hauptamtlichen und Ehrenamtlichen in ihr sekundär ist gegenüber ihrer primären gemeinsamen Verpflichtung auf ihre Aufgabe. Die Hauptamtlichen verkörpern Kirche nur in sehr eingeschränkter Weise: Sie sind schlicht nur ihr geringster Teil. Über 99% der Kirche arbeiten nicht hauptamtlich in ihr, sind sie aber in gleicher Weise.

Es braucht also die Mitarbeit möglichst vieler, weil die Hauptamtlichen nie das ganze Volk Gottes verkörpern und es daher auch nicht in seinem Handeln darstellen können. Selbst das Wort »Mitarbeit« sollte man vorsichtig gebrauchen: Es setzt eine Hierarchie von Haupt- und Neben-, eben Mit-arbeit voraus, die vielleicht soziologisch bestehen mag, theologisch in seiner Bedeutung für das Volk Gottes oder gar für Gott aber nicht.

Die Hauptamtlichen verkörpern nie das ganze Volk Gottes, das gilt auf pragmatischer wie auf grundsätzlicher Ebene. Pragmatisch gesehen gilt: Nicht-hauptamtliches Handeln besitzt gegenüber dem hauptamtlichen Handeln spezifische Nachteile (mangelnde Erfahrung, Ausbildung, Zeit), aber auch viele Vorteile: Es ist spontaner, seine Träger und Trägerinnen sind pluraler, sie sind institutionsunabhängiger, weil nicht über Alimentation und Recht steuerbar. Nicht-hauptamtliches Handeln in der Kirche kann also schon von seiner Grundstruktur her ein wichtiges Innovationspotential darstellen, wenn nicht genau dies, Innovationspotential zu sein, von den Hauptamtlichen verhindert wird.

Inhaltlich aber gilt: In den so genannten Ehrenamtlichen realisiert sich menschliche Existenz heute in ihrer ganzen Breite weit über hauptamtlich-professionelle kirchliche Existenzentwürfe hinaus. Die anderen sind nicht zuerst die »Zielgruppe« von professionellem Ehrenamtlichenmanagement, sie sind vielmehr die von Gott berufenen Mitglieder des Volkes Gottes.

Es ist nämlich christlich, vielleicht sogar spezifisch christlich, dass die anderen in der christlichen Botschaft viel mehr sind als nur irgendwelche andere und schon gar nicht einfach Objekte unserer Instrumentalisierung. Denn die christliche Rede vom gnädigen Gott, der unsere Erlösung will, spricht nicht von irgendeinem radikal transzendenten Gott ohne Nähe zu uns, sondern sie redet vom befreienden Gott der Menschen, genauer: vom befreienden Gott dieser konkreten Menschen heute. Der christliche Gott ist kein beziehungsloser Gott irgendwo, sondern jener Gott, der diese konkreten Menschen erlösen will, erlösen kann und erlöst. Er kommt uns daher in den anderen immer auch entgegen und ganz besonders in den Armen und Bedrängten.

Das Volk Gottes wird seiner Berufung nicht gerecht, wenn in ihm nicht alle Menschen Räume des Aufatmens[8] finden, Räume der Kommunikation und der Tat, in denen der geistliche Sinn ihrer Existenz und die befreiende Bedeutung geistlicher Inhalte im Hier und Heute erfahrbar werden.

X. Die drinnen und die draußen

*»Statt mit mir zu reden, Herr Kardinal, warum ich diese
Kirche verlassen habe, sprach der damalige Dechant unserer Kleinstadt lieber meine Mutter an. Er fragte die
Wirtin, die jeder kannte, in der Volksbank, vor allen Leu-
ten, welcher Sekte ich jetzt angehöre. Hätte ich gewusst,
dass die Pfarre das Gasthaus meiner Eltern über Monate
meiden wird, weil eines ihrer Kinder, weil ein Mensch aus
dieser großen, traditionell katholischen Familie sich entscheidet, nicht dazuzugehören, hätte ich bis zu meinem
Umzug nach Wien gewartet. Es ging mir nicht ums Geld.
Es ging mir um Nähe, Herr Kardinal, und Ihre Kirche
täuscht Nähe nur vor, finde ich, wie blau eingedruckte
Unterschriften auf Musterbriefen.«*

Karin Peschka[1]

1. Um wen es geht

Die Rede von den »Fernstehenden« ist selbst innerkirchlich mittlerweile ziemlich obsolet geworden. Zu deutlich
signalisiert sie eine vor Jesu Botschaft und Handeln offenkundig unhaltbare Identifikation von Kirchen-, ja Ge-
meindenähe mit der Nähe zu Gottes Gnade und Liebe.
Es bleibt aber das Faktum, dass die überwiegende Mehrheit ihrer eigenen Mitglieder die für Katholiken und Katholikinnen bestehende, im CIC 1983 can 1247[2] normier-
te und in der Nr. 2181 des »Katechismus der katholischen
Kirche«[3] eingeschärfte Sonntagspflicht nicht, nicht mehr
oder immer seltener erfüllt. Für eine Mehrheit der Katho-

liken und Katholikinnen ist die regelmäßige sonntägliche Eucharistie offenkundig weder »Quelle« und »Höhepunkt«[4] ihres eigenen religiösen Lebens noch hält sie überhaupt kontinuierlichen Kontakt zum kirchlichen Sozialraum der Pfarrei.

Dass die Gläubigen den kirchlichen Anspruch auf Partizipation immer nur ungenügend erfüllen und am kirchlichen Leben nie ganz so engagiert teilnehmen, wie die Kirche es gerne hätte, ist ein altbekanntes Phänomen, sonst hätte es über die Jahrhunderte nicht immer die Aufforderung zu Sonntagsbesuch, Beichte und Kommunionempfang und entsprechende Sanktionierungen gebraucht. Neu aber ist die Erkenntnis, dass der Rückgang der Sonntagskirchgänger Symptom eines fundamentalen Wandels des Verhältnisses der Kirche zu ihren eigenen Mitgliedern oder besser der Mitglieder zu ihrer Kirche darstellt. Damit ist es weder mehr möglich, die radikal gewandelte Partizipationspraxis einfachhin zu übersehen, noch sie als »volkskirchliche Laxheit« in altbekannte Deutungsmuster einzuordnen. Es braucht offenkundig neue pastorale Qualifizierungen und Identifizierungen dieser Kirchenmitglieder, um mit ihnen überhaupt umgehen zu können.

Diese »Gruppierungen … sind Volk Gottes, werden aber nicht so behandelt. Es gibt auch gar kein wirkliches Interesse an ihnen. Kämen sie zur Kirche, wüsste man erstens nicht, wie man sie unterbringt, und zweitens schon gar nicht, wozu sie da sind und man sie braucht. Man wäre von ihrer Anwesenheit eher peinlich berührt.«[5] Hoffentlich stimmt diese Analyse Elmar Klingers nicht überall. Denn es wäre ein fatales Indiz für die defizitäre Aufmerksamkeit der Kirche auf sich selbst und ihre Aufgabe.[6] Auch hier gilt: Die Kirche braucht alle, die zu ihr gehören, und sie muss sie hören und respektieren. Ja, sie braucht sogar jene, die nicht zu ihr gehören, will sie ihre Aufgabe erfüllen und erkennen.[7]

Nun sind, betrachtet man jene den kirchlichen Sozialräumen, vor allem den Pfarreien »Fernstehenden« unter rechtlichen Gesichtspunkten, zwei große Gruppen zu unterscheiden: jene, die auch formal nach bürgerlichem Recht aus der Kirche ausgetreten sind, und jene, die diesen Schritt nicht getan haben, aber keinerlei oder kaum oder nur gelegentliche, meist anlassbezogene kirchliche Partizipation zeigen.

2. Halb »drinnen«, »halb draußen«: die »Kasualienfrommen«

Die Forderung nach regelmäßigem Sonntagskirchgang stellt die zentrale Kontinuität zwischen vorkonziliar juridisch-katholischer und nachkonziliar gemeindlich-familiaristischer Kirchenbildung dar. In vorkonziliaren Zeiten war der Sonntagskirchgang die Pflicht zum gültigen Messbesuch, in der gemeindetheologischen Phase bedeutete er die Teilnahme am wöchentlichen Treffen der Pfarrgemeinschaft als liturgische Gemeindeversammlung. Der (halbwegs) regelmäßige Sonntagskirchgang blieb, was er schon vorkonziliar war: das charakteristische Merkmal katholischer Kirchenzugehörigkeit.

Gerade ihn aber stellen die meisten Katholiken und Katholikinnen nach und nach ein, ohne sich allerdings gleich ganz von der Kirche abzuwenden. Für diese Gruppe gilt ohne jede Einschränkung: Kirche wird als rituelle Lebensbegleitungskirche genutzt. Was sie nutzen, das sind die kirchlichen »Kasualien«, weswegen eine bahnbrechende Studie diese Gruppe vor einiger Zeit als »Kasualienfromme«[8] titulierte. Zwei Gründe für die anhaltende Kasualienpraxis bei alltäglicher Abstinenz arbeitete diese Studie heraus: die Hoffnung auf biografischen »Schutz und Segen« und die Formel »Das gehört einfach dazu«.

Die Hoffnung auf »Schutz und Segen« durch kirchliche Rituale erscheint angesichts der Unwägbarkeiten und Risiken des (post-)modernen Lebens überaus plausibel und im Übrigen relativ kompatibel zum kirchlichen Verständnis der Sakramente als »wirksame Zeichen der Liebe Gottes«. Komplizierter liegt die Sache bei der Teilnahmebegründung »Das gehört einfach dazu«. Sie ist zwar bei Kasualienfrommen wie bei regelmäßigen GottesdienstbesucherInnen gleichermaßen zu finden, doch der Raum, in den hinein sich diese Kasualienfrommen mit ihrer Partizipation an kirchlichen Sakramenten und Sakramentalien begeben, das also, wozu sie mit dieser Handlung gehören wollen, ist letztlich doch etwas signifikant anderes: Es ist nicht die Gemeinde, nicht die Kirche, es ist vielmehr die Welt überhaupt, der Kosmos und die Normativität und Normalität der Existenz in beiden. Die Kasualien werden hier »als Bestandteile einer gegebenen, gültigen Welt bzw. Gesellschaft aufgefasst, hinter die viele mit ihrem Lebensentwurf nicht zurückgehen.«[9]

Auch für die Kasualienfrommen bedeutet die Teilnahme an den kirchlichen Kasualien also Integration in einen sie übersteigenden Raum, nur ist dieser um einiges größer und umfassender als jener der »Kirchenfrommen«. Denn für diese ist der Sakramentenempfang vor allem die Integration in den Sozialraum katholische Kirche, wenn natürlich auch dieser Sozialraum einen ihn übersteigenden religiösen Anspruch kommuniziert. Für die Kasualienfrommen aber ist es die ganze Welt, besser *ihre* ganze Welt mit ihrer »normalen Normativität« oder auch »normativen Normalität«, sind es zuletzt »Kosmos« und »Gesellschaft«, in die hinein sie sich mit Hilfe der Kasualien integrieren: bewusst, halbbewusst oder mehr oder weniger unbewusst.

Nun hat die katholische Kirche im II. Vatikanum eine rein institutionalistische Sicht der Kirchenmitgliedschaft grundsätzlich verlassen und auf der Basis des Wissens um den universalen Heilswillen Gottes eine differenziertere und komplexere Sicht der Kirchenzugehörigkeit entwickelt. In ihr werden Nähe und Entfernung von der Kirche Jesu primär nicht institutionell, sondern vielmehr geistlich und handlungsbezogen bestimmt.[10] Den Kasualienfrommen wird man also weder gerecht, wenn man sie schlicht als defizitäre Kirchenfromme betrachtet, noch wenn man ihre Praxis einfachhin als eine eigenständige Form der Kirchenzugehörigkeit begreift und auf sich beruhen lässt. Die Kirche kann den Kasualienfrommen ersparen, Kirchenfromme zu werden, sie kann ihnen aber nicht ersparen, sich mit den Gehalten der Riten, an denen sie teilnehmen, auseinanderzusetzen und diese mit ihrem eigenen Leben und ihrer eigenen Existenz zu konfrontieren.

Die Kasualienfrommen benützen den kirchlichen Sozialraum, um mit seiner Hilfe und durch ihn hindurch in einen anderen Raum einzutreten: jenen einer gefährdeten und mit den Kasualien bestätigten »normativen Normalität« des eigenen Lebens. Was das theologisch bedeutet, kann dem kirchlichen Sozialraum nicht gleichgültig bleiben. Nicht so sehr also, dass die Kasualienfrommen mit den Kasualien nicht in den kirchlichen Sozialraum eintreten, scheint das theologische Problem, sondern wohin sie durch ihn hindurch eintreten und wie sich dieses Wohin mit dem Gehalt der jeweiligen Kasualien verträgt.

Die Zugehörigkeitsproblematik erweist sich damit als doppelt verflüssigt: theologisch, denn institutionelle Kirchenzugehörigkeit und selbst regelmäßige Kirchenpraxis vermitteln nicht schon heilsvergewissernde Kirchenzugehörigkeit; eine Zugehörigkeit zur Kirche nur dem »Leibe« und nicht auch dem »Herzen« nach ist im Hinblick auf das Heil, so ausdrücklich das II. Vatikanum in *Lumen gentium* 14, schlicht wertlos. Zum anderen aber ist das angestrebte Objekt der Zugehörigkeit für die Kasualienfrommen nicht die Kirche, sondern ein imaginärer »Raum des normativ Normalen«.

In der konkreten Praxis scheint dies alles zu einer großen doppelten Sprachlosigkeit zu führen. Sie bezieht sich auf die reale religiöse Situation der Kasualienfrommen, die offenbar zumeist »beredt beschwiegen« wird, sie gilt aber offenkundig auch für die Theologie des anstehenden rituellen Vollzugs selber, die ebenfalls nicht wirklich thematisiert wird. Die letztlich schwindelerregend instabile Basis des gemeinsam vollzogenen Ritus ist das Beschweigen der Differenz im Verständnis dessen, was man gemeinsam zu tun beabsichtigt. Was bleibt, ist die Konzentration auf den korrekten und störungsfreien Ablauf der Feier.

Es ist deutlich, dass sich diese beiden Sprachlosigkeiten bedingen. Weil man nicht sieht, wie das von der offiziellen Lehre abweichende Verständnis der Kasualien bei den Kasualienfrommen mit dem kirchlichen Verständnis in Einklang zu bringen sein soll, thematisiert man es nicht, um diese Differenz nicht bearbeiten zu müssen. Die klassische Bearbeitungsart dieser Differenz aber – autoritäre Einfor-

derung bei Sanktionsandrohung – ist in Zeiten schwindender Sanktionsmacht unmöglich geworden.

Sprachlosigkeiten sind aber immer unabweisbare Zeichen,
für die man dankbar sein muss. Man darf sie weder übersehen noch ihnen ausweichen. Nur die Sprachlosigkeit ist
der Ort, an dem eine neue Sprache gefunden werden kann,
weil man an ihm erfährt, dass und warum die alte versagt.
Das Versagen der alten Sprache zeigt sich dabei wohl mehr
noch als ein pragmatisches denn als ein hermeneutisches
Problem. Denn worum es in den Kasualien geht, das ist
den Kasualienfrommen wohl noch verstehbar zu machen.
Aber was diese kirchlichen Riten für sie wirklich bedeuten, welchen Wahrheitswert sie besitzen und welche Konsequenzen, das definieren sie selber und offenbar durchaus in einer für die christliche Tradition nicht einfach zu
akzeptierenden Weise.

Der kirchliche Referenz- und Bedeutungsraum, der für die
Kirchenfrommen den Zusammenhang von Sinn und Bedeutung – mehr oder weniger – festlegt und sichert, fällt
bei den Kasualienfrommen aus und kann auch nicht einfach wiederhergestellt werden. Man sollte es daher auch
gar nicht versuchen, sosehr man diesen kirchlichen Raum
natürlich auch den Kasualienfrommen anbieten muss.
Aber es braucht andere Orte und Mechanismen, um nicht
nur den Sinn der Kasualien zu vermitteln, sondern auch ihre Bedeutung für diese Menschen entwickeln zu können.
Diese Bedeutung aber ist eben nicht beliebig, sondern vom
Gehalt der jeweiligen Riten abhängig.

Man muss das Neue wahrnehmen, das jene kirchenfer-
nen »Kasualienfrommen« präsentieren. Sie wieder zu
»Kirchenfrommen« machen zu wollen wird fast immer
scheitern. Das aber heißt, die Sprach- und Hilflosigkeit zu

akzeptieren, die sie, vor allem in der Sakramentenpastoral, hervorrufen. Man muss auch akzeptieren, dass die alte kirchlich-sozialräumliche Sicherung spezifischer christlicher Basics mit dem innerkirchlichen Erscheinen der »unbekannten Mehrheit« so nicht mehr länger hält, jedenfalls nicht mehr für viele Mitglieder der Kirche, und für sie jedenfalls auch nicht wiederhergestellt werden kann.

Die Kirche hat auf diese Situation pastoral zu reagieren. Das bedeutet nicht Nachgiebigkeit und »unverbindliche Freundlichkeit«. Denn Pastoral ist nicht die etwas gnädigere Handlungsvariante des strengeren systematischen Diskurses, sondern die kreative und situative Konfrontation von Evangelium und Existenz, eines Evangeliums, das von Jesus aus für alle Menschen gilt und das Heil aller will.

Das spricht für eine Individualisierung der Sakramentenpastoral, nicht im Sinne des früheren Heilsegoismus oder einer gemeinschaftsabwehrenden Privatfrömmigkeit, sondern im Sinne einer Konzentration auf die Bedeutung einer gewünschten kirchlichen Ritualhandlung im je individuellen Leben. Im Zentrum aller Sakramentenpastoral hat das konkrete Verhältnis von Individuum und dem Gehalt der Kasualie zu stehen. Es ist in jedem einzelnen Fall neu über Sinn und vor allem Bedeutung des jeweiligen Sakraments, der jeweiligen Sakramentalie im Leben der/des je individuellen »Kasualienfrommen« nachzudenken. Für jene, die das dann tun müssten, die Priester und hauptamtlichen Mitarbeiter, aber auch die FirmhelferInnen und alle anderen Beteiligten, könnte das zur Chance werden, den Reichtum der Sakramente in den vielen Leben der Menschen heute zu entdecken.

3. »Draußen« oder doch nicht? Die Ausgetretenen

Mindestens ebenso schwierig, aber ebenso erhellend für die Kirche sind jene anderen ihr »Fernstehenden«, die den Schritt ins »Außen« der Kirche bereits öffentlich getan haben, ist das Phänomen der zivilrechtlich »Ausgetretenen«. Auch sie besitzen prophetisches Potential[11] für Theologie und Kirche. Schon allein, weil beide ganz unterschiedlich auf diese Menschen »ganz draußen« reagieren.

Das Kirchenrecht diskutiert seit einiger Zeit recht heftig[12], inwiefern der vor dem Staat erklärte Kirchenaustritt die Delikte der Häresie, der Apostasie und des Schismas erfüllt, welche dann die automatische Exkommunikation nach sich ziehen, und ob etwa der Entzug des Kirchenbeitrags/der Kirchensteuer die jedem Gläubigen aufgetragene Solidaritätspflicht gegenüber der Kirche verletzt – oder alles das nicht gilt, der zivile Kirchenaustritt im eigentlichen Sinne kirchlich keine Konsequenzen hat, jedenfalls nicht die Exkommunikation. Ein Römisches Schreiben[13] hat vor einiger Zeit diese kirchenpolitisch gerade in den deutschsprachigen Ländern sehr bedeutsame und folgenreiche Diskussion neu belebt.

Natürlich steht hinter dieser Diskussion die berechtigte Angst, ein möglicher (formaler) Kirchenaustritt vor dem säkularen Staat ohne spürbare innerkirchliche Rechtsfolgen untergrabe die Finanzierungsbasis der Kirche in Deutschland und Österreich. Denn wenn sich zuerst die rechtliche Interpretation und dann die Einsicht verbreiten würden, dass man durch Austritt die Kirchensteuer/den Kirchenbeitrag sparen und dennoch mit praktisch allen Rechten in der Kirche verbleiben kann, dann würde dies die finanzielle Basis der katholischen Kirche in Deutschland und Österreich überaus nachhaltig erodieren lassen. Die ebenso prompte wie die bisherige Rechtslage aufrechterhaltende Reaktion der deutschen und österreichischen Bischöfe auf römische und/oder kanonistische Infragestellungen ebendieser Rechtslage[14] ist daher ausgesprochen verständlich, verfestigt aber jene kirchenrechtliche Position, die als Reaktion auf den Kirchenaustritt den Ausgetretenen vor allem sagt, dass sie »draußen« sind.

Die Dogmatik verhandelt das Problem der Ausgetretenen als Frage ihrer »Kirchengliedschaft«. Leitmotiv ist dabei stets, wie es in einer einschlägigen offiziösen Stellungnahme der Österreichischen Theologischen Kommission heißt: »Der Ausgetretene bleibt unaufhebbar ein Getaufter (und Gefirmter), bleibt durch Taufe unwiderruflich in die ›Communio‹ Kirche, in die Christus- und Christengemeinschaft Kirche, eingefügt. Das ›unauslöschliche Merkmal‹ steht für die Treue Gottes, der dem Täufling Christuszugehörigkeit in der Kraft des Geistes so gewährt, daß sie vom Getauften her nicht ausgelöscht werden kann«.[15] Kurz: »Die Steuergemeinschaft endet. Die Heilsgemeinschaft bleibt!«[16]

Die Ausgetretenen, so die Dogmatik, sind das also gar nicht wirklich: ausgetreten; sie sind vielmehr nur Kirchenmitglieder, die einen spezifischen Akt des Ungehorsams gegenüber der kirchlichen Institution gesetzt haben und ihre praktische Partizipation am kirchlichen Leben (meistens) einstellen. Es kommt damit in der dogmatischen Reflexion etwas in den Blick, was weder im religionssoziologischen noch im kirchenrechtlichen Diskurs auftaucht: eine spezifische Relativierung des Institutionellen im Problem der Kirchenmitgliedschaft. Dies gelingt dadurch, dass die Kirche als corpus permixtum unterschiedlicher

»Wirklichkeiten« gesehen wird, von denen ihre Institutionalität nur eine, wenn auch, gerade in der katholischen Ekklesiologie, höchst relevante ist.

Der Blick auf Kirchenrecht und Dogmatik zeigt, dass die vorherrschenden Reaktionsmechanismen auf das Phänomen Kirchenaustritt – pastoraltheologisch gesehen – nicht recht weiterführen. Das Kirchenrecht führt sich selbst in die Aporie, wenn es als Strafe für den bürgerlichen Kirchenaustritt de facto ebendies ansetzt: die Aufkündigung der vollen Kirchengemeinschaft. Das gleicht dem Bestrafen eines Vergehens mit einer Variante seiner selbst. Dass auf kirchenrechtlichem Feld zudem noch ein durchaus scharfer und potentiell folgenreicher kirchenpolitischer Konflikt zwischen Befürwortern staatlich unterstützter Kirchenfinanzierung und deren Gegnern ausgetragen wird, macht es pastoraltheologisch gesehen auch nicht besser.

Der dogmatische Zugang zum Phänomen der Ausgetretenen scheint mit der Lehre vom bleibenden Charakter der Taufe aussichtsreichere pastoraltheologische Perspektiven zu eröffnen und spricht völlig zu Recht davon, dass die »durch das Sakrament gestiftete Heilsgemeinschaft« durch »einen Kirchenaustritt nicht zerstört«[17] werde. Freilich stellt die Österreichische Theologische Kommission ganz realistisch auch fest, dass in »der Seelsorge ... damit zu rechnen (ist), daß der Anspruch der Kirche auf Verbindlichkeit und definitive Zugehörigkeit von vielen ihrer Mitglieder nicht übernommen, ja nicht einmal verstanden wird. Der Kirchenaustritt wird von vielen anders beurteilt, als dies in kirchenamtlichen Texten geschieht.«[18]

Exkommuniziert das Kirchenrecht die Ausgetretenen, so reintegriert sie die dogmatische Tauftheologie. Das Kirchenrecht bestraft die Tat mit ihr selber, die Dogmatik sagt, dass sie in einem tieferen Sinn eigentlich gar nicht stattgefunden hat. Diese Aporie zeigt sich natürlich nur unter pastoraler Perspektive, das heißt: wenn Kirche konkret handelnd versucht, mit Ausgetretenen tatsächlich in Kontakt zu kommen, also nicht über sie, sondern mit ihnen zu reden. Dann aber wird klar: Weder die kirchenrechtliche Qualifikation der Ausgetretenen als Straftäter noch die tauftheologische Wahrheit »Ihr gehört weiter zu uns« sind für sich genommen hinreichende Konzepte des Umgangs mit Ausgetretenen.

4. Die prophetische Herausforderung

Das Prophetische, das die Ausgetretenen und Kasualienfrommen der Kirche präsentieren, liegt in dem Neuen, das die Kirche von ihnen lernen kann. Denn sie fordern von der Kirche, ihre alte pastorale Aufgabe neu zu lösen und anzuerkennen, dass ihre eigenen Mitglieder ihr Unbekanntes und Verstörendes präsentieren und dass sie nicht genau weiß, wie sie damit umgehen soll.

Die Austrittszahlen wie die vielen »Kasualienfrommen« dokumentieren, dass die Kirche offenkundig nicht ausreichend Erfahrungsorte schaffen kann, an denen sich die Existenzbedeutsamkeit des Glaubens und der religiöse Sinn der menschlichen Existenz wechselseitig erschließen. Nachdem der Kirche die alte soziale Codierung des Glaubens, die diesen Zusammenhang volkskirchlich darstellen konnte, abhandengekommen ist, ist sie auf konkrete neue Erfahrungsorte des Zusammenhangs von Glaube und Existenz angewiesen – und hat offenkundig zu wenige davon, gerade im Umfeld des gemeindlichen Milieus.

147

Die Herausforderung liegt dabei im Test auf die Fähigkeit der katholischen Kirche, sich nicht aus sozialen Mechanismen der Macht, sondern in der Ohnmacht des Glaubens, in der Demut von Gottes- und Nächstenliebe, in der Erfahrung der Hingabe an die Botschaft vom Angenommensein durch Gott und in nichts anderem zu konstituieren. Sie liegt im Zurückgeworfensein auf ihre Substanz, auf ihren Glauben an die Wahrheit ihrer Botschaft, im Zurückgeworfensein auf deren Kraft und Wahrheit im Leben des Volkes Gottes – heute.

Wenn Kirchenaustritt und Partizipationsabbruch geschieht, weil im Empfinden der Austretenden Aufwand und Gratifikation der Kirchenmitgliedschaft und Kirchenpartizipation nicht länger im Einklang stehen, dann kann gerade im Selbstverständnis der Kirche diese Gratifikation nur in der Substanz des Glaubens selbst liegen. Denn die Kirche ist ihrem Auftrag verpflichtet und nichts anderem. Sie muss in ihrem Tun auf diesen Auftrag vertrauen, auf seinen Sinn und seine Bedeutung auch heute. Sie darf auf nichts anderes ihre Hoffnung setzen.

Dieser Auftrag allerdings, die Verkündigung des Gottes Jesu in Wort und Tat, kann nicht Indoktrination bedeuten, sondern, will er Jesus treu bleiben, nur die Eröffnung neuer Horizonte. Es geht in der Verkündigung des Glaubens nicht um Formeln eines Lebens mit Gott, sondern um das Leben im Horizont Gottes selber. Es geht auch nicht um die Kirche überhaupt, sondern um die Kirche als Trägerin der Botschaft von diesem Gott und als sozialem Ort der Erfahrung eines Lebens aus dieser Botschaft.

Die geistliche Herausforderung des Kontrastes zwischen »Kirchenfrommen« und jenen anderen, die nicht zu ihnen gehören, liegt also in der Herausforderung zur Wahrheit und Ehrlichkeit der Kirche über sich und über ihre Fähigkeit, das Evangelium in Wort und Tat zu verkünden, also zu leben. Kirchliche Praxis meint hier das Leben in der säkularen Bedeutsamkeit des Glaubens und aus dem religiösen Sinn der menschlichen Existenz. Sie meint das Leben im weiten Horizont jenes Gottes, den Jesus verkündet hat, meint Hingabe an den Nächsten, und sei er Sünder, meint also Nachfolge Jesu.

Personal gewendet aber heißt das: Die geistliche Herausforderung der Kirchenaustritte und des kirchlichen Partizipationsabbruchs liegt in der Frage nach dem Status der Kirchenmitgliedschaft der Kirchenfrommen. Denn das hatte das Konzil unmissverständlich geklärt: Unsere eigene Kirchenmitgliedschaft ist mit unserem institutionellen Status in der Kirche und als Kirche überhaupt noch nicht beantwortet.

Die Kirche muss also fragen: Wer sind jene »Fernstehenden« für mich? Sie sind entweder jene, die ihre Würde, ihre Berufung in Gott und Christus, ihr Angenommensein in ihm, nicht wahrhaben wollen, oder jene, die es in der Kirche nicht erfahren haben. Mit beidem muss Kirche rechnen, entscheiden darüber kann sie aber nicht. Das muss sie Gott überlassen.

Kann man in der katholischen Kirche erfahren, was sich im Leben ändert, wenn man an diesen Gott glaubt? Kann man in dieser Kirche erfahren, was im Leben auf diesen Gott verweist, was zu seiner Erfüllung auf diesen Gott und seinen weiten Horizont angewiesen ist? Kann man in dieser Kirche jenes bedingungslose Angenommensein, das der Gott, den sie doch verkündet, schenkt und das alleine wirklich Veränderung, Umkehr ermöglicht, auch als Geschenk erleben? Zumindest so, dass das große Geschenk Gottes ahnbar wird?

Alle jene, die der Kirche den Rücken kehren, stellen an sie die Frage: Warum hat die katholische Kirche ihnen keinen Himmel und keine neue Erde eröffnet? Warum hat niemand in ihr ihnen das Geheimnis ihrer Existenz in Gott erschlossen? Warum haben sie in ihr nicht den Weg in das Abenteuer einer Existenz mit diesem Gott finden können? Sie fragen nach der Welt erschließenden Kraft des Glaubens, den man in der Kirche findet, und nach der Spiritualität kirchlicher Existenz. Darum muss sich die Kirche sorgen, nicht so sehr um Zahlen. Um Zahlen muss man sich sorgen, wenn sie den Verdacht aufkommen lassen, dass die Kirche nicht erfahrbar ist als das, was sie behauptet zu sein: ein reales Zeichen und Werkzeug der Liebe Gottes.

Die Kirche darf davon ausgehen, dass man ihre Berufung, das Volk Gottes zu sein, auch wirklich in ihr erfahren kann; sie muss aber auch davon ausgehen, dass sie selbst dieser Erfahrung im Wege steht. Beides ist in der »Kirche der Sünder und Heiligen« möglich. Freilich, die Kirche ist auf ihre Botschaft verpflichtet, und diese spricht von der unendlichen Würde des Menschen in der Liebe seines Gottes. Diese Würde ist jedem Menschen gegeben, gerade auch dem Sünder. Sie gilt gerade jenem, der nicht an sie glaubt: ihm besonders.[19]

Dem Konzil gelang der »Schritt über die Grenze« hin zu allen Menschen nicht, weil es in unendlichem Liberalismus alle und jeden eingemeindete, sondern weil es ein Kriterium angeben konnte, das Kirche wie das Außen der Kirche gemeinsam umfasste und dem beide kritisch unterliegen: die hohe Würde des Menschen, seine durch ihn selbst gefährdete, aber gerade durch Gott garantierte Berufung.

Aus ihr heraus folgt dann, so das Konzil, auch seine »Berufung zur Gemeinschaft mit Gott«: Sie ist selbst, wie es in GS 19 heißt, »ein besonderer Wesenszug der Würde des Menschen«.

Gott und seine spezifische Verbindung zum Menschen ist die Basis von allem und von allen.

XI. Männer und Frauen

>»Daß die Alltagswirklichkeit und das Selbstverständnis
der halben Menschheit sich seit Jahrzehnten dramatisch
verändern, ist kein Modephänomen in den reichen Ländern. Es ist ein epochaler Umbruch, zu dem sich die Kirche etwas einfallen lassen muß wie seinerzeit zur Indus-
trialisierung. Damals gelang, nach einiger geistiger
Funkstille, das Kunststück einer Zeitanpassung ohne
Selbstverrat: der Marxismus wurde verworfen, die Arbei-
terbewegung aber durch die Soziallehre mit der Kirche
versöhnt. Es wird existenznotwendig für den Katholizismus sein, daß ihm in seiner Frauenpolitik ein ähnlicher
Geniestreich glückt. Nicht um alles mitzumachen und
krampfhaft ›modern‹ zu werden. Sondern um aus einer
historischen und gesellschaftlichen Schmollecke herauszu-
kommen, die kein Platz für eine Weltkirche ist.«
>
> Jan Ross[1]

Der Kontrast der Geschlechter ist der katholischen Kirche
gleich zweifach eingeschrieben und beide Einschreibungen
werden für die Kirche zumindest in unseren Breiten zunehmend zu einem massiven Existenzproblem: im Ausschluss von Frauen vom priesterlichen Weiheamt und in
der Sexuallehre, die sie vertritt. Heikel bis zur Existenzge-
fährdung für die katholische Kirche ist vor allem, dass die
jeweiligen innerkirchlichen Begründungsmuster angesichts der normativen Überwindung des Patriarchats in
spätmodernen westlichen Gesellschaften unplausibel und
als dessen unhaltbare Überbleibsel wahrgenommen wer-

den. Die sich daraus entwickelnde Abschreckungswirkung ist enorm.

1. Die »Kirche der Frauen«

Lange lag der Anteil der Frauen unter den Kirchgängern deutlich über jenem der Männer, und an manchen Orten ist das immer noch der Fall.[2] Das Auslaufen dieser Rollenaufteilung ist aber gegenwärtig zu beobachten.[3] Der Aufbruch, ja Ausbruch aus einer von Männern geleiteten Frauenkirche findet statt: »In dem Maße, wie die Angehörigen der älteren Generation versterben, wird auch der Geschlechterunterschied in der Kirchlichkeit verschwinden, so wie er heute schon in der Nachkriegsgeneration und in den Groß- und Mittelstädten weitgehend verschwunden ist. Damit endet der im letzten Jahrhundert begonnene Prozess der Feminisierung der Kirchen, ohne jedoch an seinen Ausgangspunkt zurückzukehren. Denn die Kirchenbänke, die die Frauen vakant in den Kirchen zurücklassen, werden nicht von Männern aufgefüllt. Die Entfeminisierung der Kirchen ist nicht mit einer ›Re-Maskulinisierung‹ gepaart; sie ist vielmehr generelle Entkirchlichung.«[4]

Für die katholische Kirche und ihre Resonanz bei Frauen – und Männern[5] – ist die Lage ausgesprochen dramatisch. Die Mehrzahl der deutschen Katholikinnen sah bereits 1993 die Institution »Katholische Kirche« als eine »Männerkirche«, die sich für die Anliegen und Probleme der Frauen weder interessiert noch Verständnis für sie aufbringt.[6] Die im Rahmen des Prozesses »Charismen leben – Kirche sein« der Katholischen Frauengemeinschaft

153

Deutschlands 2007 in Auftrag gegebenen Studien von Stephanie Klein[7] und Anton Bucher[8] bestätigen diesen Befund und zeigen das ganze Ausmaß der Entfremdungsprozesse bis tief in praktizierende und engagierte Kreise der katholischen Kirche.

Denn offenkundig kann die konkrete Pastoral vor Ort, dort wo sie auf die neuen Geschlechterkonstellationen eingeht, nur zum Teil ausgleichen, was an geschlechterdiskriminierenden oder auch nur geschlechterunsensiblen Signalen von anderen Orten der Kirche ausgeht. Die Probleme – inklusive der Differenz von Nah- und Fernwahrnehmung – sind seit längerem bekannt.

Über die Generationen hinweg gibt es unter engagierten katholischen Frauen massive Erfahrungen der Nicht-Beachtung, der Demütigung und der Marginalisierung in ihrer Kirche. Sie fühlen sich auch heute noch als Theologinnen nicht willkommen, erschütternd wirkt auch die nur langsam sich aufweichende geschlechterstereotype Aufteilung innergemeindlicher Tätigkeiten.[9] Diese Realitäten sind auch den älteren engagierten katholischen Frauen bewusst und werden von ihnen nicht mehr als selbstverständlich akzeptiert.

Der große Unterschied zwischen den Generationen scheint im Umgang mit diesen Erfahrungen zu liegen. Die Jüngeren, die Grenze nach oben dürfte aktuell (2012) ungefähr bei den ca. 55-Jährigen und damit der ersten Frauengeneration mit selbstverständlichem Bildungszugang liegen, führen einen *Möglichkeitsdiskurs*, die Älteren einen *Erlaubnisdiskurs*. Die jüngeren Frauen fragen, was ist mir wo möglich, und gehen dorthin, wo es ihnen möglich ist, aber auch von dort weg, wo es nicht möglich ist, was sie sich wünschen. Die älteren Frauen suchen die Erlaubnis zu dem, was sie wünschen, zu erhalten, erkennen also die Erlaubnisautorität der Hierarchie noch an.

Anders gesagt: Die älteren Frauen suchen trotz allem ihren Ort in ihrer Kirche und finden ihn auch, etwa in der kfd oder in manchen Gemeinden. Die jüngeren Frauen hingegen suchen einen Ort für ihre religiösen und sozialen Bedürfnisse und finden ihn bisweilen auch in der Kirche. Die jüngeren Frauen kämpfen offenbar nicht einmal mehr um ihren Ort in der Kirche. Das ist eine elementare Verschiebung, ja ein veritabler Bruch. Bemerkenswert ist dabei, dass offenbar ältere Katholikinnen die jüngeren in dieser Bewegung unterstützen.[10]

Es gibt offenkundig eine »Kirche der Frauen« und sie wird von den älteren wie, wenn auch wohl mit geringerem Anteil, auch von den jüngeren Frauen gebildet. Wer noch engagiert bleibt, schafft sich seinen Ort in der Kirche in Frauenverbänden oder anderen kirchlichen Organisationen mit höherer Geschlechterfairness, durchaus aber auch in den Gemeinden. Insofern kann man die katholische Kirche, wie es offenbar engagierte Frauen tun, nach wie vor »stärker als eine Gemeinschaft von Frauen als von Männern«[11] sehen. Da alle Leitungsfunktionen der katholischen Kirche nun aber fast monopolistisch in den Händen von Männern sind, kann das nur heißen, dass sich diese Frauen zunehmend freimachen von dieser Leitungsautorität und ihre eigenen frauenbestimmten kirchlichen Erfahrungswirklichkeiten schaffen.

Da weder anzunehmen ist, dass die gegenwärtig gültigen kirchenrechtlichen Zulassungsbedingungen zum Weiheamt geändert werden, noch auch, dass jene Variante und Interpretation der Amtstheologie, wie sie aktuell kirchenstrukturierend wirkt, abgelöst wird, bleibt die Frage, wie dieser heikelste aller innerkirchlichen Kontraste gegenwärtig kreativ gestaltet werden kann. Die Dramatik der Vorgänge selbst ist offenkundig: Es droht nichts weniger als ein massiver Exkulturations- und Marginalisierungsprozess der katholischen Kirche.

In dieser Situation bleibt vorderhand eines: viele Orte geschlechtergerechter und geschlechtersensibler Pastoral zu schaffen.[12] Diese Orte gibt es natürlich schon, etwa in der Diakonie, im kirchlichen Beratungs- und Bildungssystem, in der Kategorialpastoral und an den »neuen pastoralen Orten«.[13] Solche Orte entstehen dort, wo das Volk Gottes die patriarchalen Machtstrukturen überschreitet, was natürlich auch Priester vermögen. An vielen Orten aber ist dies strukturell schwer möglich, so etwa der Liturgie, liegen daher Ausweichmanöver nahe, die notwendige Balancen vorbereiten.[14]

Politisch aber wird dieser Prozess, wenn er mit den Prinzipien Sichtbarkeit, (Gegen-)Öffentlichkeit und Kirchlichkeit arbeitet. Repräsentative Sichtbarkeit heißt: Frauen und Männer sollten alles daransetzen, dass Frauen in der katholischen Kirche sichtbare Leitungspositionen einnehmen. Das ist schwierig, aber nicht unmöglich. Immerhin gibt es Pastoral- und Schulamtsleiterinnen, Ordinariatsrätinnen und Personalchefinnen,[15] ja sogar gendermainstreaming-Prozesse in Diözesen.[16] All dies widerlegt schlagend patriarchale Stereotypen.[17]

Basisorientierte (Gegen-)Öffentlichkeit meint: Die »Kirche der Frauen« ist Realität, sie ist jeder Förderung vor Ort wert. Notwendig sind Orte reversibler und aufmerksamer religiöser Kommunikation jenseits des alten repressiven religiösen Diskurses. Erlaubnisdiskurse unterschätzen die kirchenbildende Kraft und Würde der schon existierenden

»Kirche der Frauen«. Der Rückzug der Priester aus der Fläche macht Räume frei für Laien, also Männer wie Frauen. Dies sollten Männer und Frauen entschieden nutzen zur Gestaltung geschlechtersensibler pastoraler Orte und Prozesse.

Kirchlichkeit aber ist zuerst ein qualitativer Begriff: Er bezeichnet die Qualität eines pastoralen Prozesses als kreative Konfrontation von Evangelium und Existenz. Er hat auch eine institutionelle Komponente, insofern die katholische Kirche grundsätzlich davon ausgeht, dass in ihr diese pastorale Präsenzqualität des Evangeliums vorhanden ist und auch nicht verloren geht.

Die Kirchlichkeit der »Kirche der Frauen« liegt in ihrer unausweichlichen Zumutungsqualität. Die »Kirche der Frauen« ist eine Zumutung für die patriarchale Kirche, denn sie ist neu und ungewohnt für diese; diese weiß nicht mit ihr umzugehen und kann sich zu ihr nicht in ein kreatives Verhältnis setzen. Die patriarchale Kirche ist aber auch eine Zumutung für die »Kirche der Frauen«, denn sie schätzt diese nicht, gibt ihr keine Macht und verkennt deren personale Ernsthaftigkeit, religiöse Qualität und evangelisatorische Kraft.

Die »Kirche der Frauen« ist aber auch eine unausweichliche Größe für die patriarchale Kirche, denn ohne sie ist diese nicht zukunftsfähig, kann sie das Evangelium bei den Frauen nicht verkünden und noch weniger entdecken und letztlich ihre eigene Existenz nicht sichern. Die patriarchale Kirche ist aber auch eine unausweichliche Größe für die »Kirche der Frauen«, denn diese entstammt jener, teilt mit ihr viele Traditionen und kann sich nur mit Bezug auf sie ihrer eigenen Herkunft versichern.

2. Männer und Frauen: neue Beziehungsrealitäten

Der »schreckliche sittliche Niedergang im Ehe- und Familienleben« mahne »den Seelsorger zu erhöhter Aufmerksamkeit und Arbeit«[18] – so steht es in den »Leitsätze(n) und Hinweise(n) für Beichtväter« der Österreichischen Bischofskonferenz aus dem Jahre 1954. Es bedeutet Bruch und Kontinuität zugleich, wenn der Trierer Bischof Ackermann im Februar 2011 in einem Interview eingesteht: »Wir spüren ja, dass die Kirche hier auf breiter Fläche nicht mehr gefragt ist, dass Menschen da keine Orientierung mehr von ihr erwarten.«[19]

Ackermann resümiert in erfreulicher Ehrlichkeit, worauf die wissenschaftlichen Daten seit längerem hinweisen:[20] Die »offizielle Theologie bewegt sich in Sachen Körper und Sexualität in einem Paralleluniversum.« Wer »Humanae vitae … und den 2008 veröffentlichten Bestseller Feuchtgebiete andererseits liest, bekommt eine Ahnung von der Entfernung der beiden Universen. Hier der bis ins Irreale spiritualisierte Leib und eine ebensolche Sexualität, dort Blut, Sperma und andere Körperflüssigkeiten eimerweise.«[21]

In kaum einem Bereich hat sich die katholische Kirche diskursiv tiefer ins Abseits der Irrelevanz manövriert als in jenem prekären Feld menschlicher Existenz, das im kirchlichen Jargon mit den Stichworten »Ehe und Familie« umschrieben wird. Es präsentiert lehramtlich eine spezifische Kopplung von Sexual-, Pastoral-, Gesellschafts-, Politik- und Moraldiskurs und bearbeitet die Frage: wie zusammenleben, frei und doch auf Dauer, intim und respektvoll, kooperativ und solidarisch, intergenerationell und Kinder gebärend und sozialisierend. »Seit Humanae vitae erweist sich die kirchliche Lehre über Ehe und Sexualität auch innerkirchlich als unvermittelbar«, so Maria Widl, und in die Kultur hinein wirke »sie nur insofern, als Menschen sich selbst als automatisch aus der Kirche ausgeschlossen betrachten, wenn sie sich scheiden lassen«[22]. Kommt dann noch ein innerkirchlicher Missbrauchsskandal hinzu, dann ist es vorbei mit kirchlicher Autorität.

Es hat sich eine merkwürdig dekonstruktive, also einerseits destruktive, ja ruinöse, aber eben auch unabsehbare, offene und kreative Konstellation zwischen dem kirchlichen Machtkörper, seinem Körperdiskurs und seiner schwindenden Körpermacht und den Diskursen und Körpern der Gläubigen herausgebildet. Destruktiv wirkt zum einen die katholische Sexual- und Ehelehre, insofern sie von einem Punkt engster innerkirchlicher Ligatur zu einem innerkirchlichen Distanzierungs- und Entfremdungstreibsatz wurde. Wenn in den Ballungsräumen jede zweite, auf dem Land jede dritte Ehe geschieden wird, wenn fast jeder kirchlich Heiratende bereits eine Trennung von einem langjährigen Intimpartner hinter sich hat, dann besitzt die kirchliche Sexual- und Ehelehre ein massives innerkirchliches Desintegrationspotential.

Die Kluft zwischen strikter Doktrin und kirchlichen Rechtsvorschriften einerseits und real davon weit abweichender Praxis andererseits wirkt zudem, wie alle allzu breiten Theorie-Praxis-Klüfte, entplausibilisierend auf die kirchliche Lehre im Bereich von Sexualität und Ehe, aber zunehmend auch auf kirchliche Lehren überhaupt. Diese Kluft hat offenbar jene Grenze schon länger überschritten, bis zu der Norm-Praxis-Abweichungen durchaus versöhnend und friedensstiftend wirken können.

In der lehramtlichen Ehe- und Familienlehre herrscht zudem trotz aller Verflüssigungsversuche in Richtung Gradualität und Prozesshaftigkeit weitgehend dann doch noch die alte statisch-idealistische, dabei stark juridische Auffassung sexueller und ehelicher Beziehungsrealitäten vor, wie sie früheren sozialen Formationen durchaus entsprach, heute aber nicht mehr der Lebenswirklichkeit auch nur annähernd nahekommt. Aus der Perspektive der Betroffenen erscheint solch eine Lehre dann als legalistische Engführung und erweckt den Verdacht einer heteronomen Außensteuerung intimster menschlicher Realitäten, die den komplexen Wirklichkeiten von Ehe, Familie und überhaupt partnerschaftlichen Beziehungsstrukturen nicht gerecht wird.

Die katholische Ehe- und Familienlehre neigt zudem bis heute zu pastoral-(und selbst moral-)theologisch schwer nachvollziehbaren Standpunkten.[23] Die personalistische Aufladung der alten, primär juridisch verfassten Ehelehre, wie sie nachvatikanisch innerkirchlich die Diskurse beherrscht, ist dabei pastoral kein wirklich hilfreicher Weg. *Gaudium et spes* »holt« zwar, wie Hartmut Tyrell feststellt, »in Sprache und Beschreibung die Intimisierung der Familie und zumal der Ehe nach«[24], wie sie die bürgerliche Gesellschaft bereits vollzogen hatte; die klassischen Ehezwecke wurden damit grundsätzlich in einen neuen Rahmen gestellt. Da die alten rechtlich-institutionellen Regelungen davon unberührt weiter galten, wurde er aber nicht wirksam umformatiert, sondern durch seine personalistische Aufladung nur eindringlicher und zugleich härter gemacht.

Damit kam eine Entwicklung sich immer weiter aufladender kirchlicher normativer Ehe- und Familiendiskurse zum Abschluss und im gewissen Sinne auch zu einem Kulminationspunkt. Seit dem 19. Jahrhundert war die katholische Kirche verstärkt als Anwältin von Ehe und Familie aufgetreten und hatte dabei »mit semantischen Beständen der Spätantike, mit kirchenrechtlichen Figuren des Mittelalters und der Gegenreformation und der ›institutionalistischen‹ Überformung, die all das im 19. Jahrhundert erfahren hatte«[25], gearbeitet. Die Umstellung auf den bürgerlichen Diskurs von personaler Nähe und Liebe zeigte sich aber spätestens mit *Humane vitae* gerade nicht als wirkliche Umstellung, vielmehr als Intensivierung, ja Intimisierung aller bisherigen kirchlichen Ehe- und Familiendiskurse.

Eherechtlich und lehramtlich-normativ hat sich nämlich zur vorkonziliaren Situation praktisch nichts geändert. Die personale Aufladung des Eheverständnisses ohne entsprechende rechtsinterne Relativierung des Rechtlichen führt nur zu einer personalen Aufladung des Rechtlichen und einer rechtlichen Aufladung des Personalen. Die personalistische Aufladung alter rechtlicher Regelungen ist in Zeiten verblassender kirchlicher Einflussmacht aber als deren sekundäre Begründung durchschaubar. Personalistisch aufgeladene Gesetze sind in ihrer internen Spannung zwischen ziemlich erbarmungslosem Rechts- und dogmatischem Idealisierungsdiskurs und ihrer externen Spannung zwischen kirchlicher Norm und faktischem Leben unplausibler noch als die nüchterne rechtliche Fassung kirchlicher Ehelehre früherer Zeiten.

Die katholische Sexual- und Ehelehre berührt aber auch den Sakramenten- und Gottesbegriff in durchaus problematischer Weise. Sie stellt das Leben wiederverheirateter Geschiedener oder auch nicht-verheiratet Zusammenlebender unter dauernde Sündhaftigkeit und damit Gottes voraussetzungslose Barmherzigkeit, die seine Gerechtigkeit nicht aufhebt, sondern darstellt,[26] in der Praxis kirchlicher Nicht-Vergebung in Frage. Obwohl die katholische Ehetheologie die Ehe als Sakrament, also als wirksames Zeichen der Gnade Gottes, bestimmt, Gottes Gnadenwirksamkeit also gerade in diesem Sakrament bis in die oft mühsame Alltäglichkeit hinein zuspricht,[27] wird das Scheitern einer Ehe von Gottes Zuwendung – zumindest im Bereich der Lehre – nicht noch einmal umfangen.

In der katholischen Sexual- und Ehetheologie zeigt sich aber auch, und das berührt nun den Grundlagenbereich der Pastoraltheologie, eine tendenziell vorkonziliare Verhältnisbestimmung von Pastoral und Dogmatik: Pastoral erscheint als (bestenfalls gnädigerer) Anwendungsort dogmatischer Prinzipien. Demgegenüber gilt nachkonziliar: Die Pastoral ist selbst ein Entdeckungsort der kirchlichen Lehre und mit ihr in einem wechselseitigen Erschließungs- und Entdeckungsverhältnis.[28]

Im Umgang mit den völlig neuen Beziehungskonstellationen von Männern und Frauen in unserer Gesellschaft zeigt sich, welche Relation zwischen Dogmatik und Pastoral man im Kirchenbegriff ansetzt: Hat die pastorale Erfahrung selbst dogmatisches Gewicht, oder ist sie unerheblich gegenüber der Lehre? Hat die Kirche in ihrer Geschichte auch etwas zu lernen oder nur zu lehren? Haben die Menschen ihr etwas zu sagen, oder braucht sie nicht auf sie zu hören? Das Konzil entscheidet sich grundsätzlich für die erste Alternative, die nachkonziliare katholische Sexual- und Ehelehre nimmt dies, vor allem in ihren kirchenrechtlichen Konsequenzen, weitgehend zurück. Sie billigt der pastoralen Wirklichkeit keine Erschließungskraft für die Lehre zu.

Nun kann Pastoral keine Kompromisse eingehen, wenn es um die Solidarität mit den Leiden und Freuden der Menschen geht (vgl. *Gaudium et spes* 1). Katholische Familien- und Ehepastoral hat daher grundsätzlich allen Menschen in allen Beziehungs- und Lebenssituationen ihre konkrete Hilfe und Begleitung anzubieten. An vielen Orten der katholischen Ehe- und Familienpastoral, so etwa in den Beratungsstellen der Caritas, in den Bildungsangeboten von Akademien und Familienbildungsstätten, geschieht das auch, nicht zuletzt unter kompetenter und erfahrungsnaher Mitwirkung von Psychologinnen und Psychologen.[29] Sie verwirklichen, was für alle Orte der Pastoral gelten muss: Nicht die moralische Kommunikation, sondern die pastorale Aktion ist der primäre Zugang der Kirche zu den Menschen von heute. Das setzt die grundsätzlichen Ziele der kirchlichen Lehre nicht außer Kraft, gibt ihnen aber einen neuen Horizont.

Ein heute pastoral anschlussfähiger Diskurs zur Gestaltung intimer Beziehungsrealitäten hätte von den tatsächlichen Erfahrungen des Volkes Gottes mit seinen Versuchen, Ehe, Familie, aber auch andere, familiennahe Lebensformen zu leben, auszugehen. Zumal die Gläubigen eben tatsächlich »nicht nur Empfänger lehramtlicher Weisungen, sondern ihrerseits Interpreten der Botschaft des Evangeliums im Licht realer Lebenserfahrungen sind.«[30]

Täte man dies, könnte man etwa versuchen, in radikal neuen (Beziehungs-)Gegenden Sinn und Bedeutung der klassischen Ehezwecklehre in Prozessen »abduktiver«[31] Kreativität zu entdecken. Abduktive Prozesse sollten stets da ein- und ansetzen, wo die Kreativität aussetzte und der Faden der Plausibilität riss. Sie setzen einen überfordernden Datenbestand und das Nicht-Ausweichen vor ihm voraus und verkörpern dann die Erfahrung einer Lösung der ursprünglich überfordernden Probleme auf neuer Ebene. Das könnte in unserem Falle bedeuten, auf die klassischen Stichworte der alten Ehezwecklehre zurückzugreifen, sie aber versuchsweise grundlegend neu zu kontextualisieren und zu schauen, was sich dann ergibt. Diese Neukontextualisierung weg aus ihrem rechtlichen (und dann gar noch sekundär personalistisch aufgeladenen) Kontext hätte sie vor allem in den Kontext der realen Praktiken des Volkes Gottes heute zu verlagern. Ehe-»Zwecke« würden dann unausweichliche Erfahrungs- und Bewährungsfelder von Ehe und Familie benennen und zugleich mögliche Orte der Entdeckung der Bedeutung der christlichen Botschaft in einer der prekärsten Zonen menschlicher Existenz.

Nun hat die Ehezwecklehre seit Augustinus ein klassisches Profil. Es ist in den drei »Ehezwecken« fides, proles, sacramentum zusammengefasst, also: Treue, Nachkommen und Sakrament.[32] Neukontexualisiert in den Erfahrungen des Volkes Gottes könnte dieser alte Diskurs unter Umständen wirkliche Kreativität entwickeln, freilich nur dann, wenn er situativ und kreativ mit konkreten Lebenslagen Betroffener in Kontakt gebracht wird und man deren Intuitionen traut. Sie wären als Glaubenssinn des Volkes Gottes der primäre locus theologicus eines solchen Prozesses.

Der »Ehezweck« »proles«, also Nachkommenschaft, wäre dann etwa nicht länger zu verstehen als »Zweck« der nur in der Ehe erlaubten Sexualität, gar noch als »Heilmittel gegen die Begierde« („remedium concupiscentiae«), sondern als die ebenso glückliche wie irritierende wie herausfordernde Erfahrung der Elternschaft. Was sie heute im

»postpatriarchalen Durcheinander« genau bedeutet, wäre in den Erfahrungen von Eltern heute zu eruieren und zu beschreiben. Zugleich wäre zu fragen, was die christliche Botschaft zur Entdeckung und Gestaltung dieser Erfahrung beizutragen hat und wie umgekehrt an ihr Sinn und Bedeutung christlicher Glaubensinhalte sich erschließen.

Auch die Sehnsucht nach dem »Gut der Treue« wie die Schwere seiner Realisierung sind groß. »Der Traum von der Treue«[33] wird nach wie vor geträumt, die Schlösser an der Hohenzollern-Brücke in Köln[34] und anderswo und vor allem die in den Fluss geworfenen Schlüssel sind hierfür nur die neuesten Symbole. Die »sukzessive oder serielle Monogamie«[35] bei permanentem Aushandlungsrisiko kann als Zentralbefund heutiger Beziehungsrealität gelten. Die anhaltend hohen, immer noch steigenden Scheidungszahlen markieren das andere Ende der Problemzone.

Was heißt Treue, was heißt treue Lebensgemeinschaft in Zeiten notwendig individualisierter Lebensführung? Bietet die Kirche Orte, wo dies, nicht erst im Falle der Krise, sondern im Normalfall besprochen und – wichtiger noch – gelebt und entdeckt werden kann? Gibt es Experimentierorte für neue Lebensformen in der Kirche? Und: Welche Lehre unseres Glaubens hilft dies zu verstehen und zu leben und welche Lehre unseres Glaubens eröffnet Sinn und Bedeutung dieser Erfahrung?

Bleibt ein Letztes: sacramentum. Augustinus meinte damit einerseits das Eheversprechen in Analogie zum Treueversprechen gegenüber Gott in der Taufe und andererseits war ihm die Liebe der Ehegatten zueinander ein Zeichen für das Mysterium der unkündbaren Liebe Christi zu seiner Kirche. Auf der Basis des Ursakraments, das Jesus Christus ist, und des sakramentalen Grundauftrags der Kirche, Zeichen und Werkzeug der Liebe Gottes zu den Menschen und der Liebe der Menschen untereinander zu sein, gibt es einen sakramentalen Auftrag der Kirche für alle Menschen und für jene, die sich lieben, allemal; für jene, die in ihrer Liebe gescheitert sind, aber ganz besonders.

Pastoral der Lebensformen, das hieße für kirchliches Handeln, Menschen zu helfen, die Liebe an einem ihrer schönsten und ekstatischsten, gefährdetsten und heikelsten Felder, der Sexualität, zu leben. Es hieße, ihnen zu helfen, die eigene Lieblosigkeit und jene des Partners auszuhalten, es hieße, ihnen zu helfen, verzeihen zu können und Verzeihung annehmen zu können, es hieße, ihnen zu helfen, sich der eigenen Schuld zu stellen, dem anderen nie das geben zu können, was er verdient und was man sich von ihm paradoxerweise erhofft.

Es hieße auch, endlich aufzuhören mit den unrealistischen Diskursen über Ehe und Familie, unrealistisch in idealistischer Überhöhung wie rechtlicher Normierung. Und es hieße, das, wofür man steht – Treue, Kreativität und den Glauben an die Unverbrüchlichkeit von Gottes Liebe –, in heutigen Zeiten und ihren Lebensformen zu entdecken. Denn das »Aufbrechen der klassischen Dichotomien der Lebenswelten und Denksysteme markiert auch ein Ende der Ausgrenzungen und einen Beginn des Versuchs, das andere im eigenen und im eigenen das andere zu erkennen – auch das *ganz andere* einer mit Gott benannten Wirklichkeit.«[36]

Kehren

XII. Von der Sozialformorientierung zur pastoralen Aufgabenorientierung

»Dein Projekt liebt Dich«
Stück des Grazer Schauspielhauses im Herbst 2005[1]

1. Die Umkehr

Seit der Spätantike hatte die Kirche die Macht über alles, was für Menschen wichtig ist: über das Wissen, über die Gesellschaft und über die Moral. In dieser Reihenfolge hat sie ihre Macht auch verloren, kürzlich erst jene über die Moral. Das Problem von Machthabern ist, dass sie so leicht blind werden für neue Wirklichkeiten. Man sah nicht, was sich im Fernrohr Galileis zeigte, man sah nicht, dass die Menschenrechte ein Ort sind, die Offenbarung Gottes zu begreifen, und man sieht bisweilen immer noch nicht, dass in dieser Gesellschaft nicht nur Werteverfall stattfindet, sondern auch ein neuer Werteaufbau, auch im Bereich des Verhältnisses der Geschlechter.

Dem eigenen Reichweitenverlust seit der frühen Neuzeit entsprach theoretisch – und wo sie es durchsetzen konnte auch real – eine kompensatorische Selbstaufwertungstendenz. Seit Robert Bellarmin (1542–1621) hatte sich die katholische Kirche in Reaktion auf die reformatorische Kränkung als »societas perfecta« verstanden. Sie wurde dadurch den absolutistischen Nationalstaaten der frühen Neuzeit ebenbürtig, intern aber bedeutete dies eine ent-

169

scheidende Verdichtung kirchlicher Macht. Die große Zeit dieser Konzeption schlug schließlich, als sich die jungen europäischen Nationalstaaten im 19. Jahrhundert nach den bürgerlichen Revolutionen endgültig religionsunabhängig etablierten und sich die Verbindung von Kirche und Absolutismus, wie sie noch in der katholischen Aufklärung galt, löste. Die katholische Kirche wurde als »societas perfecta« selbst zu einem mehr und mehr staatsanalogen Gebilde, das sich selbst genügte und den Staat entweder beherrschen (»katholischer Staat«) oder von ihm als »liberalem Staat« nicht viel wissen, wohl aber manches haben wollte. Als ihm überlegen betrachtete man sich in beiden Fällen.

Das Theorem der »societas perfecta« formuliert dabei theologisch, was sich sozialgeschichtlich als der neuzeitliche Zwang zur Organisation beschreiben lässt. Er wurde virulent just zu dem Zeitpunkt, als die Kirche sich nach der Kirchenspaltung neu formieren und im frühen 19. Jahrhundert nach dem Verlust ihrer feudalen institutionellen Basis neu organisieren musste. Die Pianische Epoche der jüngeren katholischen Kirchengeschichte von Mitte des 19. bis Mitte des 20. Jahrhunderts kann daher als Höhepunkt innerkirchlicher Pastoralmacht verstanden werden. Mit dem Zusammenbruch des katholischen Milieus in den 60er Jahren des 20. Jahrhunderts und mit der Freigabe zur religiösen Selbstbestimmung auch für Katholiken und Katholikinnen, ab jenem Zeitpunkt also, da die schon länger wirksame strukturelle Säkularisierung der bürgerlichen Gesellschaften die kulturelle Realität auch der Katholikinnen und Katholiken erreichte, geriet die kirchliche Pastoralmacht in ihre finale Krise.

Der Strategie institutionell-wehrhafter Selbstbehauptung

entsprach eine Ekklesiologie des Ausschlusses der anderen aus dem Heilsgefüge. Der eigene Heilsstatus und besonders der Bezug auf Jesus Christus als den zentralen Heilsmittler wurden exklusiv-institutionell, nicht konzeptionell-universal verstanden. Zwar hat man immer auch offiziell an der Lehre von den verborgenen Heilswegen Gottes festgehalten, wenn auch vornehmlich für jene, die »in unüberwindlicher Unkenntnis der wahren Religion« verharrten. Das altkirchliche »extra ecclesiam salus non est« («außerhalb der Kirche kein Heil«), das es auf dem Konzil von Florenz zur offiziellen Anerkennung gebracht hatte, wurde in der Konkurrenz mit den Protestanten, der Aufklärung und dem Atheismus verstärkt vertreten und vor allem in kirchliche Mentalität und Praxis umgesetzt.

Die zentrale Weichenstellung für die Zukunft der katholischen Kirche wird es nun sein, ob sie sich in ihren leitenden Konstitutionsprinzipien für den sozial-technologischen Weg Trients oder den geistlich-kenotischen Weg des II. Vatikanums entscheidet, also für Ausgrenzung und interne Verdichtung oder für Hingabe im Zeugnis für die Liebe Gottes. Das scheint offen. Der zweitvatikanische Weg würde dreierlei bedeuten:

– pastorale Aufgabenorientierung statt klassische Sozialformorientierung,
– Kirche verliert sich nicht im Außen, sondern findet dort zu sich, weil sie hier ihre existenzlegitimierende Aufgabe findet,
– wesentliches Zuordnungsprinzip in der Kirche ist nicht die Über- oder Unterordnung, sondern der Beitrag zur pastoralen Gesamtaufgabe der Kirche.

Die Kirche ist nicht spezifischen Sozialformen ihrer selbst verpflichtet, sondern ihrem Auftrag, ein Raum zu sein, in dem das Evangelium aus der Perspektive heutiger Existenz entdeckt und heutige Existenz von der Perspektive des Evangeliums her befreit werden kann. Strukturell und in den Mentalitäten bedeutet diese Einsicht die Umstellung hin zu einer vorrangigen Aufgabenorientierung und weg von der bislang herrschenden Sozialformorientierung, welche vor allem das Weiterbestehen spezifischer kirchlicher Institutionen sichern will. Statt der Frage: »Wie halten wir unsere Sozialformen am Funktionieren?«, wäre zu fragen: »Wofür gibt es sie eigentlich und wie müssen sie sich vielleicht ändern, um die kirchliche, also pastorale Aufgabe heute erfüllen zu können?«

Die Aufgabe allen kirchlichen Handelns ist nicht die Kirche selbst, sondern die Verkündigung des Evangeliums in Wort und Tat. Viele kirchliche Anstrengungen sind sozialformorientiert, es käme alles darauf an, sie pastoral ergebnisorientiert anzulegen und dabei dann sozialformkreativ zu werden. Es käme darauf an, Möglichkeitssinn zu entwickeln, institutionelle Kreativität und Phantasie.

Die Widerstände sind enorm. Die kirchliche Basis reagiert weitgehend abwehrend auf alle Veränderungen, und die diversen Planungen der Pastoralämter entwickeln wirklich keinen Zauber der Veränderung. Das bis vor kurzem unbefragte Programmwort der letzten Jahrzehnte etwa, die »lebendige Gemeinde«, kommuniziert erstens, dass es offenbar nicht primär um die Lebendigkeit des Menschen geht, sondern um jene einer Institution, und zweitens, dass diese offenbar vom Siechtum bedroht ist, sonst müsste man nicht ständig in ihre Lebendigkeit investieren.

2. Neues Steuerungsdenken: die Grundlagen

Nun gilt zwar, dass die Zukunft kaum je so unvorherseh-
bar gewesen sein dürfte wie gegenwärtig, unter dieser Voraussetzung aber wird man sagen können: Alle zukünftigen Sozialformen der Kirche werden davon ausgehen
müssen, dass die Kirche nicht mehr die Herrin über die
Partizipationsmotive ihrer eigenen Mitglieder ist und auch
nicht mehr werden wird. Dies erfordert eine grundlegende Transformation der kirchlichen Pastoralmacht, die einer Selbstüberschreitung gleichkommt.

In früheren Formen der kirchlichen Pastoralmacht hat das
totalisierende Element dominiert: Alles sollte unter die
Pastoralmacht kommen, so in der Pianischen Epoche.
Oder es hat, so in der Gemeindetheologie, das individua-
lisierende Element in einer emanzipatorischen Variante
dominiert: Das pastoraltheologische Stichwort hierfür lau-
tete »Subjektwerdung«. Heute aber ist das Selbstlosig-
keitsmerkmal notwendig der Horizont aller kirchlichen
Pastoral: Nur wenn die Kirche glaubhaft kommunizieren
kann, dass sie nichts für sich, aber alles für die Menschen
will, wird man ihr noch glauben, was sie sagt. Das ändert
wenn nicht alles, so doch vieles.

Die Kirche muss sich weitgehend erst noch jenes Instru-
mentarium bereitstellen, mit dem sie auf die Herausforderung ihrer epochalen Entmachtung in den Köpfen und
Herzen ihrer eigenen Mitglieder reagieren kann. Die katholische Kirche wird um eine grundlegende Umstellung
ihres Steuerungsinstrumentariums und überhaupt schon
ihres Steuerungsdenkens nicht herumkommen. Es wird
nicht mehr länger zielführend sein, klassisch modern in
Sozialformen und gar noch primär in Über- und Unter-

ordnungskategorien zu denken und damit in einer gewissen institutionellen wie inhaltlichen Selbstverständlichkeitsfiktion zu verharren. Der eigenen flüssigen Realität unter liquiden Kontextbedingungen wäre es angemessener, situativ und dabei aufgabenorientiert zu denken und auf dieser Basis dann flexible Sozialformen seiner selbst zu entwickeln, in einem offenen Such- und permanenten Evaluationsprozess. In Anfängen ist das an der pastoralen Basis durchaus schon der Fall.

Auf konzeptioneller Ebene hat die katholische Kirche die Prinzipien eines solchen Umbaus ihres Selbststeuerungsinstrumentariums ohne Zweifel zur Verfügung, sie wurden in den vorherigen Kapiteln erläutert: in der Ekklesiologie des II. Vatikanums und da vor allem im aufgabenorientierten »Zeichen der Zeit«-Begriff, im kirchenkonstitutiven, entklerikalisierten Pastoralbegriff und in der inklusivistischen und institutionsrelativierenden Volk-Gottes-Theologie. Aber handlungsbezogen scheut sie vor den Konsequenzen ihrer eigenen Grundlagenreflexion zurück, mittlerweile immer mehr auch durch Rückeintrag ihrer Angst in die konziliaren Texte selbst.

3. Das Denken in Projekten

Wie aber kann der Steuerungswandel geschehen? Nun wandert, trotz nicht erst neuerdings einsetzender Kritik,[2] seit einiger Zeit das Konzept des »Projekts«, ein Grundpfeiler des »New Public Management«, auch in die kirchliche Handlungssteuerung ein. Der größte Vorteil daran: Mit dieser Kategorie wird die Selbstverständlichkeitsfiktion rollengesteuerten Handelns tendenziell beendet, wird dem Handeln ein befristeter Zeithorizont gegeben und es unter den Anspruch der eigenen Gestaltung gestellt.

Herrschaftsanalytisch gesehen, ist die katholische Kirche ein eigen- und wohl auch ziemlich einzigartiges Amalgam aus vormodern-feudalen, stark personalen und auf ständischen Differenzierungen aufruhenden Herrschaftsverhältnissen (exemplarisch: das Treueversprechen des Weihekandidaten gegenüber dem Bischof), modern-bürokratischen Herrschaftsbeziehungen (exemplarisch: jedes deutsche Ordinariat) und, seit einiger Zeit wieder verstärkt, Elementen charismatischer Herrschaft (unvergessen: Johannes Paul II.). Charismatische Herrschaft beruht bekanntlich weder auf Bürokratie noch auf dem Glauben an eine vorgegebene heilige Ordnung, sondern auf der Wirkung einer außergewöhnlichen Führungsgestalt.[3]

Zusammengehalten wird dieses ebenso merkwürdige wie dann doch sehr stabile und nicht zuletzt auch durchaus flexible System durch etwas, was man »Steuerung über Berufsrollen« nennen könnte. Spezifischen Berufen (und »Ständen«: Priestern, GemeindereferentInnen, PastoralreferentInnen, Pädagogischen MitarbeiterInnen etc.) werden spezifische Aufgaben zugewiesen. Die Vermittlung dieser Aufgaben mit der konkreten Situation vor Ort, ihren Herausforderungen und Chancen, wird dabei auf das Individuum gelegt und der Berufsrollenkompetenz des Einzelnen überlassen.

Solch ein Zugang zur kirchlichen Praxis setzt relativ konstante Situationen voraus, denn er bestimmt kirchliches Handeln über (idealtypisch: lebenslange) Akteursrollen. Das Wissen um den konkreten Inhalt dieses Handelns wird vorausgesetzt, er erscheint fast als selbstverständlich und wird allgemein und zeitlich fast invariant auf die Rollenperson bezogen und von ihr her beschrieben. Eventuell notwendige Anpassungsleistungen werden primär dem Einzelnen und seiner Berufsrollenentwicklung zugemutet, was übrigens ganz automatisch mit der Zeit zu nicht unerheblichen Geschwindigkeitsdifferenzen in ebendieser Anpassungsleistung bei den pastoralen Profis führt und zu eher ungesteuerten Konflikten zwischen ihnen. Die Pastoraltheologie, entstanden bekanntlich als Berufswissenschaft des Priesters, verkörperte selbst schon einen ersten Schritt heraus aus der eigentlich gewünschten Rollenselbstverständlichkeit in die Rollenreflexion und damit Rollenproblematisierung. Ein nicht geringer Teil der pastoraltheologischen Diskussion geht denn auch bis heute genau darum: welcher pastorale Beruf was im Unterschied zu anderen machen/nicht machen kann, darf und soll.

Die klassischen Projekt-Phasen »Projektdefinition«, »Projektplanung«, »Projektdurchführung« und »Projektabschluss« sind nichts anderes als die konzeptionell letztlich schlichte Operationalisierung des Glaubens, dass die Zukunft das Ergebnis unseres Handelns sein wird. Andererseits markieren sie aber eben auch die ausgesprochen anstrengende Verpflichtung, die Zukunft zum Problem zu machen, in ihr ein Ziel zu definieren und das eigene Handeln an den Schritten der Zielerreichung auszurichten.

Diese Strategie, a) die eigene Zukunft zum Problem zu machen, b) in ihr ein Ziel zu definieren und c) gleichzeitig daran zu glauben, dass die Zukunft das Ergebnis des eigenen Handelns sein wird, wenn man dieses Ziel nur konsequent genug verfolgt, repräsentiert eine typisch moderne Konstellation. Die Kategorie des Projekts verkörpert für die Kirche als die bestimmende Institution vormoderner Zeiten daher kein selbstverständliches, sondern ein durchaus neues und nicht unproblematisches Konzept. Zwar entwickelte die Kirche mit der Neuzeit eine entfaltete Theorie ihrer selbst:[4] Die Kirche hat den neuzeitlichen Zwang zur Strategie stets erkannt und ist ihm immer auch gefolgt.[5] Aber das Ziel dieser neuzeitlichen Ekklesiologie war spätestens ab dem I. Vatikanum gerade die aktive Elimination der Zeit aus dem Denken über die Kirche und die Installation eines »Dispositivs der Dauer«.[6]

Demgegenüber ist das Denken in Projekten eine klassisch moderne Strategie, denn sie denkt Zukünftiges als Gewolltes. Dies setzt voraus, das eigene Wollen als entscheidend für Zukünftiges zu bestimmen. Genau dies aber hatte vormodernes religiöses Denken nicht getan. Denn das Zukünftige wurde in ihm bestenfalls als die modifizierte Fortsetzung des immer schon Gültigen und auch ewig Bleibenden gedacht. Erst in der Moderne wurde die Zukunft modellierbar und gestaltbar, zur Aufgabe, zum Entwurf: zum Projekt.

Das eigene Handeln in »Projekten« zu entwerfen setzt also etwas voraus, was für die katholische Kirche als eine von Herkunft und Denken her lange vormoderne Institution nicht selbstverständlich ist: das Wagnis der problemorientierten Selbstthematisierung und Selbstformierung. Dazu braucht es viel: den systemischen Blick, der soziale Systeme nicht primär oder gar allein über die Steuerung der beteiligten Personen verändern will; das grundsätzliche Vertrauen in die Selbstbestimmungs- und Steuerungsfähigkeit sozialer Systeme; Kommunikationsprozesse auf einer mittleren Komplexitätsebene und ein mehr oder weniger präzises Methodeninstrumentarium zur Zieldefinition, Projektentwicklung, Etappenkontrolle (»Milestones«) und Projektevaluation. Das alles ist gegenüber der Selbstverständlichkeits- und Kontinuitätsfiktion bisherigen kirchlichen Handelns ein wirklicher Fortschritt.

Wir leben nun aber nicht mehr in der fortschrittsgläubigen Moderne, sondern in der zukunftsskeptischen Postmoderne. Die Moderne, so Peter Sloterdijk, habe eine Welt versprochen, »in der es kommt, wie man denkt, weil man kann, was man will, und den Willen hat, zu lernen, was man noch nicht kann«[7]. Diese Zeit aber ist vorbei. Modern ist es, ein Projekt zu entwickeln, es zäh zu verfolgen und mit Erfolg abzuschließen. Falls die Postmoderne tatsächlich eine reflexiv oder vorsichtig oder bescheiden oder ironisch gewordene Moderne ist, also jedenfalls etwas, was eher einer »schwachen Vernunft« folgt als der (allzu) starken Vernunft von Meistererzählungen,[8] dann kann man auch nicht einfach gutgläubig zu zukunfts- und machbarkeitsverliebter Projektsteuerung übergehen.

Das zentrale formale Problem von Projektierungsprozessen lautet ja: Wie kommt es zu wirklich Neuem? Wirklich Neues kann nämlich weder durch einfache Ableitungen aus dem Bestehenden deduktiv erschlossen werden, denn dann wäre es nichts wirklich Neues, noch weniger kann es einfach induktiv durch Sammlung und Generalisierung von Erfahrungen gewonnen werden, denn auch dann wäre es nichts wirklich Neues, sondern eben bereits Erfahrenes noch einmal,[9] jetzt nur generalisiert und verbreitet. All das Innovative an Projektsteuerung – das problemorientierte Explizitmachen der eigenen Zukunft, der Glaube an die Zukunft als Ergebnis des eigenen Handelns – ist zugleich auch ein wenig gutgläubig, ein wenig allzu verliebt in die eigene Souveränitätsimagination.

So gerät das in der Kirche noch recht neue Projektkonzept unter eine kritische postmoderne Perspektive. Denn es folgt dem typisch modernen Optimismus, die Zukunft werde, mehr oder weniger, so sein, wie wir es wollen, wenn wir uns nur anstrengen. Das ist ein Fortschritt gegenüber der selbstreflexiven Teil-Blindheit rein rollengesteuerten Denkens, das Anpassungsleistungen ganz auf das Individuum verlegt und systemisch schwer bearbeitbar macht; es ist aber erkennbar naiv in seinem Souveränitäts- und Machbarkeitsglauben, der einer retrospektiven Überprüfung einfach nicht standhält. Wie also zwischen vormodernem Reflexionsdefizit und moderner Planungsgläubigkeit hindurchkommen?

4. Kriterien für neues Steuerungsdenken

In der gegenwärtigen Lage der Kirche, in der die bisherige selbstverständliche Codierung kirchlichen Handelns in Rollen, Ästhetiken, Mustern, Orten und Abläufen sich zu verflüssigen beginnt, steht zweierlei an: einerseits die verstärkte dogmatische, dabei aber situative Vergewisserung auf die zentrale Aufgabe der Kirche, andererseits die Klärung, mit welchen Mitteln man diesen ihren Existenzzweck verwirklichen will, kann und darf. Konkret ist das die Frage: Kann man Kirche machen, und wenn ja: wie?[10] Die Tradition der Kirche kennt da zwei eher gegenläufige Antworten. Da ist zum einen die »Option für die Gnade«[11]. Sie sagt zuletzt: »Der christliche Glaube muss nicht geleistet und auch nicht gemacht werden. Er ist ein Geschenk der freien Begegnung der gegenwärtigen mit den biblischen Geschichten im Horizont der Gegebenheit und Erfahrbarkeit der Gnade Gottes in der Geschichte überhaupt.«[12]

Andererseits gab es auch die vielen ehrenhaften Versuche, Kirche »zu machen«: von den umtriebigen Gemeinde-gründungsmissionen des Paulus über die feudale Macht-kirche des Mittelalters bis zum modernen Apparat einer Weltkirche mit Nuntien, Kongregationen, Ordinariaten, samt Kirchenrecht und globaler Medienpräsenz.

Nun hatte ja das II. Vatikanische Konzil gegen alle ekkle-siologischen Dualismen formuliert, dass »die irdische Kir-che und die mit himmlischen Gaben beschenkte Kirche … nicht als zwei verschiedene Größen zu betrachten« seien, sondern »eine einzige komplexe Wirklichkeit, die aus menschlichen und göttlichen Elementen zusammen-wächst, [bilden]« (*Lumen gentium* 8). Es ist katholisch al-so nicht gut möglich, die Organisation und Institution Kirche gegen die spirituelle, »unsichtbare« Kirche der Gnade auszuspielen. Wie sie sich konkret und praktisch, also handlungsbezogen zueinander verhalten und vor al-lem verhalten sollen, ist damit aber noch nicht definiert.

Das Problem ist ausgesprochen praktisch. Denn angesichts neuer Steuerungskonzepte von Kirche muss die Frage im-mer wieder gestellt und beantwortet werden, ob und, wenn ja, wie sie implementiert werden dürfen, ohne den pastoralen Zweck der Kirche zu gefährden. In der Realität scheint es zwei Straßengräben zu geben, in die kirchliche Steuerungsmechanismen schlittern können. Der Institu-tionalismus nimmt die Institution für ihren Zweck und das Funktionieren der Kirche schon für die Präsenz des Evan-geliums. Er erlebt daher die aktuellen kirchlichen Territo-rialverluste auf dem religiösen Markt und die schwinden-de Pastoralmacht der Kirche vor allem als Katastrophe und greift alles an Steuerungsmechanismen eifrig auf, was sein Leiden am kirchlichen Abstieg zu lindern verspricht. Der

Institutionalismus ist so etwas wie die »katholische Versuchung« der Kirchengeschichte

Es gibt auch eine »evangelische Versuchung«. Es ist dies die Haltung, es käme doch eigentlich gar nicht auf die institutionelle Verfassung der Kirche(n) an, entscheidend sei ihr geistlicher Auftrag. Im katholischen Bereich findet sie sich nicht selten bei den »Neuen Geistlichen Bewegungen«, verbunden hier allerdings dann manchmal mit einem »praktischen Institutionalismus« gesteigerter Hierarchietreue.

Gesucht sind also Strategien, diesen Straßengräben zu entgehen. Es braucht – neben dem Ausschluss offenkundig evangeliumswidersprechender Handlungsstrategien – ein Kriterium zur Beurteilung kirchlicher Selbststeuerungshandlungen. Ich schlage das »Kriterium der eröffneten Gnadenchance« vor. Das soll heißen: Alle jene kirchlichen Organisations- und Steuerungsmuster sollten präferiert werden, bei denen, wie risikoreich auch immer, die Chance besteht, Orte zu schaffen, an denen man Erfahrungen der Gnade Gottes einerseits machen, andererseits benennen kann.

Es ist dies ein im weitesten Sinne empirisches Kriterium: Es sind die Chancen, konkrete Erfahrungen der Gnade Gottes machen zu können, die kirchliches Handeln bestimmen sollten, die entscheiden sollten, welchen Handlungspfad man wählt, und die schon darüber entscheiden sollten, welche Steuerungsmechanismen man für kirchliches Handeln überhaupt ansetzt. Dieser Vorschlag ist einerseits motiviert von der grundsätzlichen Kritik an der Vorstellung mehr oder weniger umfassender projekthafter Planbarkeit der Zukunft, wie sie typisch ist für die Moderne. Es sollte aber andererseits auch verhindert werden, dass die eingangs geschilderte Bewusstlosigkeit, Diffusität und Ungeklärtheit den eigenen Herrschaftstechniken gegenüber sich weiter in eine Zukunft hinein verlängert, deren Transformationsstress für die katholische Kirche in unseren Breiten sich eher noch steigern dürfte. Vor allem aber dürfen die emanzipatorischen und partizipativen Chancen dieser neuen Transformationsstrategien nicht verschenkt werden.

Zudem ist dieser Vorschlag auch angeregt von einem Gedanken, den Ottmar Fuchs im Zusammenhang mit seiner Option für die freie Rede in der Predigt vorgelegt hat.[13] Man kann nämlich den Zusammenhang von Predigtvorbereitung und Predigt mit jenem von Kirchenorganisation und Kirche parallelisieren. Auch kirchliche Planungsmacht hat sich nach dem Kriterium der von ihr selbst nicht hergestellten, auch nicht herstellbaren und nicht einmal einplanbaren, wohl aber verhinder- oder vergrößerbaren Chance auf konkrete Erfahrungen der Gnade Gottes zu richten. Dabei ist zu beachten, wie das letzte Konzil betont, dass die Gnade Gottes in den Herzen »alle(r) Menschen guten Willens ... unsichtbar wirkt« (*Gaudium et spes* 22).

Dieses »Kriterium der eröffneten Gnadenchance« ist ein durchaus verifizierbares Praxiskriterium. Wenn Gnade die ungeschuldete und unerwartete Weise der Zuneigung Gottes zu den Geschöpfen ist, »durch die ihnen das Leben geschenkt, bewahrt und geleitet wird«[14], dann ist dies keine numinose Chimäre, sondern die Basis unseres Lebens. Denn, wie Karl Rahner schreibt, »wo die Wirklichkeit des Menschen nicht in ihrer Vieldimensionalität zu Gesicht kommt, bleibt der Begriff der Gnade in einer bloßen formalen Abstraktheit einer Wesenserhebung oder einer mo-

182

ralischen Hilfe« und wird so »die bibel-theologische Kon-
kretheit der Gnade nicht eingeholt«[15].

Nun regelt klassisch und offiziell, wenn auch nicht unbedingt real, das Kirchenrecht die innerkirchlichen Ord-
nungsverhältnisse. Der CIC als juridische Regelung der
Normalität repräsentiert eine spezifisch juridische Fassung
der Gnade, wie sie sich gerade nach-tridentinisch und
nochmals zugespitzt im katholischen Milieu der Pianischen Epoche durchgesetzt hatte. Das mag seine historischen Verdienste gehabt haben. Aber man braucht nicht in
den alten kontroverstheologischen Streit von »Rechtskir-
che« versus »Liebeskirche« zurückfallen, um die Defizite
einer ausschließlichen oder auch nur primären kirchenrechtlichen Steuerung der Kirche angesichts des »Kriteriums der eröffneten Gnadenchance« zu erkennen. Aber
auch neuere Steuerungsmechanismen aus dem Arsenal der
Organisationsentwicklung müssen den Vorwurf entkräf-
ten können, nur Institutions- und Systemstabilisierung
mittels moderner Managementmethoden zu betreiben und
so etwas wie eine ins Konservative gewendete »rechte So-
ziologisierung« kirchlicher Praktiken nach der emanzipa-
torisch-kritischen der späten 1960er Jahre darzustellen.

Es sprechen nun aber tatsächlich einige der Strukturmo-
mente der Organisationsentwicklung gerade angesichts
des genannten Kriteriums für sie. Ihr Vertrauen in den
Nutzen von Gewissenserforschungen, also von problem-
induzierten Selbstthematisierungen, wird in Zeiten, in
denen die an sich menschenfreundliche katholische Ambi-
valenztoleranz in ein epidemisches Maß an unehrlicher
Kommunikation umzuschlagen droht, zu einer Chance,
einer der dringlichsten Voraussetzungen jeder Gnaden-
erfahrung näher zu kommen: der Ehrlichkeit.

Ihr Glaube an die Notwendigkeit ständiger Verbesserung und Selbstkritik wird in einer Zeit, in der die Kirche, etwa in der Frage der Neuchoreografie der Geschlechterverhältnisse, dabei ist, sich in den Schmollwinkel der Geschichte zurückzuziehen, zur Chance, sich der eigenen Gnadenbedürftigkeit bewusst zu werden: eine weitere unverzichtbare Voraussetzung der Erfahrbarkeit der Gnade Gottes.

Ihre Hoffnung auf den Nutzen des Ausdrücklichen wird in einer Kirche, deren Theorie- und Praxissystem ziemlich auseinanderklaffen, zur Chance, dieses Auseinanderklaffen nicht zu weit zu treiben. Es geht um den ständigen Versuch, diese Kluft zu schließen, ohne an ihrer Unschließbarkeit zu verzweifeln.

Ihr Vertrauen auf die Machbarkeit und Planbarkeit der Zukunft wird in einer Kirche, die sich zunehmend auf ihre gnadenhafte Gründung im Willen Gottes verlässt und diese als Entschuldigung dafür ansieht, sich nicht verändern zu müssen, zur Chance, endlich Verantwortung zu übernehmen für die Präsenz des Evangeliums heute, und das heißt Verantwortung für das Risiko, den Mut, die Phantasie und den Möglichkeitssinn, Neues zu wagen.

Ihr Glaube an die Methode schließlich wird in einer Kirche, deren Herrschaftssystem ungeklärt und fast undurchdringlich alle drei Weber'schen Formen reiner Herrschaft vermischt,[16] zur Chance, dieses merkwürdige Amalgam zu unterlaufen und einen Kommunikationsraum zu eröffnen, der an das herankommt, was es natürlich nicht gibt, weil sie ein Reservat Gottes ist, nämlich herrschaftsfreie Kommunikation, was aber als Postulat doch eine Hoffnung bereithält, auf die man nicht leichtfertig verzichten sollte und die, wenn sie sich punktuell ereignet, eine wahrhafte Erfahrung von Gnade ist.

Die Bürokratie und ihr Grundübel, der strukturelle Pater-
nalismus, sind eine große Gefahr auch für die katholische
Kirche. Das gilt für die alten wie für die neuen Steuerungsmechanismen. Einiges spricht dafür, es in der aktuellen
Transformationssituation der Kirche mit einer vorrangigen
Projektorientierung zu versuchen: der größeren Reflek-
tiertheit, Transparenz und Flexibilität wegen.

Es geht aber eben nicht um die Steuerung als solche, sondern um deren Ziel. Das aber kann für die Kirche nur das
sein, weswegen es sie gibt: die Pastoral. Es geht darum, neue
Orte der kreativen Konfrontation von Evangelium und
Existenz in neuen, weitgehend unbekannten Gegenden zu
gestalten und alte Orte zu stärken. Und dabei stets sich bewusst zu bleiben, dass die Zukunft von Gottes gnädigem
Beistand abhängt – und jene der Kirche gleich gar.

Es könnte helfen, in die kirchlichen Planungsprozesse, genauer: in den Umbau der kirchlichen Steuerungsmechanismen, zwei Kriterien einzuführen, ein personales und ein
sachliches. Alle Steuerungsmechanismen sollten zum einen
die Motivation der Beteiligten erhöhen, zumindest mittel-
fristig. Für so komplexes und personal intensives Tun wie
die Pastoral ist dies unabdingbar. Deshalb sollte auch niemand in ein neues Steuerungssystem gezwungen werden,
zu dem er auch beim besten Willen kein positives Verhältnis entwickeln kann, falls er nachweisbar seine Aufgabe
motiviert und gut erfüllt. Das zweite Kriterium aber hätte
die durch die Umbauprozesse »eröffnete Gnadenchance«
zu sein. Alle Steuerungsprozesse der Kirche sollten nur ein
Ziel haben: der Erfahrung der Gnade Gottes in seiner Kirche, in seinem Volk neue Chancen zu eröffnen,[17] neue und
mehr Räume der Neuentdeckung der alten Botschaft in
neuen kulturellen Gegenden zu erschließen.

XIII. Von der Gemeindezentrierung zum Netzwerkkonzept

> *»Dramatisch ist der Befund, dass man Kirche in der*
> *Gesellschaft jenseits der loyalen Kirchgänger und*
> *Klischees (»altes Muttchen«) schlichtweg nicht*
> *wahrnimmt. Sie hat einen – im Vergleich zu Wirtschafts-*
> *unternehmen phantastischen und schier unerreichbaren –*
> *Bekanntheitsgrad von 100 %, aber sie ist für viele, die*
> *nicht nahe bei der Kirche stehen, im Alltag nicht sichtbar.«*
> Carsten Wippermann[1]

1. Eine grundlegende Transformation kirchlicher Pastoralmacht

Das Neue an den neuen Orten der Pastoral liegt nicht in ihrem kürzlichen Erscheinen, sondern in der Revolution gewohnter kirchlicher Kommunikations- und Macht-strukturen. Neue Orte der Pastoral wie etwa »Citypasto-ral«[2], Jugendkirchen[3] oder Kolumbarien,[4] aber auch viele Orte der klassischen Kategorialpastoral in Gefängnis und Krankenhaus verzichten, worauf die katholische Kirche in ihrer neuzeitlichen Konstitutionsstruktur immer gebaut hatte: auf die Kategorien »Überschaubarkeit«, »Dauer« und »religiöser Alleinvertretungsanspruch«. Umfassende religiöse Biografiemacht, lebenslange Gefolgschaft und ex-klusive Mitgliedschaft waren die charakteristischen Merk-male jener Sozialform von katholischer Kirche, die sich nach dem Konzil von Trient herausgebildet und spätestens nach dem I. Vatikanum erfolgreich etabliert hatte.

»Überschaubarkeit« ist eine typisch neuzeitliche Diszipli-nierungskategorie. Alles zu sehen ist ein lange unerreich-tes, aber immer erreichbareres Ziel moderner Herrschaft. Das Konzil von Trient (1546–1563) ordnete die Pfarrseel-sorge so, dass »›Hirt und Herde‹ (Pfarrer und Pfarrei) in ein überschaubares Zueinander gebracht«[5] wurden. Der Priester wurde schließlich zum »Milieumanager« des mo-dern immer enger werdenden katholischen Herrschaftsbe-reichs und für dessen Kontrolle und Versorgung, für des-sen »Bewachung und Überwachung« verantwortlich.

»Überschaubarkeit«, jetzt endgültig ins Fürsorgliche ge-wendet, war noch eine zentrale Kategorie der bis vor kur-zem dominierenden Gemeindetheologie. Diese entsteht nicht zuletzt, um mit verdichteten Sozialformen unterhalb der Pfarrebene den Unüberschaubarkeitsphänomenen der modernen Verstädterungsprozesse gegenzusteuern.[6] Dau-er aber und religiöser Alleinvertretungsanspruch waren Konsequenzen des »Extra ecclesiam salus non est.« Dass, wie *Gaudium et spes* 22 dann schreiben wird, »es in Wahr-heit nur eine letzte Berufung des Menschen gibt, die gött-liche« und daher »der Heilige Geist allen die Möglichkeit anbietet, diesem österlichen Geheimnis in einer Gott be-kannten Weise verbunden zu sein«, das war wahrlich nicht das Strukturprinzip neuzeitlicher katholischer Kirchenbil-dung.

Der Leiter des Domforums in Köln brachte das Neue der neuen pastoralen Orte in einem citypastoralen Konzeptpa-pier aus dem Jahr 1999 denn auch sehr treffend auf die Tri-as »Gastfreundschaft, Anonymität und Spontaneität«[7]. Al-le drei Kategorien stehen diametral zu den bisherigen pastoralen Prinzipien »Überschaubarkeit«, »Dauer« und »religiöser Alleinvertretungsanspruch«. In der pastoralen

Organisationskultur der nach-tridentinischen Kirche waren sie charakteristisch für die typisch moderne Kopplung von Sakramentalität und Macht, die gegenwärtig an ihr Ende kommt.

Wir leben auch religiös längst in Zeiten der irreversiblen Unüberschaubarkeit, in Zeiten der religiösen Selbstbestimmung, in denen Nähe eher mit Anonymität und Flüchtigkeit gekoppelt ist denn mit Dauer und ständiger Beobachtung, gar permanentem Sein unter dem Blick des anderen. Man muss nicht überblicken, worin man ist, um erkennbar, erreichbar und ansprechbar zu sein. Man darf vielleicht gar nicht die Position des zentralperspektivischen Allesüberblickers einnehmen, um die Chance zu bekommen, angesprochen und gefragt zu werden.

Erkennbarkeit, Erreichbarkeit und Zugänglichkeit sind die notwendigen Kategorien einer Kirche, die, wie sehr zu Recht gefordert wird, vor Ort ist, präsent bleibt, sich aussetzt und anbietet. Pastorale Kompetenzvermutung muss kommuniziert werden, erkenn- und erreichbar sein. Die Umstellung auf Gastfreundschaft, Spontaneität und (mögliche) Anonymität und damit der Verzicht auf die Prinzipien Kontrolle und Dauer ist nicht einfach und erfordert viel. Er charakterisiert aber das Neue an den neuen Orten der Pastoral und markiert den Vorschein einer zukünftigen Sozialform von katholischer Kirche.

An den neuen pastoralen Orten trennen sich kirchliches Innen und gesellschaftliches Außen nicht mehr sozialräumlich voneinander und sind nicht länger klar gegeneinander identifizierbar. Sie setzen sich vielmehr wechselseitig aus, muten sich wechselseitig zu, konfrontieren sich. An diesen Orten baut sich damit eine ziemlich neue Konstellation auf, die einerseits dem Pastoralbegriff des II. Vatikanums entspricht, andererseits Kirchenbildungsprozesse tatsächlich radikal neu formatiert.

Wenn »Pastoral« konziliar die kreative, handlungsbezogene Konfrontation von Evangelium und konkreter Existenz an einem konkreten Ort meint, inklusive übrigens des gesellschaftlich-politischen Wertbereichs, dann bedeutet die offene Situation der neuen pastoralen Orte, immer wieder in die ungesicherten Zonen möglichen Scheiterns zu gehen, und das heißt dann aber eben auch: in die ungesicherten Zonen des eigenen Glaubens. Die soziale Codierung der Lebensbedeutung des Evangeliums, wie sie in kirchlichen Rechts- und Lebensregeln niedergelegt und in kirchlichen Sozialräumen eingeübt und gepflegt wurde und wird, verblasst in Zeiten der Freisetzung zu religiöser Selbstbestimmung bis zur Unwirksamkeit. Natürlich bleiben diese Regeln hilfreich und wichtig im Entdecken der Existenzbedeutsamkeit der Tradition, schließlich sind in ihnen die Erfahrungen unserer Mütter und Väter im Glauben aufgehoben. Diese Erfahrungen können und sollten auch auf dem Markt der freien Begegnung angeboten werden. Außerhalb der schützenden Hülle des kirchlichen Innenraums ist dies aber nicht mehr ohne Kontextsensibilität und sensible Transformationsprozesse möglich. Denn diese Traditionen sind nun nicht mehr länger Bestandteil eines mehr oder weniger selbstverständlichen »Innen«, sondern stehen unter dem Zustimmungsvorbehalt des Einzelnen und, fast wichtiger noch, unter dem Neuentdeckungsgebot eines »Außen«, das keine christlichen Selbstverständlichkeiten mehr kennt und neben altbekannten auch viele neue Lebensmuster und Existenzprobleme zu bewältigen hat.

Nun besitzt die kirchliche Pastoralmacht nach Foucault drei grundlegende Eigenschaften: Sie ist individualisie-

rend, insofern sie sich auf den Einzelnen bezieht, totalisie-
rend, insofern sie sich auf alles an ihm bezieht, und sie ist
ihrem Anspruch nach selbstlos, insofern sie in Hingabe an
seine Rettung und sein Heil geschieht.[8] Das Bild des Hirten steht für alle drei Komponenten. Neue pastorale Orte
wie die Citypastoral, wie weite Teile der Kategorialpastoral, aber auch etwa Wallfahrten, inklusive Orte wie Taizé,
bildungsorientierte und diakonische Orte sind nun dadurch gekennzeichnet, dass die früher vom einzelnen
priesterlichen »Hirten« geforderte Hingabefähigkeit und
Selbstlosigkeit aus dessen individueller Standesethik in die
pastorale Ereignis- und Organisationsstruktur wandert.
Dies dürfte das entscheidende Kriterium für die Neuheit
neuer pastoraler Orte sein, denn diese Transformation der
kirchlichen Pastoralmacht kommt einer Selbstüberschreitung ihrer tridentinischen Formation gleich.
Radikal verändert werden in diesem Prozess auch die beiden anderen Merkmale kirchlicher Pastoralmacht, »Individualisierung« und »Totalität«. Sie gelten durchaus weiterhin: Grundsätzlich interessieren sich auch die neuen
pastoralen Orte für jeden Einzelnen und jede Einzelne,
und grundsätzlich interessiert alles an ihr und an ihm. Aber
diese beiden Merkmale verlieren den ambivalenten Horizont von »Überwachen und Bewachen«, den sie in der
klassischen Pastoralmacht und ihrer agrarischen Hirten-
metapher[9] hatten. Sie werden von Forderungen an andere
– alle müssen alles in den Kontext der kirchlichen Religion einbringen – zu Anforderungen an die Kirche: Sie werden zur Aufgabe, niemandem und keinem seiner Probleme auszuweichen. Sie werden also von Zumutungen der
Kirche an ihre Mitglieder zu Zumutungen der Menschen
an die kirchlichen Orte.

2. Vorschein einer neuen Sozialform von Kirche

Die neuen Orte der Pastoral besitzen paradigmatischen Charakter. Das gilt nicht nur für jene neuen Orte, an denen das unübersehbar ist und – im besten Falle – konzeptionell realisiert wird, sondern eben auch für alle jene traditionellen pastoralen Handlungsorte, die sich selbst noch für selbstverständlich halten. Damit die Kirche vor Ort bleiben kann, braucht sie neue Orte, deren Neuheit die tridentinischen Kategorien Überschaubarkeit, Dauer und religiöser Alleinvertretungsanspruch überschreitet. Die Kirche braucht aber natürlich auch jene Orte, die sie gerade in Neuzeit und Moderne so virtuos bespielt hat, die jetzt aber deutlich an Auszehrung leiden, jene pastoralen Orte, die von traditioneller Gemeinschaftsbildung leben, etwa die Pfarreien. Unter den Bedingungen des religiösen Marktes wird die katholische Kirche viele differenzierte, vernetzte und konkurrenzfrei agierende Orte brauchen, wo sie sich ihrer pastoralen Aufgabe stellt.

Es zeigt sich aber auch, was jene alten Orte dringend benötigen, um bestehen zu können: die Einsicht in die strukturell gewordene Selbstlosigkeit kirchlicher Pastoralmacht, die Anerkennung ihrer eigenen institutionellen Nicht-Selbstverständlichkeit wie der Nicht-Selbstverständlichkeit der situativen Bedeutsamkeit der von ihnen vertretenen Tradition. Alle pastoralen Orte stehen heute in diesem doppelten Risiko. Gemeinschaft ist auch im religiösen Feld nirgendwo mehr etwas Vorgegebenes, sondern etwas sich stets neu Bildendes und zu Begründendes, die konkrete Bedeutsamkeit des Glaubens ist auch in den Pfarreien nur in einem offenen Prozess zu entdecken.

Damit ist der Weg vorgezeichnet von einer kirchlichen Konstitutionsstruktur, bei der vorgegebene Gemeinschaftsformen ihre Aufgaben suchen, zu einer Konstitutionsstruktur, deren Basis aufgabenbezogene Vergemeinschaftungsformen bilden. Die neuen Orte der Pastoral sind der Lackmustest, ob die Kirche vor Ort in der Lage ist, diese gemeinsamen Aufgaben zu definieren und sich so zu organisieren, dass man sie angehen und lösen kann.

Neue Fragen aber stellen sich in Zeiten, die so neu sind wie die unsrigen, sehr viele. Die Kirche sollte alle Orte lieben, an denen sie sich diesen neuen Fragen stellen muss. Denn es sind jene Orte, an denen sie zu sich und ihrer Botschaft findet. Was heißt das für die Territorialgemeinde?

3. Grundlegende Optionen für die Zukunft der Territorialgemeinde

Erste Option: Nachvatikanisch entmythologisieren!

Der Ernstfall von Kirche ist die alltägliche Konfrontation von Evangelium und Existenz in Wort und Sakrament, in Nächstenliebe und Einsatz für die Gerechtigkeit, in Liturgie und Seelsorge. Der Ernstfall von Kirche ist die Pastoral und ihr geradezu ungeheuerlicher Anspruch, den gnädigen Gott Jesu, den Herrn unseres Lebens, unserer Welt und der ganzen Schöpfung, zu vergegenwärtigen. Die Ungeheuerlichkeit dieses Anspruchs, unser Scheitern vor diesem Anspruch und der Versuch, es dennoch nicht aufzugeben, das ist der Ernstfall von Kirche.

Man muss daher die Gemeinde als Basissozialform der Kirche auf ihren Hilfscharakter hin entmythologisieren. Sie war und ist eine einerseits bewährte, andererseits eben auch kirchengeschichtlich bis zum Verschwinden höchst variable kirchliche Vergemeinschaftungsstruktur. Das frühmittelalterliche germanische Eigenkirchenwesen war eben etwas ganz anderes als die stolze, zwischen regnum und sacerdotium aber auch gespaltene und seelsorglich von den Orden dominierte Kirche des Hochmittelalters und der Josephinismus des 18. Jahrhunderts etwas recht anderes als die Papstkirche der Pianischen Epoche, von den spätantiken Anfängen der Kirche vor und nach der »Konstantinischen Wende« ganz zu schweigen.

Die konkrete Sozialgestalt der Kirche hat epochale Wechsel hinter sich und ihre jeweilige Basisstruktur mit ihr. Denn natürlich schlägt die jeweilige Herrschaftsstruktur von Kirche gerade auch auf die Organisation ihrer Basis durch. »Pfarrei« unter dem »Pfarrbann« einer christentümlichen Gesellschaft unterscheidet sich sehr, um nicht zu sagen in (fast) allem, von den bürgerlichen Pfarrgemeinden innerhalb der Religionsfreiheit westlicher Gesellschaften und diese wiederum von den Basisgemeinden Lateinamerikas. Es ist jedenfalls zutiefst unhistorisch, die tiefen Konzept- und Wirklichkeitsbrüche kirchlicher Basisorganisation in einem normativ aufgeladenen Gemeindebegriff zu nivellieren.

Gemeinde »entmythologisieren« bedeutet also, die Gemeinde als kontinuierliche basisnahe Organisationsform der Kirche einerseits ernst nehmen und weiter schätzen, andererseits aber über ihre heute möglichen und notwendigen Funktionen nachdenken.

Zweite Option: Gesamtpastoral relativieren!

Es gälte die Pfarrei gesamtpastoral zu relativieren, also viel stärker wieder einzubinden ins Netz pastoraler Orte überhaupt. Zu diesen Knotenpunkten gehören dann alle Orte, an denen Prozesse der kreativen Konfrontation von Evangelium und Existenz stattfinden: Orte der Bildung in Schule und Erwachsenenbildung[10] und selbstverständlich auch Orte der institutionalisierten Diakonie.[11] Sie alle können und haben voneinander zu lernen, einander zu helfen: gleichstufig, neugierig, respektvoll. Nur so wird es auch gelingen, die zentralen Vorteile professioneller Differenzierung, Eigenständigkeit und Sachgerechtigkeit ohne deren Nachteile, den pastoralen Autonomismus voneinander abgeschirmter, gar wechselseitig ressentimentgeladener Akteure, zu erhalten.

Das zentrale Merkmal vernetzter sozialer Strukturen, wie ich sie hier verstehe, ist

- die grundsätzliche Gleichrangigkeit der Vernetzungsknoten,
- die aufgabenbezogene Vernetzungsflexiblität und
- die weitgehende Vernetzungsautonomie, also das weitreichende Recht der einzelnen Orte, die eigenen Vernetzungsstrukturen selbst zu knüpfen und zu lösen.[12]

Eine so verstandene »Gesamtpastoral« fordert eine heute eher unübliche neugierige reversible evangelisatorische Kommunikationskultur jenseits der bürokratischen und/oder religiösen Vermachtung der offiziösen innerkirchlichen Diskurse und jenseits auch der dazu komplementären Kultur der informellen Sekundärkommunikation, also von Klatsch und Tratsch. Eine neue Kommunikationskultur müsste getragen sein von der Suche nach der Stärke der jeweils anderen pastoralen Orte als Ressource der eigenen pastoralen Existenz und hätte alle Rivalität von Sozialformen um theologische Bedeutung und finanzielle und personelle Ressourcenzuweisung zu überwinden.

Dritte Option: Gnadentheologisch reformulieren

Die territoriale Fassung der Pfarrei war in den christentümlichen Zeiten eine machtbestimmte Zugriffsstruktur. Das IV. Laterankonzil (1215) etwa hatte mit dem »Pfarrbann« juridisch eine feste Beziehung zwischen Person, Territorium und Jurisdiktion etabliert. Der Pfarrbann war ein nutzbares Recht, welches »die Pfarrangehörigen im Sakramentenempfang, im Besuch des Gottesdienstes, in den Abgaben (Zehnt, Oblationen, Stolgebühren) an die Kirche band, ähnlich wie bestimmte Gruppen durch Mühlen-, Backofen-, Gewerbebann gebunden waren.«[13]
Die heutige Freisetzung religiöser Praktiken schreibt der territorialen Fassung der Pfarrei aber exakt das Konträre ein. Die territoriale Fassung der kirchlichen Basisorganisation wird Element einer selbstlosen Angebotsstruktur der christlichen Botschaft, die auch dorthin geht, wo die Kirche endgültig alle religionsgemeinschaftliche Macht verloren hat. Das Territorialprinzip macht es der Kirche zumindest ein wenig schwerer, den Sorgen und Nöten, Hoffnungen und Freuden der Menschen von heute, besonders der Armen und Bedrängten, auszuweichen. Der theologische Begriff für dieses selbstlose Angebot der Nähe Gottes in Wort und Tat aber heißt Gnade.[14] Die bleibenden Aufgaben der Territorialpfarrei wären also gnadentheologisch zu reformulieren.

Dann aber wäre zuallererst der konkrete charismatische Reichtum der Gemeinde zu nennen, also die nie auszuschließende Möglichkeit, alle dem Volk Gottes geschenkten Charismen auch tatsächlich konkret vor Ort geschenkt bekommen zu haben. Das darf nie ausgeschlossen und verhindert werden. Was der Gemeinde geschenkt ist, soll sie verwirklichen dürfen. Aber was ihr nicht geschenkt ist, soll sie nicht machen müssen.

Zwei Aufgaben sind der Territorialgemeinde aber immer aufgegeben und auch sie sind gnadentheologisch begründet: die Feier des Gottesdienstes und die kreative Reaktion auf die konkreten »Zeichen der Zeit« vor Ort.

Die Liturgie ist der zentrale gnadentheologische Vollzug der Kirche, sie ist Ort der in unvorstellbarer Weise immer wieder geschenkten Öffnung Gottes gegenüber uns Menschen, ist die demütige und dankbare Feier der wirksamen Gnade Gottes, seiner unendlichen Liebe zu uns. Sie ist tatsächlich der zentrale Ort der Integration des Volkes Gottes vor seinem Angesicht. Soziologisch gesehen aber ist die Liturgie enorm pluralitätsfähig. Gerade weil bei ihr der individuelle Partizipationsgrad zwischen tiefster Teilhabe und diffuser »Abwesenheit in der Anwesenheit« offen bleiben kann, hat die Liturgie die Chance, der zentrale Ort der Integration des Volkes Gottes im Angesicht Gottes zu werden. Freilich ist, damit dies gelingt, die konkrete Feierform stets im Spannungsfeld von Tradition und Experiment weiterzuentwickeln, sind, wie etwa in der Diözese Erfurt,[15] kontextsensibel neue Liturgien zu entwickeln für Menschen, die nicht mit der christlichen Tradition vertraut sind oder in ganz anderen ästhetischen Milieus sozialisiert wurden.

Das Territorium in seiner kirchlichen Unbeherrschbarkeit

präsentiert aber auch die »Zeichen der Zeit«, also die Herausforderungen, die dem Evangelium von der Gegenwart her heute neu gestellt sind und auf welche das Volk Gottes erst noch Antworten entwickeln muss. Diesem konkreten herausfordernden »Außen« muss sich das Volk Gottes vor Ort stellen. Die »Zeichen der Zeit«, die das konkrete Territorium einer Pfarrei dem Volk Gottes präsentiert, seien es der Reichtum der Oberschicht, die Abstiegsängste der Mittelschicht, die Kultur der sozial Ausgeschlossenen, sind Anrufe und Provokationen an das Volk Gottes, die Gnade Gottes konkret zu leben. Sie bilden eine konkrete Gnade der Herausforderung. Neuere pastorale Konzepte wie die »Lebensraumorientierte Pastoral«[16] oder »Sozialraumorientierte Pastoral«[17] setzen genau hier an.

Das Volk Gottes vor Ort kann sich also in der territorialen Angebotsstruktur der Pfarrei in der Fläche bewähren. Die Dopplung von soziologischen Eigenschaften und gnadentheologischem Auftrag legt dies nahe. Denn als Angebotsstruktur präsentiert das Territorialprinzip eine einfache, überschaubare Organisationsstruktur, die identifizierbare Orte und damit erreichbare Nähe für Erst- oder Dauerkontakte zur Botschaft des Evangeliums angibt. Theologisch kann das Territorialprinzip als ein Signal diakonischer Selbstanbietung der Kirche an und für alle verstanden werden. Es steht für die Ungeschuldetheit und Offenheit der Gnade Gottes an alle, wo immer sie leben und wer immer sie sind. Das Territorialprinzip zwingt die Kirche hinein in die Gesellschaft, zwingt Kirche, alle Menschen wahrzunehmen, sich mit ihren Sorgen und Nöten zu identifizieren, sie in sich aufzunehmen, ihnen gerecht zu werden. Das Territorialprinzip ist damit ein großer Anspruch.

Nachvatikanisch entmythologisieren, gesamtpastoral relativieren, gnadentheologisch reformulieren und deshalb annehmen, was an Charismen geschenkt ist, feiern, dass Gott sich uns schenkt, und sich auf dieser Basis dem stellen, was heute vor Ort gefordert ist: das wären meine grundlegenden Entwicklungsoptionen für die Territorialpfarrei.

Wir erleben gegenwärtig den Anfang vom Ende einer jahrhundertealten Form der Kirchenkonstitution. Es geht um das definitive Auslaufen einer Phase der Kirchengeschichte, in der die Kirche über reale Sanktionsmacht religiöser, politischer, rechtlicher und gesellschaftlicher Art verfügte und ihre Sozialformen sich daher notwendig als selbstverständliche Institutionen entwarfen.

Nun gibt es in Zeiten unübersehbaren Wandels intellektuell kaum etwas Verführerischeres, als das Neue im Horizont der Differenz zum Bisherigen wahrzunehmen. Das Neue als irritierendes Verlustphänomen formuliert sich im Problemkreis kirchlicher Konstitution in defizit- und differenzorientierten Konzeptbegriffen wie »lebendige Gemeinde«. Zu deutlich wird hier, dass vor allem benannt wird, was man gerne wieder hätte, aber nicht mehr hat, die Differenzerfahrung wird als Wunsch nach ihrer Vermeidung artikuliert.

Die sich langsam einstellende Anerkennung der Unvermeidlichkeit des Neuen formuliert sich in unserem Problemfeld einerseits im Konzept der Pfarrverbände, der Seelsorgsräume o.Ä.; hier realisiert man das Neue, zieht auch Konsequenzen, schließlich wirkt dieses Konzept, im Unterschied zu jenem der »lebendigen Gemeinde«, auch wirklich praxisverändernd. Freilich denkt man noch sehr systemkonservativ vom Bestehenden her und auf das Bestehende hin. Dass genau diese Strategie das Bestehende nachhaltig liquidiert, ist dabei nicht ohne Ironie.

Produktiver zeigt sich die Anerkennung der Unvermeidlichkeit des Neuen aktuell in der Genese neuer pastoraler Orte, die tatsächlich alte Regeln grundsätzlich übersteigen. Da nun aber die vielfältigen Praktiken der Basis – wie in postmodernen Zeiten generell – meist innovativer sind als die wissenschaftlichen oder pastoralamtlichen Reflexions- und Konzeptionsdiskurse, wird hier die Schwelle zur dritten Phase in der Verarbeitung des Neuen sichtbar: dem Versuch, neue begriffliche Konzepte zur Neuentdeckung des Neuen zu formulieren. Damit stehen wir erst am Anfang.

XIV. Vertrauen auf die prophetische Kraft des Konzils

> »Wenn man das Konzil durch eine Haupteigenschaft
> charakterisieren sollte, würde ich das Adjektiv ›prophe-
> tisch‹ vorschlagen, und zwar im ganzen, starken, auch
> theologisch und soziologisch fachlichen Sinn des Wortes.
> Der Prophet ist es, der in den ihm begegnenden Ereignis-
> sen erkennt, was sie in die Kontinuität und in die Brüche
> einer im Gang befindlichen Geschichte einbindet. Der
> Prophet untersucht Strukturen und Begriffe nicht in
> ihrem statischen Zustand, sondern in ihrer Dynamik.«
>
> M.-D. Chenu[1]

1. Der unvermeidliche Abstieg

Die katholische Kirche unserer Breiten lernt gegenwärtig
viel und sie lernt es schmerzlich. Sie lernt sich kennen als
eine Macht, die gerade in Ruinen fällt. Es ist vorbei mit lebenslanger Mitgliedschaft, unverbrüchlicher Gefolgschaft
und umfassender Biografiemacht: Das aber hieß »Kirche«,
gerade katholische. Es ist unübersehbar, dass das Christentum in Europa religionsgemeinschaftlich gesehen eine Ab-
steigerreligion geworden ist und dass sich das so schnell
auch nicht ändern wird. Christliche Kirchen werden verkauft,[2] Moscheen werden gebaut.
Die einen merken, dass ihnen der Zugriff auf die Individu-
en nicht mehr so recht gelingen will, den anderen aber
reicht der Zugriff auf den öffentlichen Raum über hoch-

religiöse Individuen nicht mehr. Die Absteiger wollen dann wenigstens den öffentlichen Raum noch mit ihren religiösen Zeichen besetzt halten, die Aufsteiger aber wollen den öffentlichen Raum auch mit ihren religiösen Zeichen belegen.

Unübersehbar wird auch, dass der neuen fließenden und sehr offenen »Ordnung der Geschlechter« unter spätmodernen Bedingungen niemand ausweichen kann. Immer mehr Frauen eröffnet sich die Möglichkeit zu einem männerunabhängigen Leben. Das verändert die Geschlechterverhältnisse, selbst die traditionellen, völlig. Reagiert die katholische Kirche hier weiterhin so defensiv und unkreativ, dann droht ihr massive Marginalisierung.

Immer unübersehbarer wird auch, dass man sich vom typisch neuzeitlichen Prinzip der »Überschaubarkeit«, zentral für die neuzeitliche Disziplinierungsgeschichte Europas und auch für die moderne katholische Kirchengeschichte, verabschieden muss. Es herrschen auch religiös Zeiten der situativen Selbstbestimmung.

Immer unübersehbarer wird auch die Milieuverengung der klassischen Pfarreien, in deren Binnenraum selbst die in ihnen Verbliebenen nur Teile ihrer Lebensrealität kommunizieren und präsentieren können.

Immer unübersehbarer wird auch, dass es mit den Priestern, zumindest in unseren Breiten, nicht so weitergehen kann wie bisher. Dazu genügt genau genommen der Blick auf die Weihezahlen. Sprechender aber noch sind manche offiziellen oder individuellen Strategien zur priesterlichen Identitätssicherung, die mit der Wiedererrichtung alter Distanz- und Privilegierungsregelungen gegenüber Laien arbeiten, die man nicht nur als theologisch falsch bezeichnen muss, sondern auch als Eingeständnis realen Autoritätsverlustes. Wer so gerettet werden muss, ist schon verloren.

Und dann sind da noch diese Abgründe an Pastoralvergessenheit, die sich im so genannten Missbrauchsskandal auftaten: Abgründe an Institutionalismus, der die Institution mit ihrem Zweck verwechselt, an Mitleidlosigkeit, an Einsamkeit und ungestillter Bedürftigkeit nach Nähe und Zärtlichkeit. In der katholischen Kirche wurden offenkundig Basics der eigenen Verkündigung missachtet: die Botschaft von der unbedingten Solidarität Gottes mit den Kleinen und Unmündigen; die Botschaft der Nächstenliebe gegenüber Opfern, die über Jahrzehnte in der Kirche einen Ort für ihre Missbrauchs- und Gewalterfahrungen zu finden hofften und nicht fanden; die Botschaft von der Schuld, der man sich zu stellen hat, ohne durch Verweise auf die Schuld anderer abzulenken; die Botschaft von der Unterscheidung von Sünder und Sünde, die es nicht erlaubt, die »unreinen Täter« von der »reinen Kirche« einfach abzuspalten und sie erst jahrzehntelang zu decken und nun auszuschließen, statt auch ihnen die Konfrontation mit Gottes Liebe zu ermöglichen und also Buße und Umkehr.

Ihr religionsgemeinschaftlicher Abstieg macht die Kirche sensibel, nervös und reizbar und konfrontiert sie zudem mit ihrer eigenen Geschichte. Die neue Ordnung der Geschlechter etwa deckt normative Selbstwidersprüche auf wie früher die Sklavenemanzipation oder der Menschenrechtsdiskurs; die Lage der Priester ist zu einer veritablen Negativspirale für jede kleruszentrierte Sozialform der Kirche geworden und der Missbrauchsskandal hat dort Autorität und Vertrauen zerstört, wo man sie der Kirche noch am ehesten zubilligte, bei der Werteerziehung und an jenem Ort, der heute einer der letzten heiligen Orte ist: die eigenen Kinder.

In dieser Situation gilt: Entweder die katholische Kirche orientiert sich wirklich an der Spiritualität des letzten Konzils oder sie hat, zumindest in unseren westlichen Breiten, keine Chance. Es rächt sich nun, dass das II. Vatikanische Konzil vor allem als »Reformkonzil« missverstanden wurde. Es war aber viel mehr: Es war das Projekt einer geistlichen Erneuerung der katholischen Kirche auf allen Ebenen.

Die katholische Kirche wird sich auf das pastoral-geistliche Programm des Konzils besinnen oder sie wird immer mehr ihre christliche Authentizität verspielen und also ihre Aufgabe verfehlen. Denn nur um diese pastorale Aufgabe der Kirche geht es, um nichts anderes: weder um ihre Größe und Schönheit noch um ihre Beliebtheit und ihren Einfluss.

2. Die konziliare Prophetie

Rahner nannte das letzte Konzil bekanntlich den »Anfang eines Anfangs«, eine »entfernte Vorbereitung«, eine »erste Zurüstung« für die eigentliche kirchliche Aufgabe in der »andrängenden Zukunft«. Diese Feststellung bezog sich ausdrücklich nicht auf das, worauf diese viel zitierte Formel nachher so oft bezogen wurde: auf die unbestreitbare Reformbedürftigkeit der Kirche. Sie bezog sich vielmehr auf die existentielle Bezeugungs- und Entdeckungskompetenz des Gottesgeheimnisses im Leben der Kirche, und zwar aus der Perspektive des Menschen von heute. Ohne diese Kompetenz geht Kirche unter.

Die Frage »auf Leben und Tod« an die Kirche, die Frage, die ihr »in unvorstellbarer Härte« gestellt werden wird, so Rahner, ist, ob der zukünftige Mensch, der Mensch der Freiheit und der Tat, das Gottesgeheimnis »auch in seinem Leben waltend erfahren kann«. Es gehe nicht darum, die Kirche »etwas gemütlicher« und »ansehnlicher in der Welt« einzurichten. Die Kirche werde vielmehr »noch viel unerbittlicher als je gefragt werden, ob ihre Liebe zum Menschen aus der Liebe Gottes stärker und überzeugender ist als die Liebe, die den Menschen zum anderen im selben Kerker des Daseins führt, ohne dass er dahin den Weg über die unendliche Ferne Gottes genommen hat.«[3]

Kann die Kirche diese Liebe bezeugen, und zwar so, dass der Mensch von heute sie in ihr entdecken kann, und zwar als »Liebe zum Menschen aus der Liebe Gottes«? Darum geht es. Das Konzil formuliert die praktische Fundamentaltheologie einer Kirche, in der der Mensch von heute das Gottesgeheimnis in seinem Leben wirklich erfahren kann. Man bräuchte keine Konzilien, wenn es nichts Neues in der Entdeckung des Glaubens gäbe, und es wären keine Konzilien der Kirche, wenn es auf ihnen nicht um den Glauben an den einen und einzigen Gott ginge, um jenen Gott, den Jesus von Nazareth in Wort und Taten verkündete. Geschichtlichkeit und Ewigkeit, Diesseits und Jenseits, Tradition und Innovation sind im Christentum keine Gegensätze, sondern in spezifischer Weise aufeinander bezogen. Das Dogma des Konzils von Chalcedon (451), das von Jesus zwei Naturen aussagt, die göttliche und die menschliche, und das »unvermischt und ungetrennt«, ist hierfür das grundlegende Zuordnungsmodell.

Die Kirche hat einen ewigen Auftrag, gerade dieser Auftrag aber zwingt sie dazu, immer wieder neu zu entdecken, was er hier und heute bedeutet. Es gibt ja überhaupt nur Tradition, weil es Innovation gibt. Tradition, das sind die erinnerten Entdeckungen unserer Väter und Mütter im Glauben, Tradition, das ist, wie Gilbert Keith Chesterton schrieb, die »Demokratie der Toten«. Sie haben mitzusprechen im großen Glaubens-Gespräch des Volkes Gottes, aber wir haben das auch, sonst wird der Glauben eine Erinnerung an etwas, was war, und besitzt keine Gegenwart. Wir haben anzuschließen an ihr Gespräch – das ist die Verpflichtung *auf* die Tradition; wir haben dieses Gespräch aber auch weiterzuführen und uns zu fragen, wie sie hier und heute verstanden werden kann und was sie hier und heute konkret bedeutet – das ist die Verpflichtung *zur* Tradition als nie abreißender Prozess der Traditionsbildung.

Das II. Vatikanum ist der letzte große Akt der Traditionsbildung des katholischen Christentums. Es kann als Jahrhundertprojekt verstanden werden, die Verpflichtung auf die Tradition und die Verpflichtung zur Traditionsbildung wieder in ein kreatives Verhältnis zu bringen. Das war notwendig geworden und reagierte auf eine epochale Plausibilitäts- und Tradierungskrise des Glaubens. Sie war entstanden, weil sich die katholische Kirche ab Mitte des 19. Jahrhunderts zunehmend der Verpflichtung verweigert hatte, den Glauben in die liberale Zivilisation der entwickelten Moderne zu inkulturieren, und sich stattdessen in eine Art intellektuelle und soziale Institutionsfestung verbarrikadiert hatte. Man hatte zwei Schocks nicht wirklich verarbeitet: die Entmachtung der Kirche durch die moderne bürgerliche Gesellschaft und die Entdeckung der Geschichtlichkeit auch religiöser Institutionen und Positionen.

Genau diese zwei Verengungen hat das II. Vatikanum aufgebrochen: die Bindung an die Macht im Staate wie die Bindung an eine philosophische Position, die Geschichtlichkeit mit Relativismus und mangelnder religiöser Authentizität verband. Ersteres führte zu Durchbrüchen wie der Anerkennung von Religionsfreiheit, Menschenrechten und Ökumenismus als genuinen Konsequenzen des Evangeliums selbst, Letzteres zur Pastoralkonstitution *Gaudium et spes* und zu ihrem grundlegenden Gedanken, dass das konkrete solidarische Handeln der Kirche in der Welt von heute der Ort ist, an dem sich die Präsenz des Evangeliums zeigen und bewähren muss, aber auch kann. Darin ist es ein wirklicher Neuanfang der Kirche der Moderne.

Denn es knüpft an theologische Traditionen vor der Moderne an, vor allem an das heilsgeschichtliche Denken der Bibel und der antiken Kirchenväter. Es bricht also nicht mit der Tradition, sondern entdeckt sie in ihrer Fülle und beendet typisch moderne Verengungsgeschichten der Tradition, in denen etwa heute die Piusbrüder dramatisch feststecken. Sie sind denn auch nicht die Wahrer der Tradition, sondern sie verraten sie gleich doppelt: inhaltlich, denn sie totalisieren eine spezifische Periode der Kirchengeschichte, und prinzipiell, denn sie anerkennen gerade nicht, was die Tradition in der katholischen Kirche ist: das Prinzip der permanenten Innovation in Verantwortung vor der Vergangenheit des Glaubens, aber eben auch vor der Gegenwart und der Zukunft des Evangeliums.

Das II. Vatikanum formuliert echte Entdeckungen des Glaubens. Die zentrale Entdeckung hatte schon Johannes XXIII. in seiner Eröffnungsansprache benannt: das »Heilmittel der Barmherzigkeit« als Basis der Präsenz des Evangeliums heute. Das legt eine neue Basis kirchlichen Handelns heute. Die eigentliche kirchliche Alternative der Gegenwart ist nicht jene von Tradition und Innovation, von »Hermeneutik des Bruchs« oder »Hermeneutik der Kontinuität«: Die kirchliche Alternative ist Solidarität oder selbstgerechte Erhabenheit.

Ohne Zweifel: Es gibt weite und wichtige Bereiche kirchlichen Handelns, in denen die konziliare Software umfassend angewandt wird und auch bestens funktioniert, in denen mithin die Kirche und ihre Botschaft Autorität gewinnen und sprachfähig werden in den Kontrasten der Gegenwart.

Das gilt zuvorderst dort, wo keine innerkirchlichen Relationen, sondern die Beziehungen der Kirche zu der »Welt von heute« betroffen sind: beim kirchlichen Einsatz für die Menschenrechte weltweit etwa und speziell im Kampf für die Religionsfreiheit aller Menschen, bei der nunmehr grundsätzlich positiven Stellung zu Demokratie und gesellschaftlichem Pluralismus, im Kampf für eine gerechte Weltwirtschaftsordnung oder in der völlig neuen, grundlegend gewandelten Beziehung zum Judentum.[4]

Je näher man aber den innerkatholischen institutionellen Realitäten kommt, umso weniger traut man offenkundig innerkirchlich den konziliaren Optionen, etwa der Volk-Gottes-Theologie von *Lumen gentium*, dem entklerikalisierten und aufgabenbezogenen Pastoralbegriff von *Gaudium et spes* und dem Liturgieverständnis von *Sacrosanctum concilium*. Es wird nicht genügen, das Konzil historisch zu erforschen, seine Intentionen zu rekonstruieren, und schon gar nicht, seine kirchenrechtliche Umsetzung im CIC 1983 als letzten Interpretationshorizont zu nehmen. Das Konzil ist die Software der Kirche von morgen. Seine Dynamik besteht nicht zuerst in der Reform des Bisherigen, sondern in der Annahme der jeweiligen Gegenwart als Herausforderung für das Evangelium und damit die Kirche.

Konzilstexte sind immer »Texte für morgen«. Sie lagern in den Archiven der Kirche und man wird sie auch in Zukunft aufsuchen. Aber was passiert, wenn man sie, wie das II. Vatikanum es selber will, als aktivierbare Programme für die kirchliche Praxis versteht? Das ist in Form und Inhalt neu, umstritten und im Ausgang offen.

Es ist ein heikles Geschäft. Es führt in unsicheres Gelände, denn es geht um Macht und Personen, um Einschätzungen und Perspektiven und überhaupt um jene Unsicherheiten, die entstehen, wenn man die halbwegs gesicherten Zonen des analytischen Diskurses verlässt und jene Schwellen betritt, die ebenso gefährlich wie die eigentlich wichtigen sind: die Schwelle vom diskursiven zum nicht-diskursiven Handeln und jene von der Vergangenheit zur Zukunft. Genau das aber sind die Aufgabe und das Charisma der Prophetie.

Das II. Vatikanische Konzil hat den Konstitutionsweg Trients verlassen, der die katholische Kirche in der aufkommenden Moderne über Mechanismen des Ausschlusses und der internen Verdichtung sichern wollte; es hat eine theologische Konzeption verlassen, welche die Authentizität des Glaubens nicht in den Relativierungen der Moderne, sondern in (scheinbarer) Enthobenheit von ihnen sichern wollte. Stattdessen hat es auf die Bewährungskraft des Glaubens und des ihm gemäßen Handelns *in* der Moderne gesetzt. Das ist seine prophetische Verpflichtung.

Trotz vieler Worte war die katholische Kirche der modernen Kultur gegenüber letztlich sprachlos geworden. »Wo

Deduktion nicht funktioniert, weil die Glaubenstradition sprachlos ist, und die Induktion sich verbietet, weil sie die Glaubenstradition verzerren oder ganz auflösen würde, wird die Prophetie heilsnotwendig für eine glaubende Existenz.«[5] Genau das ist die Leistung des II. Vatikanischen Konzils.

3. Sicherer: das Wagnis

Heute, in religiös individualisierten Zeiten, in denen die kirchlichen Festungen in Ruinen liegen, wird die Kirche rein soziologisch gesehen hinausgezwungen ins freie Feld der konkurrierenden Geltungsansprüche, theologisch aber von ihren eigenen Grundlagen her in die gewagte Selbsthingabe einer risikoreichen Exposure-Struktur. Rahners alte Formel vom »Tutiorismus des Wagnisses« wird also allmählich wieder praktisch. Der Clou dieser Formel ist ja ihre Dialektik: Das Sicherere ist heute das Gewagtere. Es gibt Christentum nur als Wagnis: Das galt eigentlich schon immer. Aber die Gegenwart zwingt die Kirche dazu, diese alte geistliche Erkenntnis als Prinzip ihres eigenen Selbstentwurfs neu zu entdecken. Das vielleicht auch gegenüber Rahners Satz Neue dabei ist: Das Gewagte als das »Sicherere« muss dabei wirklich mit seinem Scheitern rechnen.

Die kirchliche Landschaft teilt sich gegenwärtig in jene Zonen, in denen man das realisiert hat, und solche, in denen man sich dieser Einsicht verweigert. Diese Polarität dürfte den zentralen Mentalitätskontrast der Pastoral im deutschsprachigen Raum markieren. Wo man da jeweils steht, ist etwa an der Fähigkeit zur Selbstrelativierung der Bürokra-

tie[6] erkennbar oder an der Bereitschaft zur einschränkungs-
losen und grundsätzlich solidarischen Wahrnehmung heutiger Lebensformen und Lebensrealitäten und schließlich
an der Phantasie und am Mut zu gewagten pastoralen In-
novationen im Außen der eigenen Mentalitäts- und Sozialräume. Der konziliare Pastoralbegriff ist hier eindeutig. Er
benennt die kreative und stets risikoreiche Konfrontation
von Evangelium und individueller wie gesellschaftlicher
Existenz in Wort und Tat als konstitutive Aufgabe der Kirche – an allen Orten, zu allen Zeiten.

Kein Zauber liegt mehr über den Anfängen. Denn dazu
bräuchte es Sicherheiten, die es nicht mehr gibt. Sie sind
verweht und jedenfalls dabei zu vergehen: die alte Gewissheit etwa, doch eigentlich nur zu beginnen, was andere
schon erfolgreich vor uns begannen, und also bei allem
Anfang nur nachzufolgen; oder die neuere Gewissheit,
dass die eigentlich gute Zeit erst noch komme und der eigene Anfang eingebettet sei in die große Geschichte des
menschlichen Fortschritts.[7]

Erstmals seit längerem kann die nachfolgende Generation
froh sein, wenn es ihr nicht schlechter geht als der vorher-
gehenden, wenn das Klima nicht kollabiert, der Euro stabil
und die Konflikte der (religiösen) Kulturen halbwegs fried-
lich bleiben, wenn die fossilen Energiereserven nicht zu
früh ausgehen und der globale Kapitalismus sein menschen-
verachtendes Gesicht nicht auch in der eigenen Biografie
zeigt. Und da menschliches Empfinden nicht nach absolu-
ten Skalen, sondern relativ zu erlebten Veränderungspro-
zessen reagiert, wird dies als Abstieg und Bedrohung emp-
funden, obwohl viele, wenn auch beileibe nicht alle,
zumindest in den westlichen Ländern so gut, sicher und lange leben wie noch nie in der Menschheitsgeschichte.

Es liegt kein Zauber mehr über den Anfängen, eher der Mehltau kollektiver wie individueller Abstiegsängste und der Zwänge scheinbarer oder wirklicher Alternativlosigkeit. Nichts belegt dies mehr als die Konjunktur der gesellschaftlichen und kirchlichen Aufbruchsrhetoriken. »Wenn der Anfang letztlich nicht durch Planung beherrschbar ist und man auch dem beschützenden Zauber einer linearen Erzählung nicht mehr so ganz trauen kann, dann wird der Anfang zu einem unverfügbaren Ereignis.«[8]

4. Nur der pastorale Weg ist noch offen

Der zentrale innerkirchliche Konflikt, der vor uns liegt, dürfte jener zwischen der sozialtechnologischen Exklusionslogik der Moderne und der geistlichen Inklusions- und Differenzierungslogik des letzten Konzils sein. Das Anti-Konzil[9], modern wie nur etwas, grenzt aus, das II. Vatikanum, ein geistliches Ereignis säkularen Ausmaßes, differenziert und integriert.

Das Konzil hatte einen Horizontwechsel vorgenommen: Auf der Basis einer grundlegenden Solidarität wird die eigene Botschaft als Kritik und Perspektive der Gegenwart eingebracht. Das Anti-Konzil definiert umgekehrt auf der Basis einer grundlegenden Verwerfung der Gegenwart die Kirche als insulare Gegenwelt. Das Anti-Konzil hatte schwache Anfänge, eine marginale Basis im Konzil selbst und in dessen Texten nur dann einen Anhalt, wenn man sie gegen ihre eigenen Grundpositionen interpretiert. Heute muss man sagen: Das Anti-Konzil hat eine erstarkte Präsenz – und welche Zukunft?

Eine Kirche, die sich und ihre Botschaft nicht der Welt von

211

heute aussetzt, die in der Sicherheit scheinbar unverletzbarer Räume und Gewissheiten bleibt, wird ihrer Aufgabe nicht gerecht. Eine Kirche, die meint, sie könne ängst-
lich und verschreckt im kleinen Rettungsboot die Stürme
der Gegenwart überstehen und müsse nicht dem Ruf Jesu
folgen und aussteigen und sich aufs Meer des Wagnisses
und der Hingabe wagen, wird untergehen.

Eine Kirche ohne Kultur der Aufmerksamkeit und der
Ehrlichkeit wird ihrer Aufgabe nicht gerecht. Sie muss sich
verstören lassen durch die Wirklichkeit, braucht Perspektivenwechsel, Wagnis und Demut. Aufmerksamkeit heißt,
sich auf die Welt einlassen, wie Jesus sich auf die Welt eingelassen hat; Ehrlichkeit heißt, sich auf die Wahrheit in
Liebe einlassen, wie Jesus es getan hat.

Eine Kirche, die sich um die Auseinandersetzung mit den
Zeichen der Zeit drückt, wird ihrer Aufgabe nicht gerecht.
Die »Zeichen der Zeit« sind nicht irgendwelche Gegen-
wartsphänomene, sondern es sind jene neuen Realitäten,
denen die Kirche sich stellen muss, will sie das Evangelium heute verkünden. Es sind Phänomene, die zuerst irri-
tieren, weil man noch nicht genau weiß, was sie bedeuten,
an denen sich aber das Evangelium in seinem Sinn und seiner Bedeutung bewähren muss.

Die Gegenwart ist voller solcher Phänomene, die neue
Fragen an uns stellen: Was bedeuten die offenkundige
Zerbrechlichkeit der Finanzsysteme und die ökonomische Globalisierung? Was bedeutet die multi-religiöse
Gesellschaft, in die wir nicht erst kommen, in der wir bereits sind? Und was bedeutet es, dass Männer *und Frauen*
das Recht auf ein »eigenes Leben« bekommen haben, endlich und Gott sei Dank? Eine Kirche, die sich an den Existenzproblemen der Menschen von heute vorbeidrückt,

verfehlt ihre pastorale Aufgabe, um derentwegen es sie gibt.

Kirchliche Praxis, die ihrem Glauben folgt, hat zwei Elemente: die Freiheit, die Gott will und lässt, übrigens selbst ihm gegenüber, und die von Jesus radikal vollzogene Identifikation von Gottes- und Nächstenliebe. Beides zusammen ergibt die jesuanische Theologie der Befreiung und der Umkehr. Es gibt für die Kirche keinen anderen Weg mehr. Das wird gegenwärtig klar.

Es ist der pastorale Weg der Kirche des II. Vatikanums. Er zwingt in die Nachfolge Jesu, in eine demütige Pastoral der Hingabe. Es ist der Weg von der Macht zur Autorität, von einer Logik des Ausschlusses zu einer Logik des universalen Heilswillens Gottes, vom erhaben-überlegenen Gestus gegenüber der Welt zu einer Haltung der Solidarität. Es ist übrigens auch der marianische Weg: also ein Weg der Schmerzen und der Barmherzigkeit.

Anmerkungen

Einleitung

[1] Zu den Spezifika der österreichischen Kirche siehe: R. Bucher, Religion als Wahrnehmung. Katholische Perspektiven, in: E. Groß (Hrsg.), Religion als Wahrnehmung. Konzepte und Praxis in unterschiedlichen Kulturen, Berlin 2006, 107–125.

[2] Siehe zur aktuellen Lage: Deutsche Bischofskonferenz (Hrsg.), Katholische Kirche in Deutschland. Zahlen und Fakten 2010/2011 (Arbeitshilfe 249), Bonn 2011; Generalsekretariat der Österreichischen Bischofskonferenz (Hrsg.), Die römisch-katholische Kirche in Österreich, Wien 2010. – Aufgrund der differenten staatskirchenrechtlichen Regelungen in der Schweiz herrschen hier bekanntlich etwas andere Verhältnisse, das wird etwa sichtbar in: A. Bünker/R. Husistein (Hrsg.), Diözesanpriester in der Schweiz. Prognosen, Deutungen, Perspektiven, Zürich 2011. Die Perspektiven, die im Schweizer Religionsrecht für die Weiterentwicklung der katholischen Kirche stecken, leuchtet immer wieder Sabine Demel aus. Siehe dazu: S. Demel, Laien-(Ohn-)Macht in der katholischen Kirche? Das deutschschweizerische Modell im Kontext kirchenrechtlicher Reformforderungen, in: Orientierung 72(2008) 42–48; Dies., Schweizer Religionsrecht – ein zukunftsweisendes Modell?, in: Orientierung 73(2009) 94–96; Dies., Demokratisch kontrolliert, transparent verwaltet. Ist das Kirchensteuersystem der Schweiz auch ein Modell für Deutschland?, in: Herder-Korrespondenz 65(2011) 73–77.

I. Die Unvorstellbarkeit der Zukunft

[1] Das Zeitalter der Extreme. Weltgeschichte des 20. Jahrhunderts, München 1995, 21.

[2] Beschleunigung. Die Veränderung der Zeitstrukturen in der Moderne, Frankfurt/M. 2005, 424.

[3] Siehe dazu: S. Böschen/K. Weis, Die Gegenwart der Zukunft, Wiesbaden 2007; A. Nassehi, Die Zeit der Gesellschaft. Auf dem Weg zu einer soziologischen Theorie der Zeit, Opladen 1993; Ders., »In jeder Gegenwart muss neu begonnen werden!«. Ein Gespräch mit Armin Nassehi, in: Th. Bardmann (Hrsg.), Zirkuläre Positionen. Konstruktivismus als praktische Theorie, Opladen 1997, 229–249.

[4] Vgl. C. Bucher, Christoph Kolumbus. Korsar und Kreuzfahrer, Darmstadt 2006.

[5] Vgl. als Überblick: W. Berger/K. Mertlitsch (Hrsg.), Gender in der inter- und transdisziplinären Forschung, Wien 2008; H. Bußmann/R. Hof, Genus. Geschlechterforschung/Gender Studies in den Kultur- und Sozialwissenschaften, Stuttgart 2005.

[6] Vgl. M. Riesebrodt, Fundamentalismus als patriarchalische Protestbewegung, Tübingen 1990.
[7] Vgl. U. Beck, Macht und Gegenmacht im globalen Zeitalter. Neue weltpolitische Ökonomie, Frankfurt/M. 2009; U. Teusch, Was ist Globalisierung?, Darmstadt 2004.
[8] Rosa, Beschleunigung, 451.
[9] Zur Kritik dieses Vorgangs für den Wissenschafts- und Bildungsauftrag der Universitäten siehe: R. Münch, Akademischer Kapitalismus, Frankfurt/M. 2011.
[10] Vgl. M. Schüßler, Auf dem Sprung in die Gegenwart.»Unsere Hoffnung« als Inspiration für das Zeugnis vom Gott Jesu in unserer Zeit, in: Pastoraltheologische Informationen 31(2011) 53–80, 70 (http://miami. uni-muenster.de/servlets/DerivateServlet/Derivate-6122/05.Schuessler. pdf, 25.11.2011).
[11] Vgl. dazu: R. Bucher, Mehr als Adressaten. Grundsätzliche Überlegungen zum Konzept einer milieusensiblen Pastoral, in: H.-G. Hunstig/M. N. Ebertz (Hrsg.), Hinaus ins Weite. Gehversuche einer milieusensiblen Kirche, Würzburg 2008, 67–76.

II. Die Vertreibung von der Macht

[1] Erstaunliche religiöse Kompetenz. Qualitative Ergebnisse des Religionsmonitors, in: Bertelsmann Stiftung (Hrsg.), Religionsmonitor 2008, Gütersloh 2007, 113–132, 131.
[2] Vgl. etwa: D. Pollack, Säkularisierung – ein moderner Mythos?, Tübingen 2003. Siehe auch: G. Marramao, Art. Säkularisierung, in: J. Ritter/K. Gründer (Hrsg.), Historisches Wörterbuch der Philosophie, Bd. VIII, Basel 1992, 1133–1161. Marramao konstatiert, dass »die Kategorie der S(äkularisierung) sowohl die christliche wie die antichristliche Zivilisationskritik mit Argumenten [versah]«, der Begriff biete Raum »für antithetische oder diametral entgegengesetzte Assoziationen« (1133). Der Säkularisierungsbegriff ist ursprünglich ein eher negativ besetzter Beobachtungsbegriff des eigenen Einflussverlustes seitens der religiösen Institutionen. Kirchen kommunizierten (und kommunizieren) dann das, was sie in der Moderne erleben, als »Verweltlichung« oder eben »Säkularisierung«. Diese ein wenig denunziatorische Verwendung des Säkularisierungsbegriffs hat aber einen historischen Anhalt, die Säkularisation. Das meint die vermögensrechtliche Überführung von Kirchengut in weltlichen Besitz, wie in großem Maße Anfang des 19. Jahrhunderts im Deutschen Reich im »Reichsdeputationshauptschluß«von 1803 geschehen. »Säkularismus« kann dann die kämpferische Einstellung gegen jede Religion, sei es auf politisch-gesellschaftlichem Gebiet, dann in der Variante des Laizismus, sei es auf kognitiv-ideologischem Feld, wie bei den angelsächsischen Neo-Atheisten, genannt werden.
[3] Signifikante Ausnahmen von der relativen Konstanz religiöser Praktiken und Einstellungen bilden einige Gebiete veritabler religiöser Versteppung, so weite Gebiete der ehemaligen DDR oder Teile des Baltikums und Tschechiens. Allerdings scheinen mittlerweile auch Teile Frankreichs

215

und der Niederlande zunehmend von diesem Befund betroffen. Vgl. J. Casanova, Die religiöse Lage in Europa; in: H. Joas/K. Wiegandt (Hrsg.), Säkularisierung und die Weltreligionen, Frankfurt/M. 2007, 322–357, speziell 352–357. Die neueste Volkszählung (2011) etwa hat für Tschechien ergeben, dass dort von 10,6 Mio. Befragten 3,6 Mio. sich für ausdrücklich atheistisch erklärten, 1,08 Mio. bekannten sich zu einer Religionsgemeinschaft, 0,7 Mio. erklärten sich für gläubig, ohne sich zu einer Religionsgemeinschaft zu bekennen und 4,8 Mio. verweigerten jegliche Auskunft über ihre Religiosität. 2001 hatten sich noch doppelt so viele Tschechen zu einer Religionsgemeinschaft bekannt (vgl. W. Bahr, Die halbierte Herde und ihr Hirte, in: Die FURCHE, 5. Januar 2012, 18).

[4] R. Polak (Hrsg.), Zukunft, Werte, Europa. Die Europäische Wertestudie. 1990–2010. Österreich im Vergleich, Wien-Köln-Weimar 2011; Joas/Wiegandt, Säkularisierung und die Weltreligionen; Bertelsmann-Stiftung, Religionsmonitor 2008.

[5] A. Dubach/R. J. Campiche (Hrsg.), Jede(r) ein Sonderfall? Religion in der Schweiz. Ergebnisse einer Repräsentativbefragung, Zürich 1993.

[6] M. Krüggeler/P. Voll, Strukturelle Individualisierung – ein Leitfaden durchs Labyrinth der Empirie, in: Dubach/Campiche, Jede(r) ein Sonderfall ?, 17–49, 43.

[7] Im Oktober 2001, bei der Entgegennahme des Friedenspreises des Deutschen Buchhandels, benutzte Jürgen Habermas den Begriff der »postsäkularen Gesellschaft« als eine zentrale zeitdiagnostische Kategorie. Dies fand sofort große und anhaltende Resonanz. Habermas' Befund enthält Prognostisches wie Normatives. Habermas erwartet, dass auch in »säkularisierten« Gesellschaften religiöse Traditionen und Praktiken weiter bestehen werden, und gewinnt dem viel Positives ab, insofern religiöse Traditionen wertvolle (und im gewissen Sinne: unersetzbare) Ressourcen für ein freiheitliches Gemeinwesen bereitstellten. Freilich ist es weiterhin die säkulare Vernunft, auf deren Boden das Gespräch zwischen Religion(en) und moderner Wissenschaft und demokratischem Staat geführt wird, wenn auch Habermas die genaue Ziehung der Grenzlinie von säkularer Vernunft und religiöser Sprache als *gemeinsame* Aufgabe beider Seiten sieht und von der säkularen Seite »einen Sinn für die Artikulationskraft religiöser Sprachen« (Glauben und Wissen. Friedenspreis des Deutschen Buchhandels 2001, Frankfurt/M. 2001, 22) fordert. Siehe dazu R. Langthaler/H. Nagl-Docekal (Hrsg.), Glauben und Wissen. Ein Symposium mit Jürgen Habermas, Wien 2007; dazu: R. Bucher, Ein verzeihendes Zeugnis für Christus ablegen. Die Theologie vor dem Phänomen der »Postsäkularität«, in: Die Fuge. Journal für Religion und Moderne 2(2008) 93–100.

[8] Vgl. J. Casanova, Public Religions in the Modern world, Chicago-London 1994; Ders., Public religions revisited, in: H. J. Große Kracht/Ch. Spieß (Hrsg.), Bestandsaufnahmen zu Sozialethik und Religionssoziologie (FS K. Gabriel), Paderborn-München 2008, 313–338.

[9] H.-J. Höhn, Postsäkular. Gesellschaft im Umbruch – Religion im Wandel, Paderborn 2007, 10.

[10] Siehe dazu unten Kapitel XI.

216

[11] Die Kategorie des »Dispositivs« wurde von Michel Foucault entwickelt. Ein Dispositiv ist für ihn ein »entschieden heterogenes Ensemble, das Diskurse, Institutionen, architekturale Einrichtungen, reglementierende Entscheidungen, Gesetze, administrative Maßnahmen, wissenschaftliche Aussagen, philosophische, moralische oder philanthropische Lehrsätze, kurz: Gesagtes ebensowohl wie Ungesagtes umfaßt«. Das Dispositiv ist für Foucault das »Netz, das zwischen diesen Elementen geknüpft werden kann« und damit eine »Formation, deren Hauptfunktion zu einem gegebenen historischen Zeitpunkt darin bestanden hat, auf einen Notstand zu antworten« (M. Foucault, Dispositive der Macht. Über Sexualität, Wissen und Wahrheit, Berlin 1978, 119f.). Vgl.: A. Buhrmann/W. Schneider, Vom Diskurs zum Dispositiv, Bielefeld 2008.

[12] Vgl.: Ch. Bochinger/M. Engelbrecht/W. Gebhardt, Die unsichtbare Religion in der sichtbaren Religion. Formen religiöser Orientierung in der religiösen Gegenwartskultur, Stuttgart 2009. Die Autoren sprechen von einer Selbstermächtigung des religiösen Subjekts. Zur aktuellen Lage der Religionen in unseren Breiten siehe neben den in Fußnote 4 angegebenen Studien auch: P. Zulehner, Verbuntung. Kirchen im weltanschaulichen Pluralismus, Ostfildern 2011; F. Johannsen (Hrsg.), Postsäkular? Religion im Zusammenhang gesellschaftlicher Transformationsprozesse, Stuttgart 2010.

[12] Medien-Dienstleistungs GmbH (Hrsg.), Milieuhandbuch »Religiöse und kirchliche Orientierungen«, München-Heidelberg 2005. Siehe dazu: M. N. Ebertz, Anschlüsse gesucht. Ergebnisse einer neuen Milieu-Studie zu den Katholiken Deutschlands, in: Herder-Korrespondenz 60(2006) 173–177; Ders., Wie ticken Katholiken? Die Ergebnisse der Sinus-Studie, in: Herder-Korrespondenz Spezial »Katholisches Deutschland heute«, 2006, 2–6; siehe auch: R. Bucher, Die Provokation annehmen. Welche Konsequenzen sind aus der Sinusstudie zu ziehen?, In: Herder-Korrespondenz 60(2006) 450–454. Eine Fortschreibung der Studie liegt vor in: Medien-Dienstleistung GmbH (Hrsg.), Trendmonitor Religiöse Kommunikation 2010, München-Heidelberg 2010; eine alternative Fortschreibung findet sich bei: C. Wippermann, Milieus in Bewegung. Werte, Sinn, Religion und Ästhetik in Deutschland. Das Gesellschaftsmodell der DELTA-Milieus als Grundlage für die soziale, politische, kirchliche und kommerzielle Arbeit, Würzburg 2011. Pastorale Umsetzung etwa bei: M. N. Ebertz/B. Wunder (Hrsg.), Vom Sehen zum Handeln in der pastoralen Arbeit, Würzburg 2009; M. N. Ebertz/H.-G. Hunstig (Hrsg.), Hinaus ins Weite. Gehversuche einer milieusensiblen Kirche, Würzburg 2008.

[13] Diese Gefahr pointiert mit Blick auf die Sinusmilieu-Studie M. Blasberg-Kuhnke/U. Kuhnke, Milieu- oder evangeliumsgemäß? Zukunft der Kirche im Horizont des Reiches Gottes, in: Diakonia 39(2008) 197–204. Die angeregte Diskussion um die Sinus-Milieustudie ist auch deswegen wichtig, weil sie diese Gefahren direkt und indirekt sichtbar macht. Christian Bauer sieht jedenfalls zu Recht in der Sinus-Milieustudie eine »geistliche Herausforderung« und die »grundsätzliche Anfrage an die spirituelle Grundhaltung der Pastoral, welche die Kirche zu einer demütigen Selbstrelativierung .... herausfordert« (Gott im Milieu? Ein zwei-

ter Blick auf die Sinus-Milieu-Studie, in: Diakonia 39(2008) 123–129, 127).

[14] Vgl. unten Kapitel XIII.

[15] O. Roy, Heilige Einfalt. Über die politischen Gefahren entwurzelter Religionen, München 2010, 20. Wie sich demgegenüber die katholische Kirche auf dem II. Vatikanum als integraler Teil einer funktional differenzierten Weltgesellschaft entwirft, dazu siehe: S. Nacke, Die Kirche der Weltgesellschaft. Das II. Vatikanische Konzil und die Globalisierung des Katholizismus, Opladen 2010.

[16] Vgl. A. Kreutzer, Kenopraxis. Eine handlungstheoretische Erschließung der Kenosis-Christologie, Freiburg/Br.-Basel-Wien 2011.

III. Das Scheitern der Gemeindeutopie

[1] K. Rudolf, Das Werden der katholischen Aktion in der Erzdiözese Wien, in: Der Aufbau. Jahrbuch der Katholischen Aktion in Österreich 1935, Wien 1935, 11–24, 19.

[2] P. Müller, Gemeinde: Ernstfall von Kirche. Annäherungen an eine historisch und systematisch verkannte Wirklichkeit, Innsbruck 2004, 791.

[3] Bei H. Haslinger, Lebensort für alle. Gemeinde neu verstehen, Düsseldorf 2005, 86 findet sich eine instruktive Gegenüberstellung von »Volkskirche« und »Gemeindekirche«.

[4] So der Titel von Klostermanns erstem ausführlichem Werk zum Thema: Prinzip Gemeinde. Gemeinde als Prinzip des kirchlichen Lebens und der Pastoraltheologie als der Theologie dieses Lebens, Wien 1965.

[5] Klostermann, Prinzip Gemeinde, 17. »Kirche als solche, ob nun darunter Pfarrei, Diözese oder Weltkirche gemeint ist, ereignet sich in der Gemeinde; Kirche hat darum wesentlich gemeindlichen Charakter.« (Ders., Gemeinde – Kirche der Zukunft, Bd. I: Thesen, Dienste, Modelle, Freiburg/Br.-Basel-Wien 1974, 20).

[6] F. Klostermann, Wie wird unsere Pfarrei eine Gemeinde?, Wien 1979, 184.

[7] Klostermann, Wie wird unsere Pfarrei eine Gemeinde, Kap 2.1.6. (122–125).

[8] Dass die Konstruktion einer Kontrastidentität selbst noch für nach-gemeindliche pastorale Orte eine Versuchung darstellt, hat M. Sellmann (»Der Stadtaffe muss die Stadt im Blut haben« (Peter Fox). Selbstbilder der Citypastoral in pastoraltheologischer Perspektive, in: Ph. Elhaus/Ch. Hennecke (Hrsg.), Gottes Sehnsucht in der Stadt. Auf der Suche nach Gemeinden für Morgen, Würzburg 2011, 185–195) analysiert.

[9] Klostermann, Wie wird unsere Pfarrei eine Gemeinde, 126.

[10] P. Müller, Eine kompakte Theologie der Gemeinde, Berlin 2007, 96.

[11] Müller, Theologie der Gemeinde, 79.

[12] Klostermann, Wie wird unsere Pfarrei eine Gemeinde, 55.

[13] Siehe dazu: L. Scherzberg (Hrsg.), Gemeinschaftskonzepte im 20. Jahrhundert zwischen Wissenschaft und Ideologie, Münster 2010.

[14] So zusammengefasst bei Müller, Gemeinde: Ernstfall von Kirche, 644.

[15] Vgl.: R. Bucher, Desintegrationstendenzen der Kirche. Pastoraltheolo-

gische Überlegungen, in: A. Franz (Hrsg.), Was ist heute noch »katho-lisch«? Zum Streit um die innere Einheit und Vielfalt der Kirche, Freiburg/Br.-Basel-Wien 2001, 266–290.

[16] Siehe dazu: F. Weber/O. Fuchs, Gemeindetheologie interkulturell. Lateinamerika – Afrika – Asien, Ostfildern 2007; E. Klinger/R. Zerfaß (Hrsg.), Die Basisgemeinden. Ein Schritt auf dem Weg zur Kirche des Konzils, Würzburg 1984.

[17] Siehe dazu K. Peetz, Ferdinand Tönnies und Helmuth Plessner, in: Scherzberg, Gemeinschaftskonzepte im 20. Jahrhundert, 21–54. Zu den historischen Hintergründen und Wegen der »Gemeindetheologie« siehe: R. Bucher, 1935–1970–2009. Ursprünge, Aufstieg und Scheitern der »Gemeindetheologie« als Basiskonzept pastoraler Organisation der katholischen Kirche, in: Scherzberg, Gemeinschaftskonzepte im 20. Jahrhundert, 289–316.

[18] So A. Wollbold, Handbuch der Gemeindepastoral, Regensburg 2004, 23–67.

[19] Quelle: Kirchliche Statistik.

[20] Deutsche Bischofskonferenz (Hrsg.), Katholische Kirche in Deutsch-land. Zahlen und Fakten 2010/11 (Arbeitshilfe 249), 12.

[21] M. N. Ebertz, Wider den Wohn-Territorialismus, in: Lebendige Seel-sorge 55(2004) 16f., 17.

[22] M. N. Ebertz, Anmerkungen zum Scheitern der Gemeindebewegung, in: Pastoraltheologische Informationen 28 (2008) 91–109, 101.

[23] Zur Diskussionslage siehe für den katholischen Bereich das Heft 1/2008 der Pastoraltheologischen Informationen »Plurale Wirklichkeit Gemein-de« bzw. das Heft 6 von Evangelische Theologie 70 (2010) (mit einer deutlichen gemeindetheologischen Grundoption). Siehe auch: H. Haslin-ger, Lebensort für alle. Gemeinde neu verstehen, Düsseldorf 2005; B. Spielberg, Kann Kirche noch Gemeinde sein? Praxis, Probleme und Per-spektiven der Kirche vor Ort, Würzburg 2008; Für den protestantischen Bereich: U. Pohl-Patalong, Die Zukunft der evangelischen Gemeinde. Einblicke in den gegenwärtigen Diskurs, in: Pastoraltheologische Infor-mationen 28 (2008) 126–143; Dies., Ortsgemeinden und übergemeindli-che Arbeit im Konflikt, Göttingen 2003; M. Lehmann (Hrsg.), Parochie. Chancen und Risiken der Ortsgemeinde, Leipzig 2002.

[24] Th. Equit, Seelsorge erneuern durch Vision und Partizipation. Strate-gieprozesse deutschsprachiger Diözesen, Würzburg 2011; Deutsche Bi-schofskonferenz (Hrsg.), »Mehr als Strukturen … Entwicklungen und Perspektiven der pastoralen Neuordnung in den Diözesen«. Dokumen-tation des Studientages der Frühjahrs-Vollversammlung 2007 der Deut-schen Bischofskonferenz, 12. April 2007, Bonn 2007 (Arbeitshilfen 213); J. Pock, Gemeinden zwischen Idealisierung und Planungszwang. Bibli-sche Gemeindetheologien in ihrer Bedeutung für gegenwärtige Gemein-deentwicklungen. Eine kritische Analyse von Pastoralplänen und Leitli-nien der Diözesen Deutschlands und Österreichs, Wien-Berlin 2006; M. Belok (Hrsg.), Zwischen Vision und Planung. Auf dem Weg zu einer ko-operativen und lebensweltorientierten Pastoral. Ansätze und Erfahrun-gen aus 11 Bistümern in Deutschland, Paderborn 2002.

[25] Vgl. unten Kapitel XI.

[26] Zum Priesterbild Klostermanns: F. Klostermann, Die Gemeinde Christi. Prinzipien, Formen, Dienste, Augsburg 1972, 92–155.
[27] Vgl. dazu R. Bucher, Priester des Volkes Gottes, Würzburg 2010.
[28] A. Dubach, Die Communio-Ekklesiologie – eine zeitadäquate Konzeption von Kirche?, in: B. J. Hilberath (Hrsg.), Communio – Ideal oder Zerrbild von Kommunikation?, Freiburg/Br.-Basel-Wien, 1999, 54–68, 56.
[29] Dubach, Die Communio-Ekklesiologie, 60.
[30] Das war schon das zentrale Ergebnis der Studie von G. Schulze, Die Erlebnisgesellschaft. Kultursoziologie der Gegenwart, Frankfurt/Main 1992, gewesen.
[31] M. Lehmann, Einleitung, in: Dies. (Hrsg.), Parochie. Chancen und Risiken der Ortsgemeinde, Leipzig 2002, 7–17, 7. Vgl. auch: Z. Bauman, Gemeinschaften. Auf der Suche nach Sicherheit in einer bedrohlichen Welt, Frankfurt/M. 2009.
[32] Dubach, Die Communio-Ekklesiologie, 68.
[33] K. Gabriel, Gemeinden im Spannungsfeld von Delokalisierung und Relokalisierung. Theoretische Reflexionen und empirische Bezüge, in: Evangelische Theologie 70(2010) 427–438, 438.
[34] Vgl. unten Kapitel XIII und XIV.
[35] Vgl. unten Kapitel IV.

IV. Pastoral: Risiko, Erinnerung und Ereignis

[1] M. Schüßler, Auf dem Sprung in die Gegenwart. »Unsere Hoffnung« als Inspiration für das Zeugnis vom Gott Jesu in unserer Zeit, in Pastoraltheologische Informationen 31(2011) 53–80, 70 (http://miami.uni-muenster.de/servlets/DerivateServlet/Derivate-6122/05.Schuessler.pdf, 1.11.2011).
[2] Vgl. dazu B. Hoyer, Seelsorge auf dem Land. Räume verletzbarer Theologie, Stuttgart 2011, speziell 64–74; siehe auch: R. Bucher, Theologie im Risiko der Gegenwart. Studien zur kenotischen Existenz der Pastoraltheologie zwischen Universität, Kirche und Gesellschaft, Stuttgart 2009, 203–212.
[3] »Mich hat an der Theologie immer das Extreme interessiert«. Elmar Klinger befragt von Rainer Bucher, Würzburg 2009, 91.
[4] Siehe dazu: Bucher, Theologie im Risiko der Gegenwart, 176–189.
[5] Grundlegend hierzu: H.-J. Sander, Theologischer Kommentar zur Pastoralkonstitution über die Kirche in der Welt von heute Gaudium et spes, in: P. Hünermann/B. J. Hilberath (Hrsg.), Herders Theologischer Kommentar zum Zweiten Vatikanischen Konzil, Bd. IV, Freiburg/Br.-Basel-Wien 2005, 581–886.
[6] Vgl. dazu: E. Klinger, Jesus und das Gespräch der Religionen. Das Projekt des Pluralismus, Würzburg 2006.
[7] Vgl. dazu: W. Beinert (Hrsg.), Vatikan und Piusbrüder. Anatomie einer Krise, 2. durchges. Aufl. 2009; A. Schifferle, Die Pius-Bruderschaft. Informationen – Positionen – Perspektiven, Kevelaer 2009.
[8] Vgl. dazu: R. Bucher, Die pastorale Konstitution der Kirche. Was soll

Kirche eigentlich?, in: Ders. (Hrsg.), Die Provokation der Krise, Würzburg, 2. Aufl. 2005, 30–44; M.-D. Chénu, Volk Gottes in der Welt, Paderborn 1968; E. Klinger, Der Glaube des Konzils. Ein dogmatischer Fortschritt, in: Ders./K. Wittstadt (Hrsg.), Glaube im Prozeß, Freiburg/Br.-Basel-Wien 1984, 615–626.

[9] H.-J. Höhn, Inkulturation und Krise. Zur konziliaren Hermeneutik, in: P. Hünermann (Hrsg.), Das II. Vatikanum. Christlicher Glaube im Horizont globaler Modernisierung, Paderborn u.a. 1998, 127–134, 129f.

[10] Vgl. zum Pastoralbegriff des Konzils immer noch grundlegend: E. Klinger, Armut – eine Herausforderung Gottes, Zürich-Einsiedeln-Köln 1990, 96–134.

[11] Klinger/Bucher, »Mich hat an der Theologie immer das Extreme interessiert«, 87.

[12] Bis zu dessen Scheitern, etwa im Missbrauch klerikaler Macht. Vgl. dazu: R. Bucher, Machtkörper und Körpermacht. Die Lage der Kirche und Gottes Niederlage, in: Concilium 40(2004) 354–363.

[13] E. Klinger, Primat der Orthodoxie oder der Orthopraxie?, in: E. Garhammer/W. Weiß (Hrsg.), Brückenschläge. Akademische Theologie und Theologie der Akademien, Würzburg 2002, 255–268, 265f.

[14] Verstanden nicht im Sinne eines technokratischen Alltagspragmatismus, sondern eines handlungsbezogenen Wahrheitsbegriffs. Vgl. dazu: E. Klinger, Ein Grundlagenproblem der praktischen Theologie – der Pragmatismus, in: D. Nauer/R. Bucher/F. Weber (Hrsg.), Praktische Theologie. Bestandsaufnahme und Zukunftsperspektiven, Stuttgart 2005, 398–401; H.-J. Sander, Glauben im Zeichen der Zeit. Die Semiotik von Peirce und die pastorale Konstituierung der Theologie (Habil.-Schrift Theol. Fak. Würzburg 1996).

[15] M. Schüßler, Mit Gott neu beginnen. Eine temporale Neuformatierung von Pastoral und Theologie in ereignisbasierter Gesellschaft, Theol. Fak. Graz Habil. 2012.

V. Volk Gottes: Berufung und Hingabe

[1] Vgl. dazu: E. Klinger, Das Volk Gottes auf dem II. Vatikanum. Die Revolution in der Kirche, in: Jahrbuch für Biblische Theologie 7(1992) 305–319.

[2] Vgl. dazu: O. Fuchs, Suche nach authentischen Erfahrungen. Volksbegehren zwischen völkischer Ideologie und volksbezogener Authentizität, in: Herder Verlag (Hrsg.), »Wir sind Kirche«. Das Kirchen-Volksbegehren in der Diskussion, Freiburg/Br. 1995, 101–110; R. Bucher, Hitlers Theologie, Würzburg 2008, 157–173.

[3] Siehe dazu: R. Siebenrock, Universales Sakrament des Heils. Zur Grundlegung des kirchlichen Handelns nach dem Zweiten Vatikanischen Konzil in der Vermittlung von »Kirche nach innen« und »Kirche nach außen«, in: M. Bredeck/M. Neubrand (Hrsg.), Wahrnehmungen, Paderborn u. a. 2010, 59–79; G. Wassilowsky, Universales Heilssakrament Kirche. Karl Rahners Beitrag zur Ekklesiologie des II. Vatikanums, Innsbruck 2001.

[4] Siehe etwa: W. Kasper, Kirche als communio. Überlegungen zur ekklesiologischen Leitidee des Zweiten Vatikanischen Konzils, in: Ders., Gesammelte Schriften, Bd. II: Das Absolute in der Geschichte, Freiburg/Br. 2010, 272–289. Kasper räumt an anderer Stelle ein, die »communio-Ekklesiologie« stehe »(a)uf den ersten Blick … in den Konzilstexten nicht im Vordergrund.« »Die Idee von der Kirche als communio ist seit der Synode für mich maßgebend geworden.« (Katholische Kirche. Wesen – Wirklichkeit – Sendung, Freiburg/Br.-Basel-Wien 2011, 45f) Gemeint ist die römische Bischofssynode 1985.

[5] E. Arens, Gemeinschaft mit Schmutzflecken, in: Orientierung 69(2005) 181–185, 181.

[6] E. Klinger, Die dogmatische Konstitution über die Kirche Lumen gentium, in: F. X. Bischof/S. Leimgruber (Hrsg.), Vierzig Jahre II. Vatikanum. Zur Wirkungsgeschichte der Konzilstexte, Würzburg 2004, 74–97, 90.

[7] E. Klinger, Auseinandersetzungen um das Konzil: Communio und Volk Gottes, in: K. Wittstadt/W. Verschooten (Hrsg.), Der Beitrag der deutschsprachigen und osteuropäischen Länder zum Zweiten Vatikanischen Konzil, Löwen 1996, 157–175, 157.

[8] Klinger, Communio und Volk Gottes, 158.

[9] Klinger, Communio und Volk Gottes, 157.

[10] Klinger, Die dogmatische Konstitution Lumen gentium, 91. Siehe jetzt auch: B. J. Hilberath, Communio-Ekklesiologie. Die Herausforderung eines ambivalenten Konzepts, in: L. Scherzberg (Hrsg.), Gemeinschaftskonzepte im 20. Jahrhundert zwischen Wissenschaft und Ideologie, Münster 2010, 317–341.

[11] Klinger, Communio und Volk Gottes, 158f.

[12] Siehe dazu: Z. Baumann, Gemeinschaften, Frankfurt a. M. 2009.

[13] Klinger, Communio und Volk Gottes, 161.

[14] Klinger, Communio und Volk Gottes, 162.

[15] Klinger, Communio und Volk Gottes, 166.

[16] Klinger, Die dogmatische Konstitution Lumen gentium, 92.

[17] Klinger, Communio und Volk Gottes, 166.

[18] Klinger, Communio und Volk Gottes, 168.

[19] Klinger, Communio und Volk Gottes, 175.

[20] G. Theißen, Die Religion der ersten Christen, Gütersloh ²2001, expliziert nachdrücklich, wie sehr »Nächstenliebe und Statusverzicht« die beiden zentralen christlichen Grundwerte in der »Religion der ersten Christen« darstellten (101–122). Zu den politischen Implikationen dieser »Umwertung aller Werte« siehe: J. Kügler, Das Reich Gottes auf den Dörfern, in: R. Bucher/R. Krockauer (Hrsg.), Pastoral und Politik, Berlin 2006, 5–21.

[21] Siehe dazu etwa: O. Blaschke, Die Kolonialisierung der Laienwelt. Priester als Milieumanager und die Kanäle klerikaler Kuratel, in: Ders./F.-M. Kuhlemann (Hrsg.), Religion im Kaiserreich. Milieus – Mentalitäten – Krisen, Gütersloh 1996, 93–135. Zu den bis weit ins 20. Jahrhundert hinein postulierten Herrschaftsambitionen der katholischen Hierarchie auch über Staat und Gesellschaft und deren durchaus nicht ganz erfolgloser Umsetzung in der Zwischenkriegszeit siehe: G. Besier, »Berufsstän-

dische Ordnung« und autoritäre Diktaturen. Zur politischen Umsetzung einer »klassenfreien« katholischen Gesellschaftsordnung in den 20er und 30er Jahren des 20. Jahrhunderts, in: Ders./H. Lübbe (Hrsg.), Politische Religion und Religionspolitik. Zwischen Totalitarismus und Bürgerfreiheit, Göttingen 2005, 79–110.

²² Vgl. dazu: H.-J. Sander, Theologischer Kommentar zur Pastoralkonstitution über die Kirche in der Welt von heute Gaudium et spes, in: P. Hünermann/B. J. Hilberath (Hrsg.), Herders Theologischer Kommentar zum Zweiten Vatikanischen Konzil, Bd. IV, Freiburg/Br.-Basel-Wien 2005, hier: 674–691, 704–710.

²³ Vgl.: H. J. Pottmeyer, Unfehlbarkeit und Souveränität. Die päpstliche Unfehlbarkeit im System der ultramontanen Ekklesiologie des 19. Jahrhunderts, Mainz 1975. Von Carl Schmitt wurden dann bekanntlich umgekehrt alle prägnanten Begriffe der modernen Staatslehre historisch wie systematisch als säkularisierte theologische Begriffe charakterisiert. Vgl.: C. Schmitt, Politische Theologie. Vier Kapitel zur Lehre von der Souveränität, Berlin 1996 (¹1922).

VI. Die Zeichen der Zeit: die Gegenwart als Aufgabe

¹ Siehe dazu: P. Hünermann (Hrsg.), Das Zweite Vatikanische Konzil und die Zeichen der Zeit heute, Freiburg/Br.-Basel-Wien 2006; J. Ostheimer, Zeichen der Zeit lesen. Erkenntnistheoretische Bedingungen einer praktisch-theologischen Gegenwartsanalyse, Stuttgart 2008; H.-J. Sander, Die Zeichen der Zeit. Die Entdeckung des Evangeliums in den Konflikten der Gegenwart, in: G. Fuchs/A. Lienkamp (Hrsg.), Visionen des Konzils, Münster 1997, 85–102. Die Aufnahme der Kategorie der »Zeichen der Zeit« in Gaudium et spes geht wesentlich auf M.-D. Chenu zurück. Siehe dazu: H.-J. Sander, Theologischer Kommentar zur Pastoralkonstitution über die Kirche in der Welt von heute Gaudium et spes, in: P. Hünermann/B. J. Hilberath (Hrsg.), Herders Theologischer Kommentar zum Zweiten Vatikanischen Konzil, Bd. IV, Freiburg/Br.-Basel-Wien 2005, 581–886, 658–663, und von Chenu selbst in: M.-D. Chenu, Von der Freiheit eines Theologen. M.-D. Chenu im Gespräch mit J. Duquesne, Mainz 2005, 215–234. Zu Chenu siehe jetzt die umfangreiche Monografie von Ch. Bauer, Ortswechsel der Theologie. M.-D. Chenu im Kontext seiner Programmschrift »Une école de théologie: Le Saulchoir«, 2 Bde., Münster 2011.

² Vgl. dazu: P. Neuner, Der Streit um den katholischen Modernismus, Frankfurt/M. 2009; R. Bucher/Ch. Heil/G. Larcher/M. Sohn-Kronthaler (Hrsg.), Blick zurück im Zorn? Kreative Potentiale des Modernismusstreits, Innsbruck 2009; C. Arnold, Kleine Geschichte des Modernismus, Freiburg/Br.-Basel-Wien 2007.

³ L. Kaufmann/N. Klein, Johannes XXIII. Prophetie im Vermächtnis, Freiburg/Schweiz 1990, 24f.

⁴ Vgl. dazu: H. Hoping, Theologischer Kommentar zur Dogmatischen Konstitution über die göttliche Offenbarung Dei Verbum, in: P. Hünermann/B. J. Hilberath (Hrsg.), Herders Theologischer Kommentar zum

Zweiten Vatikanischen Konzil, Bd. III, Freiburg/Br.-Basel-Wien 2005, 695–831, 807.
⁵ Ebda.
⁶ Siehe dazu: R. Bucher, Wann und unter welchen Umständen wäre die Praktische Theologie biblisch?, in: Jahrbuch für Biblische Theologie 25(2010) 247–263; O. Fuchs, Praktische Hermeneutik der Heiligen Schrift, Bd. I, Stuttgart 2004, Bd. II: im Erscheinen. Aus exegetischer Perspektive: J. Kügler, Für wen arbeitet die Bibelwissenschaft? Exegese im Kontrast gegenwärtiger und zukünftiger Pluralität, in: R. Bucher (Hrsg.), Theologie in den Kontrasten der Zukunft. Perspektiven des theologischen Diskurses, Graz 2001, 95–116; ders., Die Gegenwart ist das Problem! Thesen zur Rolle der neutestamentlichen Bibelwissenschaft in Theologie, Kirche und Gesellschaft, in: U. Busse (Hrsg.), Die Bedeutung der Exegese für Theologie und Kirche, Freiburg/Br.-Basel-Wien 2005, 10–37.
⁷ Vgl. H. Sauer, Erfahrung und Glaube. Die Begründung des pastoralen Prinzips durch die Offenbarungskonstitution des II. Vatikanischen Konzils, Frankfurt/M. u.a. 1993.
⁸ Vgl. Johannes XXIII., *Pacem in terris*, in: KAB Deutschland (Hrsg.), Texte zur katholischen Soziallehre, Köln ⁴1977, 271–320, 282.
⁹ Vgl. dazu: R. Bucher, Der Glaube, die Kirche, die Moderne. Wider die falsche Alternative Liberalität oder Entschiedenheit, in: A. Schavan (Hrsg.), Dialog statt Dialogverweigerung, Kevelaer 1994, 220–225.
¹⁰ Vgl. dazu: R. Bucher, Bildungspastoral. Zur notwendigen Kirchlichkeit katholischer Erwachsenenbildung, in: ebd. Erwachsenenbildung. Vierteljahresschrift für Theorie und Praxis 57(2011) H. 1, 27–30.

VII. Gott: Geheimnis und Umkehr

¹ R. Ausländer, Mutterland. Gedichte, Köln 1978, 46.
² »Denn zwischen dem Schöpfer und dem Geschöpf kann man keine so große Ähnlichkeit feststellen, daß zwischen ihnen keine noch größere Unähnlichkeit festzustellen wäre« (H. Denzinger, [Hrsg.], Kompendium der Glaubensbekenntnisse und kirchlichen Lehrentscheidungen, verb., erw., ins Dt. übertr. u. unter Mitarb. v. Helmut Hoping hrsg. von Peter Hünermann, Freiburg/Br.-Basel-Rom-Wien ³⁷1991, Nr. 806).
³ »Wir können nämlich von Gott nicht erfassen, was er ist, sondern nur, was er nicht ist und wie anderes sich zu ihm verhält« (Thomas von Aquin, Summa contra gentiles, Liber 1, Kapitel 30; hrsg. von Karl Albert und Paulus Engelhardt, Darmstadt 1974, 128f).
⁴ Vgl.: K. Rahner, Über die Einheit von Nächsten- und Gottesliebe, in: Ders., Schriften zur Theologie VI, Zürich-Einsiedeln-Köln ²1968, 277–298.
⁵ Vgl.: H.-J. Höhn, Der fremde Gott, Würzburg 2008; H. Keul, Wo die Sprache zerbricht. Die schöpferische Macht der Gottesrede, Mainz 2004; S. Gärtner, Gottesrede in (post-)moderner Gesellschaft. Grundlagen einer praktisch-theologischen Sprachlehre, Paderborn u.a. 2000.
⁶ Zu diesem Begriff und seinem polaren Kontrastbegriff »Pastoralgemein-

224

schaft« vgl.: H.-J. Sander, nicht ausweichen. Die prekäre Lage der Kirche, Würzburg 2002, 11–27.
[7] E. Klinger/R. Bucher, Mich hat an der Theologie immer das Extreme interessiert, Würzburg 2009, 177.
[8] M. Ebner, Vielfalt und Einheit neutestamentlicher Gemeinden, in: K. Hillenbrand/G. Koch/J. Pretscher (Hrsg.), Einheit und Vielfalt. Tradition und Innovation in der Kirche, Würzburg 2000, 11–35.
[9] Vgl.: M. N. Ebertz, Das Charisma des Gekreuzigten. Zur Soziologie der Jesusbewegung, Tübingen 1987.
[10] G. Theißen, Die Religion der ersten Christen. Eine Theorie des Urchristentums, 2. durchges. Aufl., Gütersloh 2001, 112–120.
[11] Theißen, Die Religion der ersten Christen, 65f. Siehe auch: Th. Schmeller/M. Ebner/R. Hoppe (Hrsg.), Neutestamentliche Ämtermodelle im Kontext, Freiburg/Br.-Basel-Wien 2010.
[12] Siehe zum Folgenden: M. Ebner, Strukturen fallen auch in christlichen Gemeinden nicht vom Himmel. Überlegungen zu neutestamentlichen Gemeindemodellen, in: Diakonia 31(2000) 136–142; Teil 2: 199–204. Siehe auch: J. Pock, Gemeinden zwischen Idealisierung und Planungszwang, Wien-Berlin 2006, 67–180.
[13] Siehe: O. Fuchs, Praktische Hermeneutik der Heiligen Schrift, Stuttgart 2004, 182–189 (»Die Bibel als Lernschule der Pluralität«).

VIII. Priester und Laien

[1] Kommentar zum II. Kapitel der Dogmatischen Konstitution über die Kirche »Lumen gentium«, in: Lexikon für Theologie und Kirche, Ergänzungsband I, 2. Aufl., Freiburg/Br.-Basel-Wien 1966, 176–209, 183.
[2] Vgl. etwa: B. Henze, »Die Laien als Feinde der Kleriker von alters her«? Zur Geschichte der Beziehung zwischen Laien und Klerikern, in: G. Kraus (Hrsg.), Wozu noch Laien? Für das Miteinander in der Kirche, Frankfurt/M. 2001, 69–102; D. Burkard, Laien im Kirchenregiment, in: M. Sohn-Kronthaler/R. Höfer (Hrsg.), Laien gestalten Kirche. Diskurse, Entwicklungen, Profile (FS Liebmann), Innsbruck-Wien 2009, 221–239; L. Karrer, Die Stunde der Laien. Von der Würde eines namenlosen Standes, Freiburg/Br. u. a. 1999, 17–51.
[3] Burkard, Laien im Kirchenregiment, 221.
[4] Ch. Heil, Da ist weder Laie noch Kleriker, in: Sohn-Kronthaler/Höfer, Laien gestalten Kirche, 11–21, 21. Heil gibt damit den Konsens auch der katholischen neutestamentlichen Wissenschaft und Kirchengeschichtsschreibung wieder. Siehe etwa: Th. Schmeller/M. Ebner/R. Hoppe (Hrsg.), Neutestamentliche Ämtermodelle im Kontext, Freiburg/Br.-Basel-Wien 2010; P. Hoffmann, Jesus von Nazareth und die Kirche, Stuttgart 2010; J. Kügler, Jesus, der Kult und die Priester der Kirche, in: Wort und Antwort 46(2005) 5–10.
[5] M. Gielen, Die Wahrnehmung gemeindlicher Leitungsfunktionen durch Frauen im Spiegel der Paulusbriefe, in: Schmeller/Ebner/Hoppe, Neutestamentliche Ämtermodelle im Kontext, 129–165, 163.
[6] Ebda.

[7] Burkard, Laien im Kirchenregiment 238.

[8] Burkard, Laien im Kirchenregiment 239.

[9] Siehe hierzu: R. Bucher, Priester des Volkes Gottes, Würzburg 2010, 23–51.

[10] Vgl. etwa die römische Instruktion aus dem Jahre 1997 »Zu einigen Fragen über die Mitarbeit der Laien am Dienst der Priester«. Dazu: P. Hünermann (Hrsg.), Und dennoch … Die römische Instruktion über die Mitarbeit der Laien am Dienst der Priester. Klarstellungen – Kritik – Ermutigungen, Freiburg/Br. 1998.

[11] Vgl. H. Keupp u.a., Identitätskonstruktionen. Das Patchwork der Identitäten in der Spätmoderne, Reinbek bei Hamburg 1999.

[12] Vgl. etwa: O. Fuchs, Im Innersten gefährdet. Für ein neues Verhältnis von Kirchenamt und Gottesvolk, Innsbruck-Wien 2009; J. Werbick, Warum die Kirche vor Ort bleiben muss, Donauwörth 2002. Empirisch: D. Richarz, Zwischen Sphinx und Ödipus: Priester in Fusionsprozessen. Oder: Von der Kon-fusion der Ohnmacht in den Fusionsplänen der Macht, in: R. Bucher/J. Pock (Hrsg.), Klerus und Pastoral, Wien 2010, 191–205.

[13] Siehe dazu unten Kap. 13. »Überschaubarkeit« ist eine typisch moderne Kategorie. Michel Foucault hat in seinen subtilen Analysen von Benthams (1748–1832) Panopticon dessen »Hauptwirkung« als »Schaffung eines bewussten und permanenten Sichtbarkeitszustandes« beschrieben, »der das automatische Funktionieren der Macht sicherstellt« (M. Foucault, Überwachen und Strafen. Die Geburt des Gefängnisses, Frankfurt/M. 1976, 251–292, 258).

[14] Siehe: E. Klinger/R. Zerfaß (Hrsg.), Die Kirche der Laien. Eine Weichenstellung des Konzils, Würzburg 1987. Zur Problematik allein schon des Begriffs siehe: L. Karrer, Die Stunde der Laien. Von der Würde eines namenlosen Standes, Freiburg/Br. 1999; zur kirchenrechtlichen Problematik: S. Demel, Zur Verantwortung berufen. Nagelproben des Laienapostolats, Freiburg/Br. 2009.

[15] N. Lüdecke, Der Codex Iuris Canonici von 1983: »Krönung« des II. Vatikanischen Konzils?, in: H. Wolf/C. Arnold (Hrsg.), Die deutschsprachigen Länder und das II. Vatikanum, Paderborn 2000, 209–237, 237.

[16] Vgl. dagegen: S. Demel (Hrsg.), Krönung oder Entwertung des Konzils? Das Verfassungsrecht der katholischen Kirche im Spiegel der Ekklesiologie des Zweiten Vatikanischen Konzils, Trier 2007.

[17] Siehe dazu: B. J. Hilberath, Das Verhältnis von gemeinsamem und amtlichem Priestertum in der Perspektive von Lumen gentium 10, in: Trierer Theologische Zeitschrift 94(1985) 311–325; jetzt erneut pointiert zusammengefasst in: Ders., Das gemeinsame Priestertum aller Gläubigen. Zu einer vielfach missverstandenen Konzilsaussage, in: Lebendige Seelsorge 61(2010) 143–147.

[18] O. Fuchs, Es geht nichts verloren. Ottmar Fuchs im Gespräch mit Rainer Bucher und Rainer Krockauer, Würzburg 2010, 222.

[19] P. Hünermann, Anmerkungen zum Motu proprio »Omnium in mentem«, in: Theologische Quartalschrift 190(2010), 116–129. Wobei einzuräumen ist, dass diese Kopplung in *Lumen gentium 21* eher verstärkt wurde.

IX. »Hauptamtliche« und »Ehrenamtliche«

[1] Der prekäre Ortswechsel des Ehrenamtes. Vom Sozialkapital der Hierarchie zum pastoralen Kapital der Kirche, in: Diakonia 40(2009) 233–241, 233.

[2] Als neueste Arbeit zur Thematik siehe: D. Steinebach. Den Anderen begegnen. Zur Zukunft von Haupt- und Ehrenamt in der katholischen Kirche, Würzburg 2010; dort weiterführende Literatur. Empfehlenswert wegen der Kombination aus Grundsatzartikeln und Praxisbeispielen auch: H.-G. Hunstig/M. Bogner/M. N. Ebertz (Hrsg.), Kirche lebt. Mit uns. Ehrenamtliches Laienengagement aus Gottes Kraft, 2. Aufl. Düsseldorf 2005; zur gesellschaftlichen Diskussion siehe: Enquete-Kommission »Zukunft des bürgerschaftlichen Engagements« des Deutschen Bundestages (Hrsg.), Bericht. Bürgerschaftliches Engagement. Auf dem Weg in eine zukunftsfähige Bürgergesellschaft, Opladen 2002.

[3] Man kann sich auch fragen, ob generell unser pastorales Adressierungssystem mit seiner Zentralstellung der Generationenklassifikation noch zu den aktuellen Zeit- und Biografiestrukturen passt und ob damit nicht pastorale Zuschreibungen aus der Zeit der »Standespastoral« und schematisierter Standardlebensläufe transportiert werden.

[4] Vgl.: M. N. Ebertz, Gleichberechtigte Partner? Entlohnte und nichtentlohnte Dienste und Ämter, in: Herder-Korrespondenz Spezial 1/2009: »Arbeiten in der Kirche. Ämter und Dienste in der Diskussion«, 14–18.

[5] Vgl. dazu: H. Haslinger, Konkretion Ehrenamt, in: Ders. (Hrsg.), Handbuch Praktische Theologie, Bd. II, Mainz 2000, 308–322, speziell 317–322.

[6] Vgl.: O. Fuchs, Suche nach authentischen Erfahrungen. Volksbegehren zwischen völkischer Ideologie und volksbezogener Authentizität, in: Herder Verlag (Hrsg.), »Wir sind Kirche«. Das Volksbegehren in der Diskussion, Freiburg/Br. 1995, 101–110. Siehe dazu auch den Beitrag »Volk Gottes: Berufung und Hingabe« in diesem Buch.

[7] Vgl. *Lumen gentium* 32.

[8] Vgl.: M. E. Aigner/R. Bucher/I. Hable/H.-W. Ruckenbauer (Hrsg.), Räume des Aufatmens (FS Ladenhauf), Wien 2010 (werkstatt.theologie 17).

X. Die drinnen und die draußen

[1] »Ich bin's, dein Kardinal«. Gott riecht nach Weihrauch (ORF-Kolumne vom 14.8.2007), http://oe1.orf.at/highlights/107153.html, 13.1.2012.

[2] Er lautet: »Am Sonntag und an den anderen gebotenen Feiertagen sind die Gläubigen zur Teilnahme an der Meßfeier verpflichtet; sie haben sich darüber hinaus jener Werke und Tätigkeiten zu enthalten, die den Gottesdienst, die dem Sonntag eigene Freude oder die Geist und Körper geschuldete Erholung hindern.«

[3] Es heißt in dieser Nummer des Katechismus der Katholischen Kirche: »Die sonntägliche Eucharistie legt den Grund zum ganzen christlichen Leben und bestätigt es. Deshalb sind die Gläubigen verpflichtet, an den

227

gebotenen Feiertagen an der Eucharistiefeier teilzunehmen, sofern sie nicht durch einen gewichtigen Grund (z. B. wegen Krankheit, Betreuung von Säuglingen) entschuldigt oder durch ihren Pfarrer dispensiert sind [Vgl. CIC, can. 1245.]. Wer diese Pflicht absichtlich versäumt, begeht eine schwere Sünde.«

[4] So die berühmte Formulierung der Liturgiekonstitution des II. Vatikanums *Sacrosanctum Concilium*, Nr. 10. Dort heißt es, die Liturgie sei »der Höhepunkt, dem das Tun der Kirche zustrebt, und zugleich die Quelle, aus der all ihre Kraft strömt.«

[5] E. Klinger, Mich hat an der Theologie immer das Extreme interessiert. Elmar Klinger befragt von Rainer Bucher, Würzburg 2009, 84f.

[6] Vgl. dazu: J. Lohfeld, Das andere Volk Gottes. Eine Pluralitätsherausforderung für die Pastoral, Würzburg 2011.

[7] Vgl. oben das Kapitel 6 zu den »Zeichen der Zeit«.

[8] J. Först/J. Kügler (Hrsg.), Die unbekannte Mehrheit. Mit Taufe, Trauung und Bestattung durchs Leben. Eine empirische Untersuchung zur ›Kasualienfrömmigkeit‹ von KatholikInnen. Bericht und interdisziplinäre Auswertung, 2. erw. Aufl. Berlin 2010 (1. Auflage 2006) (werkstatt. theologie. 6).

[9] J. Först, Die unbekannte Mehrheit. Sinn- und Handlungsorientierungen »kasualienfrommer« Christ/inn/en, in: Ders/Kügler, Die unbekannte Mehrheit, 17–88, 78.

[10] Vgl. dazu die einschlägigen Ausführungen in *Lumen gentium* Nr. 14–16. Siehe dazu: P. Hünermann, Theologischer Kommentar zur dogmatischen Konstitution über die Kirche *Lumen gentium*, in: Ders./B. J. Hilberath (Hrsg.), Herders Theologischer Kommentar zum Zweiten Vatikanischen Konzil, Bd. II, Freiburg/Br.-Basel-Wien 2004, 263–582, hier: 389–401.

[11] Zum Prophetiebegriff und zu seinen pastoraltheologischen Implikationen siehe: R. Bucher/R. Krockauer (Hrsg.), Prophetie in einer etablierten Kirche, Münster 2004.

[12] Vgl.: E. Güthoff/St. Häring/H. Pree (Hrsg.), Der Kirchenaustritt im staatlichen und kirchlichen Recht, Freiburg/Br.-Basel-Wien 2011 (QD 243); siehe auch: G. Bier, Was ist ein Kirchenaustritt? Neue Entwicklungen in einer altbekannten Frage, in: Herder-Korrespondenz 60 (2006) 348–352; H. Zapp, »Kirchenaustritt« zur Vermeidung von Kirchensteuern – nun ohne kirchenrechtliche Konsequenzen, in: A. Egler (Hrsg.), Dienst an Glaube und Recht, Berlin 2006, 673–707.

[13] Zirkularschreiben von Kardinal Julián Herranz, Präsident des Päpstlichen Rates für die Gesetzestexte, an die Präsidenten der Bischofskonferenzen vom 13.3.2006, veröffentlicht in: Die österreichischen Bischöfe (Hrsg.), Zugehörigkeit zur katholischen Kirche. Pastorale Initiativen im Zusammenhang mit dem Kirchenaustritt, Wien 2007, 4–6.

[14] Vgl. die »Erklärung der Deutschen Bischofskonferenz zum Austritt aus der katholischen Kirche« vom 24.4.2006 (http://bistum-magdeburg.de/img/sonst/am0606_89.pdf, 14.8.2007) als Antwort auf das o.g. römische Schreiben. In ihr heißt es sehr strikt: »1. Durch die Erklärung des Austritts aus der katholischen Kirche vor der staatlichen Behörde wird mit öffentlicher Wirkung die Trennung von der Kirche vollzogen. Der Kir-

chenaustritt ist der öffentlich erklärte und amtlich bekundete Abfall von der Kirche und erfüllt den Tatbestand des Schismas im Sinn des c. 751 CIC. 2. Die Erklärung des Austritts vor der staatlichen Behörde wird durch die Zuleitung an die zuständige kirchliche Autorität auch kirchlich wirksam. Dies wird durch die Eintragung im Taufbuch dokumentiert.« – Die österreichische Lösung ist juristisch raffinierter. Insofern der staatliche Kirchenaustritt ohne Zweifel als öffentlicher Abfall von der katholischen Kirche gelten muss, wenn er auch vor einem Repräsentanten der Kirche als solcher bestätigt wird, wurde ebendieses Gespräch zwischen neu Ausgetretenen und kirchlichem Repräsentanten in einer Dreimonatsfrist verpflichtend gemacht. Siehe: Die österreichischen Bischöfe, Erklärung der Österreichischen Bischofskonferenz zum Kirchenaustritt, in: Dies., Zugehörigkeit zur katholischen Kirche, 9–10.
[15] Kirchenzugehörigkeit und Kirchenbeitrag. Eine Stellungnahme der Österreichischen Theologischen Kommission im Auftrag der Österreichischen Bischofskonferenz (Typoskript), Wien 1996, 6.
[16] U. Schmälzle, »Die Steuergemeinschaft endet. Die Heilsgemeinschaft bleibt!« Kirchenaustritt als pastorale Herausforderung, in: Schweizerisches Pastoralsoziologisches Institut (Hrsg.), Jenseits der Kirchen, Zürich 1998, 171–183, 171.
[17] Schmälzle, Die Steuergemeinschaft endet. Die Heilsgemeinschaft bleibt!, 174.
[18] Kirchenzugehörigkeit und Kirchenbeitrag, 11.
[19] Vgl. dazu: O. Fuchs, Wer's glaubt, wird selig. Wer's nicht glaubt, kommt auch in den Himmel, Würzburg 2012.

XI. Männer und Frauen

[1] J. Roß, Der Papst Johannes Paul II. Drama und Geheimnis, Berlin 2000, 127f.
[2] Der Unterschied im Kirchgangverhalten betrug in den 1990er Jahren in Deutschland bei den bis 1917 geborenen 37 % zu 26 %, bei der Generation der zwischen 1933 und 1944 geborenen 22 % zu 16 %, bei der Generation der ab 1960 geborenen 11 % zu 9 % (vgl.: Ch. Wolf, Zur Entwicklung der Kirchlichkeit von Männern und Frauen 1953–1992, in: I. Lukatis/R. Sommer/Ch. Wolf (Hrsg.), Religion und Geschlechterverhältnis, Opladen 2000, 69–83, 76f). Wenn auch in Österreich der Abstand von Frauen- und Männerkirchgang offenbar noch relativ groß ist (vgl.: P. Zulehner/P. Steinmair-Pösel, Typisch Frau? Wie Frauen leben und glauben 1970 bis 2010, http://www.welt-der-frau.at/Welt_der_Frau_Studie_ Wie-Frauen-leben-und-glauben.pdf, 23.1.2012, 71), so gilt doch auch: »Frauen (26 %) waren 1970 deutlich kirchlicher als Männer (19 %). Dann folgte ein starker Rückgang in der Kirchlichkeit bei Männern und Frauen. Dieser Entkirchlichungsprozess verlief bis 2000 einigermaßen ›synchron‹. Der Abstand zwischen den Geschlechtern blieb erhalten. In den letzten zehn Jahren kam es faktisch zu einer Angleichung der Frauen an die Männer auf einem sehr niedrigen Niveau. 6 % der Frauen und 4 % der Männer können im Sinn der Typologie als ›kirchlich‹ gelten« (81). Ja

es gilt gar: »Frauen unter 30 Jahren denken deutlich mehr an Kirchenaustritt als Männer unter 30« (63).

[3] »Die seit langer Zeit in mehreren Schüben ablaufenden Trends der ›Feminisierung‹ und der ›Entmaskulinisierung‹ des kirchlichen Gemeindelebens sind dabei, in der Generationenfolge auszulaufen und in einen generellen Prozess der ›Entkirchlichung‹ zu münden. Die derzeit noch beobachtbare, aber stagnierende, wenn nicht auslaufende Feminisierung wird hauptsächlich noch *getragen durch die mittlere und ältere Generation von Frauen – insbesondere in den kleinen Städten und im ländlichen Raum*« (M. N. Ebertz, Frauen und die katholische Kirche in Deutschland, in: Handbuch der Religionen. Kirchen und andere Glaubensgemeinschaften in Deutschland. 12. Ergänzungslieferung 2006, München 2006, 1–15, 5).

[4] Wolf, Zur Entwicklung der Kirchlichkeit von Männern und Frauen 1953–1992, 80f.

[5] Zur keineswegs harmlosen Problematik der Männer in all dem siehe: P. Zulehner/R. Volz, Männer in Bewegung. Zehn Jahre Männerentwicklung in Deutschland, Baden-Baden 2009; M.-Th. Wacker/St. Rieger-Goertz (Hrsg.), Mannsbilder. Kritische Männerforschung und theologische Frauenforschung im Gespräch, Münster 2006; M. Weiß-Flache, Befreiende Männerpastoral. Männer in Deutschland auf befreienden Wegen der Umkehr aus dem Patriarchat, Münster 2001.

[6] Vgl.: Sekretariat der DBK (Hrsg.), Frauen und Kirche. Eine Repräsentativbefragung von Katholikinnen (Reihe Arbeitshilfen 108), Bonn 1993.

[7] St. Klein, »Jede hat ihre Gnadengabe von Gott, die eine so, die andere so« (1 Kor 7,7). Die Charismen der Frauen. Eine qualitativ-empirische Studie, in: kfd (Hrsg.), Eine jede hat ihre Gaben. Studien, Positionen und Perspektiven von Frauen in der Kirche, Ostfildern 2008, 64–123.

[8] A. Bucher, Frauen wollen ihre Charismen leben können. Eine quantitative Untersuchung zu den Charismen von kfd-Frauen, in: kfd, 34–63.

[9] A. Bucher, Frauen wollen ihre Charismen leben können, 41–44.

[10] »Es ist interessant, dass es gerade die Mütter sind, die ihre Töchter vor einem kirchlichen Beruf warnen« (Klein, »Jede hat ihre Gnadengabe«, 113).

[11] A. Bucher, Frauen wollen ihre Charismen leben können, 45.

[12] Siehe: M. E. Aigner/J. Pock (Hrsg.), Geschlecht quer gedacht. Widerstandspotentiale und Gestaltungsmöglichkeiten in kirchlicher Praxis, Wien-Berlin 2009.

[13] Siehe unten Kap. XIII.

[14] Vgl.: H. Wustmans, Balancieren statt ausschließen. Eine Ortsbestimmung von Frauenritualen in der Religions- und Pastoralgemeinschaft der Kirche, Würzburg 2011; für den evangelischen Bereich siehe: B. Enzner-Probst, Frauenliturgien als Performance. Die Bedeutung von Corporealität in der liturgischen Praxis von Frauen, Neukirchen-Vluyn 2008.

[15] Siehe: A. Qualbrink, Fordern und fördern. Frauen in kirchlichen Leitungspositionen, in: Herder-Korrespondenz 65(2011) 461–466.

[16] Siehe etwa: M. Würthinger, Gender Mainstreaming in der Diözese Linz, in: Neues Archiv für die Geschichte der Diözese Linz 11(2006) 71–75.

[17] Vgl.: I. Löffler, Frauen in Führungsaufgaben der Kirche, in: Diakonia 39 (2008) 130–134.

[18] Österreichische Bischofskonferenz, De usu et abusu matrimonii. Leitsätze und Hinweise für Beichtväter, Innsbruck 1954 (als Ms. gedruckt), 9.

[19] http://www.kath.net/detail.php?id=30170 (17.2.2011).

[20] Vgl. etwa jüngst Medien-Dienstleistung GmbH (Hrsg.), Trendmonitor »Religiöse Kommunikation 2010«, Bd. I, München 2010, 65.

[21] Th. Heimerl, Himmlische Körper – irdisches Begehren. Aktuelle Herausforderungen zu einem christlichen Sprechen über Körper und Sexualität – (nicht nur) für Frauen, in: Lebendige Seelsorge 60 (2009) 74–78, 75.

[22] M. Widl, Die Ehe – eine prophetische Lebensform? Zur Zukunft der christlichen Ehekonzeption unter postmodernen Bedingungen, in: Lebendiges Zeugnis 63 (2008) 188–196, 192.

[23] Problematisch erscheinen insbesondere ihre ausschließliche Ehebezogenheit, ihre Verbotsmoral, ihre Ausrichtung der Sexualität auf Fortpflanzung, die Vernachlässigung der Verletzungsmöglichkeiten innerhalb der Ehe, ihre Verallgemeinerung und Idealisierungen: so die Problemzusammenfassung bei K. Hilpert, Resultate, Kontrapunkte und bleibende Visionen, in: Ders. (Hrsg.), Zukunftshorizonte katholischer Sexualethik, Freiburg/Br.-Basel-Wien 2011, 490–498.

[24] H. Tyrell, Die Familienrhetorik des Zweiten Vatikanums und die gegenwärtige Deinstitutionalisierung von ›Ehe und Familie‹, in: F.-X. Kaufmann/A. Zingerle (Hrsg.), Vatikanum II und Modernisierung, Paderborn u.a. 1996, 353–373, hier 356. Tyrell weist dabei darauf hin, dass diese »›Anpassung‹ an die bürgerliche Familienkultur (und zumal die Liebesehe)« angesichts der ungefähr zeitgleich einsetzenden Deinstitutionalisierungsprozesse von Ehe und Familie »historisch *zu spät* [kam]«: »Und angesichts dieser Entwicklungen hat die katholische Ehe- und Familiendoktrin die Berührung zu dem, was sich auf den Feldern von Intimbeziehung, Sexualität und Elternschaft als Verhalten verändert und auch wieder normalisiert hat, offenkundig weitgehend verloren; zugleich aber sind die normativen Bestände der kirchlichen Ehelehre, wie sie das Konzil eher kleingeschrieben sehen wollte, in umso grelleres Licht gerückt« (358 f).

[25] Tyrell, Die Familienrhetorik des Zweiten Vatikanums, 367.

[26] »Gottes Barmherzigkeit ist nicht ein Kompromiß *mit* der Gerechtigkeit, sondern *manifestiert* seine Gerechtigkeit. Gott ist den Gescheiterten und Gerichteten gegenüber nicht nur gnädig (obwohl ihnen *recht*mäßig eigentlich anderes zustünde), sondern er rechtfertigt sie, so dass sie *als* SünderInnen Gerechtfertigte sind« (O. Fuchs, Nicht pastoraler Kompromiß, sondern kompromißlose Pastoral, in: Th. Schneider (Hrsg.), Geschieden, wiederverheiratet, abgewiesen? Antworten der Theologie, Freiburg/Br.-Basel-Wien 1995, 322–341, 328). Pastoraltheologisch siehe auch: Th. Pfammatter, Geschiedene und nach Scheidung wiederverheiratete Menschen in der katholischen Kirche. Kriteriologische Fundamente integrierender Praxis (Praktische Theologie im Dialog 23), Freiburg/Schweiz 2002, moraltheologisch jetzt zur Problematik: E. Schockenhoff, Chancen zur Versöhnung? Die Kirche und die wiederverheirateten Geschiedenen, Freiburg/Br. 2011.

[27] Vgl.: Th. Knieps-Port le Roi, Die Ehe als Prozess aus sakramententheologischer Perspektive, in: Zeitschrift für katholische Theologie 132(2010) 273–292, 282. Dort auch eine Diskussion neuerer Überlegungen, den prozesshaften Charakter der Ehe auch sakramententheologisch oder gar kirchenrechtlich einzuholen.

[28] Vgl. dazu: R. Bucher, Kirchenbildung in der Moderne, Stuttgart 1998, 223–232.

[29] Diese Sensibilität schlägt sich auch in halb-offiziösen Texten und Materialien nieder. Vgl. etwa das Themenheft »Ehe-, Familien- und Lebensberatung. Lösungen finden« von »Unsere Seelsorge«, hrsg. von der Hauptabteilung Seelsorge im Bischöflichen Generalvikariat Münster, 2008, oder das Heft der Familienstelle der kategorialen Seelsorge der Erzdiözese Wien (Hrsg.), Aufmerksamkeiten. Handreichung für den Umgang mit Geschiedenen und mit Menschen, die an eine neue Partnerschaft denken und mit der Kirche in Frieden leben wollen, Wien 2007.

[30] Worauf Marianne Heimbach-Steins zu Recht hinweist und sich dabei immerhin auf *Familiaris consortio* Nr. 5 und *Lumen gentium* 12 berufen kann (Die Idealisierung von Ehe und Familie in der kirchlichen Moralverkündigung, in: Hilpert, Zukunftshorizonte katholischer Sexualethik, 300–309, 308).

[31] Die Abduktion ist neben Induktion und Deduktion die dritte mögliche Kombination der drei Größen des logischen Schlusses: Obersatz, Spezialisierung und Resultat. Während die Deduktion aus dem Obersatz über eine Spezialisierung auf das Faktum schließt, schließt die Induktion aus einem Faktum über Generalisierung auf eine generelle Hypothese. Die Deduktion ist zwingend, die Induktion ist nicht zwingend, besitzt aber bei einer hinreichenden Zahl von Fällen eine große Wahrscheinlichkeit, beide aber sind nicht kreativ. Die Abduktion ist nun die dritte Möglichkeit: Ihr Ausgangspunkt ist die Inkongruenz von wahrgenommenem Faktum und allgemeiner Hypothese. Sie sprengt das Schema eines logischen Schlusses: Sie ist daher nicht zwingend, aber kreativ. Zur pastoraltheologischen Aufnahme dieses Konzepts siehe B. Hoyer, Seelsorge auf dem Lande. Räume verletzbarer Theologie, Stuttgart 2011, 64–74; W. Beck, Die unerkannte Avantgarde im Pfarrhaus. Zur Wahrnehmung eines abduktiven Lernortes kirchlicher Pastoralgemeinschaft, Münster 2008, 387–402.

[32] Vor dem II. Vatikanum gab es eine lange Diskussion über deren interne Hierarchisierung, die allgemein zu Gunsten der Zeugung als *finis primarius* entschieden wurde. Zur nachkonziliaren Diskussion siehe: K. Lüdicke, Eine Wiedergeburt der Ehezwecke?, in: Theologische Revue 92(1996) 449–460.

[33] So auch die Titelstory der ZEIT am 7. April 2011.

[34] Siehe: D. Hänel/M. Uhlig, Ein Vorhängeschloss für die ewige Liebe. In Köln etabliert sich ein neuer Brauch, http://www.rheinische-landeskunde.lvr.de/volkskunde/projekte/ein_vorh%C3%A4ngeschloss_f%C3%BCr_die_ewige_liebe_75dpi.pdf (11.12.2010).

[35] »Aufgrund der hohen Scheidungszahlen findet sich … ein Wandel vom Muster der permanenten Monogamie zur Monogamie auf Raten (›Fortsetzungsehen‹ oder ›Folgeehen‹…)« (R. Peuckert, Familienformen im so-

zialen Wandel, 7., vollst. überarb. Aufl., Wiesbaden 2008, 25). »Allerdings gibt es neben dem Alleinwohnen (evtl. mit Kindern) noch weitere Alternativen zur Wiederheirat: die nichteheliche Lebensgemeinschaft und das ›living apart together‹« (209). Die »serielle Monogamie« ist nicht zuletzt Folge der gestiegenen emotionalen Ansprüche an die Ehe. Siehe auch: R. Nave-Herz, Familie heute. Wandel der Familienstrukturen und Folgen für die Erziehung, 4., überarb. Aufl., Darmstadt 2009; E. Beck-Gernsheim, Was kommt nach der Familie? Alte Leitbilder und neue Lebensformen, München [3]2010.
[36] R. Ammicht Quinn, Körper – Religion – Sexualität. Theologische Reflexionen zur Ethik der Geschlechter, Mainz 1999, 357.

XII. Von der Sozialformorientierung zur pastoralen Aufgabenorientierung

[1] »Beruf, Liebe, Partnerschaft – alles ist ein Projekt. Nichts ist auf Dauer. Die Menschen haben keinen Auftrag mehr, aber suchen ständig nach neuen Projekten, um möglichst viel aus ihrem Leben in stets veränderter Form herauszukitzeln. Um sich auszutesten und dabei scheinbar Selbstfindung zu betreiben« – so der Ankündigungstext.
[2] Vgl.: K. König, Zur Kritik eines neuen öffentlichen Managements, Speyer 1995; A. Pelizzari, Die Ökonomisierung des Politischen. New public management und der neoliberale Angriff auf die öffentlichen Dienste, Konstanz 2001.
[3] Vgl.: M. Weber, Die drei reinen Typen der legitimen Herrschaft, in: Ders., Gesammelte Aufsätze zur Wissenschaftslehre, Tübingen [4]1973, 475–488.
[4] Vgl. dazu: E. Klinger, Ekklesiologie der Neuzeit. Grundlegung bei Melchior Cano und Entwicklung bis zum Zweiten Vatikanischen Konzil, Freiburg/Br.-Basel-Wien 1978.
[5] Die »Entstehung der modernen Gesellschaft ist aufs engste mit der Entstehung von komplexen Organisationsarrangements verbunden« (A. Nassehi, Soziologie, Wiesbaden 2008, 96). Es gilt aber eben auch: »Vielleicht machen wir uns deshalb über Organisationen so unrealistische Vorstellungen einer rationalen und weitgehend steuerbaren Ordnung, weil gerade an Organisationen ihre innere Komplexität und ihr Zugzwang zu Selbstorganisationsprozessen auffällt« (97f).
[6] Vgl. dazu: R. Bucher, Kirchenbildung in der Moderne, Stuttgart 1998, 51ff.
[7] P. Sloterdijk, Die wahre Irrlehre. Über die Weltreligion der Weltlosigkeit, in: Ders./Th. Macho (Hrsg.), Weltrevolution der Seele, Bd. I: Gütersloh 1991, 17–54, 22.
[8] Vgl.: P. Hardt/K. v. Stosch (Hrsg.), Für eine schwache Vernunft. Beiträge zu einer Theologie nach der Postmoderne, Mainz 2007.
[9] Siehe zu diesen Zusammenhängen und zu ihren praktisch-theologischen Implikationen: H.-G. Ziebertz/St. Heil/A. Prokopf (Hrsg.), Abduktive Korrelation, Münster-Hamburg-London 2003.
[10] Vgl. B. J. Hilberath/B. Nitsche (Hrsg.), Ist Kirche planbar? Organisa-

tionsentwicklung und Theologie in Interaktion, Mainz 2002. Zum Stand der Diskussion zur Organisationsentwicklung in der Kirche siehe: V. Dessoy/G. Lames (Hrsg.), »Denn sicher gibt es eine Zukunft« (Spr 23,18). Strategische Perspektiven kirchlicher Organisationsentwicklung, Trier 2008.

[11] O. Fuchs, Praktische Hermeneutik der Heiligen Schrift, Stuttgart 2004, 403.

[12] O. Fuchs, Zwischen Wahrhaftigkeit und Macht. Pluralismus in der Kirche, Frankfurt/M. 1990, 222. Man wird freilich darauf hinweisen müssen, dass es in der Geschichte der Kirche real auch eine lange Erfahrung der Gnadenlosigkeit von Kirche gibt.

[13] Vgl.: O. Fuchs, »Von solcher Hoffnung kann ich leben ...« Predigten, Luzern 1997, 85–207.

[14] D. Sattler, Art. Gnade, in: A. Christophersen/S. Jordan (Hrsg.), Lexikon Theologie, Stuttgart 2004, 137–139, 137.

[15] K. Rahner, Art. Gnadentheologie, in: Ders./H. Vorgrimler, Kleines Theologisches Wörterbuch, Freiburg/Br. 1961, 142.

[16] Vgl.: M. Weber, Die drei reinen Typen der legitimen Herrschaft.

[17] Siehe dazu R. Bucher/R. Krockauer (Hrsg.), Macht und Gnade. Untersuchungen zu einem konstitutiven Spannungsfeld der Pastoral, Münster 2005.

XIII. Von der Gemeindezentrierung zum Netzwerkkonzept

[1] C. Wippermann, Milieus in Bewegung. Werte, Sinn, Religion und Ästhetik in Deutschland, Würzburg 2011, 16.

[2] Vgl.: http://www.citykirchenprojekte.de (21.1.2012). Grundlegend immer noch: H.-J. Höhn, Kirche ohne Gemeinde? Auf der Suche nach neuen Formen kirchlicher Präsenz in der Großstadt, in: E. Purk (Hrsg.), Herausforderung Großstadt. Frankfurt/M. 1999, 45–66; Ders., Zerstreuungen. Religion zwischen Sinnsuche und Erlebnismarkt, Düsseldorf 1998, 119–140; Ders., Gegen-Mythen. Religionsproduktive Tendenzen der Gegenwart, Freiburg/Br.-Basel-Wien 1994, speziell 108–138. Siehe auch: M. Sellmann, Touch and go. Das Bewährungsfeld der City-Pastoral, in: Pastoralblatt 59(2007) 247–254; als konkreten Erfahrungsbericht eines Praktikers: W. Schumacher, Pastoral für Zaungäste. Seelsorge und Liturgie in einer City-Kirche, in: Bibel und Liturgie 81(2008) 194–199.

[3] Vgl. dazu: M. Freitag/U. Hamachers-Zuba/H. Hobelsberger (Hrsg.), Praxis Jugendkirche, Hannover 2012 (im Erscheinen); J. Gaab u.a. (Hrsg.), Vielleicht schau ich mal rein... Jugendkirche als religiöser Erfahrungsraum, Ostfildern 2009; E. Stams, Das Experiment Jugendkirche. Die ersten Jahre der Jugendkirche TABGHA in Oberhausen. Eine exemplarische Fallstudie zur Problematik jugendpastoraler Neuorientierung, Stuttgart 2008; H. Wustmans, »Anders-Orte« Jugendkirchen. Neue Orte in der Pastoral, in: Diakonia 38(2007) 65–71 sowie das Themenheft 4/2004 (»Jugendkirchen«) der »Lebendigen Seelsorge«.

⁴ Vgl. das diesen Trauerkirchen gewidmete Heft 5/2010 der »Lebendigen Seelsorge«.

⁵ P. Müller, Eine kompakte Theologie der Gemeinde, Berlin 2007, 96.

⁶ Vgl. dazu: R. Bucher, 1935 – 1970 – 2009. Ursprünge, Aufstieg und Scheitern der »Gemeindetheologie« als Basiskonzept pastoraler Organisation der katholischen Kirche, in: L. Scherzberg (Hrsg.), Gemeinschaftskonzepte im 20. Jahrhundert zwischen Wissenschaft und Ideologie, Münster 2010, 289–316.

⁷ K. H. Paulus, Zur Konzeption des Domforums, Köln 1999, 1.

⁸ Vgl.: M. Foucault, Warum ich Macht untersuche? Die Frage des Subjekts, in: H. Dreyfus/P. Rabinov, Jenseits von Strukturalismus und Hermeneutik, Frankfurt/M. 1987, 243–250; Ders., Omnes et singulatim. Zu einer Kritik der politischen Vernunft, in: J. Vogl (Hrsg.), Gemeinschaften. Positionen zu einer Philosophie des Politischen, Frankfurt 1994, 65–93. Foucaults Machtanalysen erhellen, dass die typisch moderne Gegenüberstellung – hier das freie, souveräne Subjekt, dort die repressive und subjektzerstörende Macht – selbst eine spezifische Machtformation verkörpert.

⁹ Vgl. dazu aus exegetischer Perspektive: J. Kügler, Willenlose Schafe? Zur Ambivalenz des Bildes vom Guten Hirten, in: W. Ritter/Ders. (Hrsg.), Gottesmacht: Religion zwischen Herrschaftsbegründung und Herrschaftskritik, Münster 2006, 9–34, aus pastoraltheologisch-psychologischer Perspektive: H. Stenger, Im Zeichen des Hirten und des Lammes. Mitgift und Gift biblischer Bilder, Innsbruck 2000.

¹⁰ Vgl. dazu: R. Bucher, Bildungspastoral. Zur notwendigen Kirchlichkeit katholischer Erwachsenenbildung, in: eb. Erwachsenenbildung. Vierteljahresschrift für Theorie und Praxis 57(2011) H. 1, 27–30.

¹¹ Vgl. dazu: R. Bucher, Vom Aschenputtel zum Imageretter. Die Caritas in der Transformationskrise der katholischen Kirche, in: H. Manderscheid/J. Hake (Hrsg.), Wie viel Caritas braucht die Kirche – wie viel Kirche braucht die Caritas?, Stuttgart 2006, 13–32; Ders., »Was Ihr den Geringsten ...«. Die Kirche und ihre Diakonie, in: L. Neuhold/L. Neureiter (Hrsg.), Muss arm sein. Armut als Ärgernis und Herausforderung, Innsbruck-Wien 2008, 168–181. Zur ekklesialen Relevanz der Diakonie: H. Haslinger, Grundlagen für die soziale Arbeit der Kirche, Paderborn u.a. 2009; O. Fuchs, Heilen und befreien. Der Dienst am Nächsten als Ernstfall von Kirche und Pastoral, Düsseldorf 1990. Siehe auch: R. Krockauer/M. Körber (Hrsg.), Glaubenszeugnisse in Sozialer Arbeit und Diakonie. Impulse für Kirche und Gesellschaft, Münster 2008.

¹² Vgl.: J. Reckert, Soziologische Netzwerkanalyse, in: D. Kaesler (Hrsg.), Aktuelle Theorien der Soziologie, München 2005, 286–312; J. Weyer (Hrsg.), Soziale Netzwerke, München-Wien-Oldenburg 2004. Siehe jetzt pastoraltheologisch: M. Eder, Kirche als pastorales Netzwerk. Chancen und Konsequenzen einer operativen Kirchenkonzeption, Wien-Berlin 2012.

¹³ F. Kempf, Kirchenverfassung, Kultus, Seelsorge und Frömmigkeit vom 8. Jahrhundert bis zur gregorianischen Reform, in: H. Jedin (Hrsg.), Handbuch der Kirchengeschichte, Bd. III/1, Freiburg/Br.-Basel-Wien 1966, 294–341, 301.

[14] Siehe dazu: O. Fuchs, Gnade – nicht Ausnahme, sondern ausnahmslose Regel!, in: R. Bucher/R. Krockauer (Hrsg.), Macht und Gnade. Untersuchungen zu einem konstitutiven Spannungsfeld der Pastoral, Münster 2005, 347–359; J. Kügler, Die Macht der Gnade, Bibeltheologische Randbemerkungen auf der Basis von Joh 20,19–23, in: Bucher/Krockauer, Macht und Gnade, 72–87.
[15] Vgl.: R. Hauke, Herzlich eingeladen zum Fest des Glaubens. Projekte für Christen und Nichtchristen, Leipzig 2009.
[16] Vgl.: M. N. Ebertz/O. Fuchs/D. Sattler (Hrsg.), Lernen wo die Menschen sind. Wege lebensraumorientierter Seelsorge, Mainz 2005; B. J. Hilberath/J. Nikolay (Hrsg.), Lebensraumorientierte Seelsorge und Kommunikative Theologie im Dialog: Projekte und Reflexionen, Ostfildern 2011.
[17] Siehe etwa den »Projektbericht Sozialraumpastoral. Wenn Menschen sich begegnen«, hrsg. von den Stadtdekanaten und den Caritasverbänden Bonn und Köln, http://gemeinden.erzbistum-koeln.de/export/sites/gemeinden/kirche_koeln/_dokumente/web_Sozialraumpastoral_Projektbericht_2011.pdf (3.1.2012), darin: R. Krockauer/U. Feeser-Lichterfeld, Sozialraumorientierte Pastoral – Perspektiven und Impulse, 26–34.

XIV. Vertrauen auf die prophetische Kraft des Konzils

[1] Von der Freiheit eines Theologen. M.-D. Chenu im Gespräch mit J. Duquesne, Mainz 2005, 236.
[2] Vgl. dazu: A. Büchse u.a. (Hrsg.), Kirchen – Nutzung und Umnutzung. Kulturgeschichtliche, theologische und praktische Reflexionen zur Umnutzung von Kirchen, Münster 2012 (im Erscheinen).
[3] Es lohnt sich, diese Passage von Rahners Vortrag auf http://www.prokonzil.de/?p=172 in aller Eindringlichkeit zu hören.
[4] Siehe: R. Siebenrock, »Das Geheimnis der Kirche skrupulant erforschend ...« Die Entdeckung des Mysteriums Israels im Kontext der Wahrnehmung der Pluralität der Religion im Zweiten Vatikanischen Konzil inmitten einer hoch konfliktiven Welt, in: Communio 39 (2010) 428–439.
[5] U. Bechmann/J. Kügler, Biblische Prophetie. Exegetische Perspektiven auf ein heikles Phänomen, in: R. Bucher/R. Krockauer (Hrsg.), Prophetie in einer etablierten Kirche? Aktuelle Reflexionen über ein Prinzip kirchlicher Identität, Münster 2004, 5–23, 21.
[6] Das wäre der deutschen und auch der österreichischen Kirche am dringendsten zu wünschen und eigentlich auch schnell zu realisieren: Souveränität gegenüber den bürokratischen Mentalitäten, die seit der Mitte des 19. Jahrhunderts die Kirchen dominieren. Leider gewinnt man aber den Eindruck, dass unter dem Vorzeichen des »new public management« bürokratisches Denken gegenwärtig eher an Boden gewinnt.
[7] Siehe dazu: M. Schüßler, Mit Gott neu beginnen. Eine temporale Neuformatierung von Pastoral und Theologie in ereignisbasierter Gesellschaft, Theol. Fak. Graz, Habil. 2012
[8] M. Schüßler, Über die Unverfügbarkeit des Anfangs, in: Textraum 31 (November 2009) 4–7, 7.

236

⁹ Es gab immer ein »Anti-Konzil«: vor dem Konzil, auf dem Konzil und sofort nach dem Konzil. Seine Existenz ist einer der vielen Beweise für den wirklichen Neuanfang, den das Konzil bedeutet. Vgl. D. Menozzi, Das Antikonzil (1966–1984), in: H. J. Pottmeyer/G. Alberigo/J.-P. Jossua (Hrsg.), Die Rezeption des II. Vatikanischen Konzils, Düsseldorf 1986, 403–431.